MARCO ⊕ POLO

USA

W0105642

KANADA

Hudson
Bay

Washington · Montana · North Dakota · Minne-sota · Michigan · Maine
Oregon · Idaho · South Dakota · Wisconsin · New York · New York
Kalifornien · Wyoming · Nebraska · Iowa · Chicago · Pennsylv. · Washington, D.C.
Nevada · Denver · Illinois · Ohio · Virginia
San Francisco · Utah · Colorado · Kansas · Missouri · Indiana · Kentucky · North Carolina
Los Angeles · Oklahoma · Tennessee · South Carolina
Arizona · New Mexico · Arkansas · Ala-bama · Georgia
Texas · Mississippi
Louisiana · Florida
Miami · BS

PAZIFISCHER OZEAN

ATLANTISCHER OZEAN

MEXIKO · Golf von Mexiko · KUBA

MARCO POLO AUTOR
Karl Teuschl

Der seit über 20 Jahren auf Amerika spezialisierte Autor und Filmemacher ist ständig in den USA unterwegs auf der Suche nach neuen Themen und Trends. Er hat in Los Angeles studiert und lebt als Nordamerika-Korrespondent von GEO-Saison in München und Vancouver. „Mich verblüfft immer wieder, wie wandlungsfähig dieses Land ist. Vor allem den Stories im Hinterland spüre ich gern nach."

REIN INS ERLEBEN

Mit dem digitalen Service von MARCO POLO sind Sie noch unbeschwerter unterwegs: Auf den Erlebnistouren zielsicher von A nach B navigieren oder aktuelle Infos abrufen – das und mehr ist nur noch einen Fingertipp entfernt.

Hier geht's lang zu den digitalen Extras:

http://go.marcopolo.de/us

Touren-App

Ganz einfach orientieren und jederzeit wissen, wo genau Sie gerade sind: Die praktische App zu den Erlebnistouren sorgt dank Offline-Karte und Navigation dafür, dass Sie immer auf dem richtigen Weg sind. Außerdem zeigen Nummern alle empfohlenen Aktivitäten, Genuss-, Kultur- und Shoppingtipps entlang der Tour an.

HTTP://GO.MARCOPOLO.DE/US

Update-Service

Immer auf dem neuesten Stand in Ihrer Destination sein: Der Online-Update-Service bietet Ihnen nicht nur aktuelle Tipps und Termine, sondern auch Änderungen von Öffnungszeiten, Preisen oder anderen Angaben zu den Reiseführerinhalten. Einfach als PDF ausdrucken oder für Smartphone, Tablet oder E-Reader herunterladen.

SYMBOLE

 Insider-Tipp

★ Highlight

🟢🔵🟠🟣 Best of …

 Schöne Aussicht

 Grün & fair: für ökologische oder faire Aspekte

**PREISKATEGORIEN
HOTELS**

€€€ über 180 Euro

€€ 90 – 180 Euro

€ bis 90 Euro

Preise für ein Doppelzimmer
pro Nacht zur Hochsaison
ohne Frühstück. Einzelzimmer
sind selten billiger

**PREISKATEGORIEN
RESTAURANTS**

€€€ über 30 Euro

€€ 15 – 30 Euro

€ bis 15 Euro

Preise für ein Hauptgericht
mit Suppe/Salat am Abend,
mittags ist es meist deutlich
günstiger

GUT ZU WISSEN
Geschichtstabelle → S. 14
America The Beautiful Pass → S. 24
Bundesstaaten der USA → S. 27
Trails von Küste zu Küste → S. 28
Spezialitäten → S. 32
Museumsdörfer → S. 43
Mardi Gras → S. 77
Frank Lloyd Wright → S. 86
Bücher & Filme → S. 96
Preiswerte Motels → S. 129

Orcas, Grau- & Buckelwale → S. 142
Feiertage → S. 177
Zeitzonen der USA → S. 181

KARTEN IM BAND
(192 A1) Seitenzahlen und Koordinaten verweisen auf den Reiseatlas Es sind auch die Objekte mit Koordinaten versehen, die nicht im Reiseatlas stehen

(🗺 A1) verweist auf die herausnehmbare Faltkarte

UMSCHLAG VORN:
Die wichtigsten Highlights

UMSCHLAG HINTEN:
Karten zu den Nationalparks Grand Canyon, Yellowstone und Yosemite

Die besten MARCO POLO Insider-Tipps

Von allen Insider-Tipps finden Sie hier die 15 besten

INSIDER TIPP **Die Kunst der Avantgarde**

Neuenglands beste Bühne moderner Kunst verbirgt sich auf einem ehemaligen Fabrikgelände: das *Massachusetts Museum of Contemporary Art* in North Adams mit spektakulären Multimedia-Werken und immer wieder mal Livemusik → S. 39

INSIDER TIPP **Fahrt in den Indian Summer**

Weiße Lattenzäune, spitze Kirchtürme und knallbunte Wälder – der *Highway 100* in Vermont ist genau richtig für eine bezaubernde Herbstreise (Foto o.) → S. 47

INSIDER TIPP **Straßenkreuzer im Konvoi**

Pure Highway-Nostalgie erwartet Sie beim *Kingman Fun Run:* Jedes Jahr Anfang Mai cruisen 800 liebevoll polierte und restaurierte Oldtimer auf einem der letzten originalen Stücke der Route 66 im Norden Arizonas → S. 176

INSIDER TIPP **Spuren der Spione**

Wo passt ein *Spionagemuseum* besser hin als nach Washington D.C.? Hier werden bis heute die Coups des Kalten Kriegs gefeiert → S. 61

INSIDER TIPP **Der Rhythmus des Südens**

Das *Memphis Rock 'n' Soul-Museum* zeigt und lässt hören, wie die Region am Mississippi Musikgeschichte schrieb → S. 70

INSIDER TIPP **Sehen und gesehen werden**

Typisch Miami: im ultracoolen *Pelican Café* beim exzellenten Frühstück mit Eggs Benedict die Leute beobachten → S. 73

INSIDER TIPP **Jazz pur und originaler Zydeco**

Eng, laut und urig: Im *Snug Harbor Jazz Bistro* in New Orleans wird die Musik Louisianas zelebriert: schneller Zydeco, Blues und natürlich Jazz → S. 77

INSIDER TIPP ▸ Kunst und Wolkenkratzer

Chicagos *Millennium Park* ist ein Stadtpark für Kunstfans und Kinder gleichermaßen. Mit Videobrunnen zum Planschen und der spiegelnden Skulptur Cloud Gate zum Staunen (Foto u.) → **S. 86**

INSIDER TIPP ▸ Amerika-Kitsch satt

Gut 80 Jahre ist *Wall Drug* alt, Amerikas berühmtester Drugstore im Dorf Wall in South Dakota – und mehr Nippes mit Sternenbanner ist nicht vorstellbar → **S. 102**

INSIDER TIPP ▸ Hiking in den Rockies

Das Tal von *Many Glaciers* im Glacier National Park ist ein ideales Wandergebiet in großartiger Bergwelt. Im Sommer gibt es nirgends schönere Blumenwiesen → **S. 117**

INSIDER TIPP ▸ Wilder Westen noch heute

Das alte Bergbaustädtchen *Bisbee* im Süden Arizonas ist heute ein charmantes Dorf mit viel alternativer Szene und urigen Bars → **S. 133**

INSIDER TIPP ▸ Appetit auf Burger?

Mel's Drive-In in Hollywood ist die perfekte Kulisse für ein Dinner im Diner mit Retro-Style. Super: die Milkshakes → **S. 141**

INSIDER TIPP ▸ Abschalten im Abseits

Dunkle Wälder, tosende Wellen und ein langer Strand: Im *Quileute Oceanside Resort* im gleichnamigen Indianerreservat ist alle Hektik ganz weit weg → **S. 144**

INSIDER TIPP ▸ Surfin' USA

Der mächtige Columbia River in Oregon bietet beim Ort *Hood River* das beste Windsurfrevier der Neuen Welt. Wie ein Trichter bündelte hier die Schlucht den Wind aus der Wüste → **S. 146**

INSIDER TIPP ▸ Weingenuss und hohe Kunst

Edle Tropfen und dazu moderne Kunst gibt es hoch in den Hügeln über dem Napa Valley in Kalifornien in der Kellerei *Hess Collection* → **S. 151**

BEST OF ...

TOLLE ORTE ZUM NULLTARIF

Neues entdecken und den Geldbeutel schonen

SPAREN

● **Philadelphia hautnah**

Na gut, Trinkgeld nehmen die Führer der *Free and Friendly Tours* gerne, aber sonst sind die historischen und kulturbewussten Spaziergänge durch Philadelphia umsonst. Schließlich ist dies die Stadt der Quäker, denen Nächstenliebe ganz viel gilt → S. 59

● **Großes Kino in Miami**

Stararchitekt Frank Gehry hat die Leinwand für das größte Kino Amerikas geliefert: die Außenseite des *New World Center.* Hier werden im Winterhalbjahr die Konzertaufführungen nach draußen übertragen. Ganz umsonst für die picknickenden Zuschauer → S. 72

● **Reiches Texas besichtigen**

Die texanischen Kunstsponsoren meinen es gut mit Besuchern: Weltklassemuseen wie das *Kimbell Art Museum* oder das *Amon Carter Museum* für Westernkunst in Fort Worth verlangen null Eintritt → S. 103

● **Wasserspiele in Las Vegas**

Jeden Abend tanzen die Wasserfontänen vor dem *Bellagio* zu Musik von Luciano Pavarotti, Celine Dion oder den Wiener Philharmonikern. Alle 15 Minuten treten die 1200 Düsen in dem fast 4 ha großen Kunstsee in Aktion und absolvieren zur Freude der Flaneure am Strip ein beeindruckendes Wasserballett – ganz kostenlos → S. 127

● **Kunst für lau in L. A.**

Das schönste Kunstmuseum Kaliforniens ist tatsächlich gratis – dank Herrn Getty. Der milliardenschwere Stifter des *Getty Center* wollte allen Menschen Zugang zur Kunst ermöglichen. Ebenso gratis ist der Panoramablick über Los Angeles von der Terrasse aus (Foto) → S. 139

● **Freifahrt durch den Yosemite Park**

Die Nationalparks in Amerika versuchen auch beim Klimaschutz vorne mitzumischen. Deshalb dürfen die Besucher im *Yosemite-Valley* mit Hybrid-Elektrobussen kostenlos zum Sightseeing und zu den Startpunkten der Wandertrails fahren → S. 153

●●●● Diese Punkte zeichnen in den folgenden Kapiteln die Best-of-Hinweise aus

TYPISCH USA
Das erleben Sie nur hier

● **Blätter gucken im Indian Summer**
Hoffen Sie auf einen sonnigen Tag für die Fahrt auf den *Mount Washington* in New Hampshire. Hier ist das farbenfrohe Herzland des Herbstes in Neuengland (Foto) → S. 45

● **Der berühmteste Wolkenkratzer**
1576 Stufen sind es in den 86. Stock des *Empire State Building* – aber die sind nur für ein alljährliches Rennen geöffnet. Sonst geht's per Aufzug auf den berühmtesten Wolkenkratzer → S. 52

● **Antebellum Trail**
Prächtige Villen, weiße Säulen, blühende Magnolien: Die Romantik des alten Südens blieb in den einst vom Bürgerkrieg verschonten Kleinstädten in Georgia ganz wunderbar erhalten → S. 68

● **Mickey besuchen**
Orlando erschafft die Ferienwelten von morgen: die Fantasiewelten von DisneyWorld, die Achterbahnen von Universal Studios, die spektakulären Wassershows von SeaWorld → S. 78

● **Blick in den Canyon**
Man fühlt sich, als würde plötzlich der Boden aus der Landschaft fallen. 1600 m geht es steil in die Tiefe des *Grand Canyon* – und ebenso steil wieder hinauf, falls Sie den Treck hinab unternehmen → S. 125

● **Nachts am Strip**
Das schönste Erlebnis in Las Vegas ist unbestritten der Bummel am hell erleuchteten *Las Vegas Boulevard.* Vorbei an der Freiheitsstatue und am Eiffelturm, an gigantischen Leuchtreklamen und Wasserspielen → S. 126

● **Bühne frei in Los Angeles**
Hier stellt Kalifornien seine ganze kreative Skurrilität zur Schau: in *Venice Beach* am Wochenende. Am Ocean Front Walk zieht dann die schrille Parade der Angelenos wie auf einer Bühne vorbei → S. 140

● **Übers Golden Gate**
Erst auf einer Radtour (oder auch zu Fuß) über die *Golden Gate Bridge* werden die Dimensionen der berühmten Brücke klar. 80 m über der Meerenge liegt die Fahrbahn, und der Wind pfeift kalt → S. 148

TYPISCH

BEST OF ...

● Shopping, Shopping

Egal wo Sie sind in Amerika, eine Mall ist nie weit. Und wenn es eine *Outlet Mall* ist mit vielen Discountläden, wie z. B. in Freeport, Maine, dann ist der Regentag gerettet – und die Kreditkarte dahin → S. 47

● Ab ins Museum

In Washington, D. C. braucht man sich vor Regen nicht zu fürchten. In den Museen der *Smithsonian Institution* findet jeder etwas: Malerei, Skulpturen, Raumfahrttechnik, indianische Kultur → S. 62

● Wetterbericht bei CNN

Wie lange der Regen dauern wird, können Sie bei der Führung durchs *CNN Center* in Atlanta direkt beim Wettermann nachfragen. Und wenn Sie nach der Tour rauskommen, sind die Wolken vielleicht schon weg → S. 66

● Tropfsteine gucken

Gut 200 m tief im Kalkgestein unter den Bergen von New Mexiko ist der Regen weit weg. Das Wasser sickert erst Monate später durch den porösen Fels und schafft die Wunderwelt der *Carlsbad Caverns* (Foto) → S. 124

● Regen im Nationalpark-Regenwald

Zwischen hohen Farnen und tropfnassen Urwaldriesen fühlt man sich im *Hoh Rain Forest* wie in einem Märchenwald. Hier passt der Regen ins Panorama und erinnert an die Vampirromane der Twilight-Reihe → S. 144

● Besuch im grünen Museum

Im Sommer liegt der Golden Gate Park in San Francisco oft in Nebel und Niesel: Perfekt für einen Besuch der *California Academy of Sciences*, Aquarium und Tropenhaus in einem – und eine Ikone grüner Technologie in Kalifornien → S. 149

REGEN

ENTSPANNT ZURÜCKLEHNEN
Durchatmen, genießen und verwöhnen lassen

● **Chillen auf der Insel**
Reggae-Rhythmen in der Ferne, ein bunter Schirmchen-Drink auf dem Holztresen, entspannte Menschen ringsum: Es gibt kaum etwas Beruhigenderes, als am späten Nachmittag irgendwo in *Key West* in einer Bar zu sitzen – am schönsten am Pier mit Blick Richtung Sonnenuntergang (Foto) → **S. 74**

● **Forrest Gump spielen**
„Das Leben ist wie eine Schachtel Pralinen", sagte Tom Hanks, alias Forrest Gump, auf seiner Parkbank im Film. Genau dort am Drehort können Sie in *Savannah* sitzen und umgeben von prächtigen Südstaatenvillen unter den alten Eichen die Zeit dahinfließen lassen → **S. 81**

● **Sich einfach treiben lassen**
Die *Grand Tetons* bei Jackson in Wyoming sind bestimmt die schönste Bergkette Amerikas. Eine gemütliche Schlauchboot-Driftfahrt bietet puren Naturgenuss vor der gezackten Gipfelkulisse → **S. 119**

● **Picknick am Dead Horse Point**
Island in the Sky, die „Insel im Himmel" heißt das Felsplateau hoch über dem Canyon des Colorado River bei Moab. Und man fühlt sich wirklich, als schwebte man zwischen Erde und Himmel. Holen Sie sich Picknickbedarf im Ort und setzen Sie sich im *Dead Horse Point State Park* an den Rand der Klippe → **S. 129**

● **Ab in die Salzhöhle**
Gut 1,2 ha Fläche hat der *Canyon Ranch Spa Club* im Venetian Resort in Las Vegas. Kein Wunder, dass neben Saunen und Ayurveda-Massageräumen auch eine Salzhöhle und zwei Restaurants Platz haben → **S. 128**

● **Delfine beobachten**
Auf einem Katamaran im sanften Rhythmus der Wellen dahingleiten. Wenn dann noch Delfine auftauchen und vor dem Bug reiten, ist die Welt perfekt – zu erleben bei einer Tour mit *Condor Express* vor Santa Barbara → **S. 142**

ENTDECKEN SIE DIE USA!

„Give me your tired, your poor. Your huddled masses yearning to breathe free": So steht es auf dem Sockel der New Yorker Freiheitsstatue geschrieben, dem bekanntesten Wahrzeichen der Welt. 1886 wurde sie enthüllt, Frankreich schenkte die Figur damals den Vereinigten Staaten. Seit dem 100. Jahrestag der amerikanischen Unabhängigkeitserklärung grüßt Lady Liberty vom Hafen aus Heimkehrer und Einwanderer. Amerika, das *Einwandererland*: Die Armen, die Müden und Unterdrückten, von denen in der Inschrift die Rede ist, sie kamen im 19. und frühen 20. Jh. scharenweise in die USA. Vom Tellerwäscher bis zum Millionär, alles schien ihnen möglich. Doch das Bild vom Land der unbegrenzten Möglichkeiten hat Risse bekommen.

Der Wandel begann mit den Anschlägen des 11. September 2001. Die USA riefen den Krieg gegen den Terror aus. Dessen weitreichende Folgen bekommt seither jeder Urlauber bei den *Einreisekontrollen* am Flughafen zu spüren. Die völkerrechtlich umstrittenen Kriege gegen Afghanistan und den Irak, das Folterlager von Guantanamo – politisch geriet Amerika unter der Führung von George W. Bush nach „9/11" in eine Sackgasse. Auch die Wirtschaft des Landes sorgte zeitweilig für Negativschlagzeilen. Sie vergab leichtfertig Kredite, finanzierte Eigenheime auf Pump, betrieb Spekulantentum. Die Immobilienkrise wuchs sich 2008 zur **weltweiten Finanzkrise** aus. Die Folgen: zeitweilige Zusammenbrüche an den internationalen Aktienmärkten, Millionen obdachlos gewordener Amerikaner, der drittgrößte Staat der Welt ist ins Trudeln geraten. Erst Barack Obama brachte wieder Hoffung, doch er tat sich schwer, dem Riesenland eine neue Richtung zu geben.

„Yes, we can": Mit diesen Worten zog der Demokrat Barack Obama 2008 in den Wahlkampf. Wohl seit John F. Kennedy hat kein Präsidentschaftskandidat der USA eine solche Begeisterung ausgelöst – im eigenen Land und weltweit. 2008 wurde er zum 44. Präsident der Vereinigten Staaten gewählt. Mit Konjunkturprogrammen und der Einführung einer neuen **allgemeinen Krankenversicherung** gelangen dem ersten afroamerikanischen Präsidenten zu Anfang Erfolge. Aber die andauernden Kriege in Nahost, die weiter schwächelnde Wirtschaft und das erstarrte politische Parteiensystem von unversöhnlichen Republikanern und Demokraten bremsten seine Pläne, auch wenn es ihm gelang, 2012 wiedergewählt zu werden. Wie labil und manipulierbar die Politik der USA geworden ist, zeigte 2016 die Wahl des extremen Außenseiters Donald Trump, schwerreich und populistisch, zum Präsidenten der US-Amerikaner.

Ein Afroamerikaner wird Präsident der USA

Von den **politischen Wirren** Amerikas ist man als Besucher allerdings nur am Rand betroffen. Aus der Sicht des Touristen hat sich tatsächlich wenig verändert von den alten Klischeebildern. Hat man einmal die (oft langen) Schlangen bei der Einreise überwunden, dann ist das Reisen im Land ganz unkompliziert und eindrucksvoller

Vor 30 000–12 000 Jahren
Urvölker aus Asien ziehen über die Beringstraße nach Alaska und besiedeln Amerika

1492
Christoph Kolumbus entdeckt die Neue Welt für die moderne Zeit

16./17. Jh.
Spanier, Franzosen und Briten gründen Kolonien entlang der Ostküste Amerikas

4. Juli 1776
Unabhängigkeitserklärung der 13 Kolonien an der Ostküste

1803–53
Durch Kauf und Annexion erweitert die USA ihr

New York am Abend: die Skyline von Manhattan mit dem Empire State Building in der Mitte

denn je. Wer zum ersten Mal auf dem Empire State Building steht, den Grand Canyon sieht oder die Panorama-Highways an der Pazifikküste oder auf den Florida Keys entlangkurvt, der wird gerne zustimmen: Die **Superlative Amerikas** beeindrucken. In Metropolen wie L. A., Chicago oder Miami ist die vibrierende Energie dieser multikulturellen Nation hautnah zu spüren. Und das weite, bis heute verblüffend dünn besiedelte Hinterland birgt wilde Canyons, Berge, Wüsten und großartige Nationalparks, die mit ihren schieren Dimensionen überwältigen. In Amerika ist eben alles größer, höher, weiter.

Amerika war und ist ein **Land der Extreme**, auch zwischen Superreichen und ohnmächtig Armen, auch zwischen elitären Geistern und Hinterwäldlern. Eins jedoch eint die Amerikaner – inniger Patriotismus. Das Sternenbanner weht überall, auch über dem Privatauto oder dem Vorgarten in der Vorstadt. Die Amerikaner sind stolz auf ihr Land, das zwischen zwei Ozeanen liegt, knapp 8 Mio. km² Fläche mit rund 320 Mio. Einwohnern hat – Alaska und Hawaii nicht mitgezählt. Eine einzige Megalopolis bilden die Städte der Ostküste von Boston bis Washington, ein zusammenhängendes

Staatsgebiet über die Rocky Mountains bis zum Pazifik

1843–58
Auf dem Oregon Trail ziehen rund 150 000 Siedler nach Westen

1849
Goldrausch in Kalifornien

1861–65
Bürgerkrieg zwischen dem industrialisierten Norden und dem ländlichen Süden

1869
Erste Eisenbahnlinie von der Ostküste bis nach Kalifornien

1872
Gründung des ersten Nationalparks der Welt: Yellowstone

Wenn jedes Blatt zur Blüte wird: Der Indian Summer ist in West Virginia eingezogen

Konglomerat San Diego, Los Angeles, San Francisco und Oakland an der *Westküste*. Gemessen an der Größe des Lands ist die geringe Zahl weiterer Metropolen überraschend: Dallas und Houston, Atlanta, Miami, New Orleans, St. Louis, Chicago, Detroit, Denver und Seattle. Es gilt: Die meisten Amerikaner leben in den Ballungsgebieten des Ostens und des Westens oder in den wenigen anderen Zentren. Dazwischen liegt flaches Land, das streckenweise extrem dünn besiedelt ist.

„Flaches Land" wiederum ist metaphorisch gemeint. In Wirklichkeit bietet die Landschaft zwischen Atlantik und Pazifik große Abwechslung. Fahren Sie einmal in Gedanken mit auf der nördlichen Route von Ost nach West und auf der südlichen wieder zurück: Bald hinter der *Atlantikküste* erheben sich die fast parallel zu ihr verlaufenden Kämme der *Appalachen*. Ein Mittelgebirge, gegen das der Schwarzwald oder die Vogesen wie bessere Ameisenhaufen wirken. Vom Saint-Lawrence-Strom bis fast an den Golf von Mexiko zieht es sich hin, 2600 km lang und bis 600 km breit. Der Herbst ist hier stets die schönste Jahreszeit. Im *Indian Summer* des Nordens verfärbt

24. Oktober 1929
„Schwarzer Freitag" an der Börse in New York

7. Dezember 1941
Japanischer Angriff auf Pearl Harbor: Amerika tritt in den Zweiten Weltkrieg ein und wird in der Folge zur weltweit agierenden Supermacht

ab 1967
Die Zeit der Hippies: Summer of Love in San Francisco; 1969 das legendäre Woodstock-Festival in Bethel, NY

11. September 2001
Terroranschläge auf New York und Washington. In der Folge führt das Land Kriege in Afganistan und Irak

sich das Laub in einer Sinfonie aus Rot und Gold. Es ist für die Amerikaner hier wie auch in den Neuenglandstaaten zu einer Art Nationalsport geworden, sich die *foliage* anzuschauen, das Bunt der Blätter. Der Wetterbericht gibt an, wo die vom kühleren Norden nach Süden wandernde Linie gerade verläuft, an der die Blätter ihr Grün bereits in flammendes Karminrot und Goldorange verwandelt haben.

Nach einem guten Tag im Auto kommen Sie danach an die Großen Seen, regelrechte Binnenmeere mit Hochseeschiffen, aber Süßwasser. Dort liegen Cleveland, Detroit und Chicago. Diese Städte sind die Symbolstätten der Industrie – und ihres heutigen Verfalls. Von der *Rust Bowl,* der Rostschüssel, sprechen die Amerikaner und meinen damit den gesamten Nordosten, der früher von Kohle und Stahl lebte und in dem das Fließband erfunden wurde. Die Zeit der Giganten des Industriezeitalters ist vorbei. Modernere Firmen bevorzugen die *Sunshine Economy,* die Sonnenscheinwirtschaft des Westens und des Südens, die dem Unternehmer nicht nur Heizkosten spart, son-dern auch Unannehmlichkeiten wie Gewerkschaften, Arbeitsschutz und Krankenver-sicherung. Sogar deutsche Autobauer sind mittlerweile in die Südstaaten gezogen.

Was westlich Chicagos und des mächtigen Mis-sissippis folgt, ist mit drei Worten zu beschreiben: *Gen-Mais, Soja, Weizen*.

> **Eine Sinfonie aus Rot und Gold: der Indian Summer des Nordens**

Die Straßen durch die Great Plains haben keine Kurven. Schnurgerade führen sie zwischen nicht enden wollenden Feldern auf die *Rocky Mountains* zu. Sanft steigt das Land an, so sanft, dass einen das Schild „Denver, 1600 m über dem Meer" völlig überrascht. Nur der Tacho verrät es: wieder 1000 km weiter westlich. Nach einer Unmenge von Serpentinen befinden Sie sich im Hochgebirge und blicken weit über die Gipfelwelt. Wenig später erreichen Sie Utah, den Staat der frommen und ge-schäftstüchtigen Mormonen, die im Tal des Großen Salzsees eine blühende Oase der Zivilisation geschaffen haben.

Vorbei an der neonglitzernden Spielerstadt Las Vegas führt die Route weiter, hoch über die Sierra Nevada, und dann hinunter nach Kalifornien, der größte, dynamischs-te, vielseitigste und progressivste Bundesstaat der USA. Die meisten Einwanderer, Einwohner und *Nationalparks* finden sich hier. Im Golden State wurde das Internet

2005
Der Hurrikan Katrina ver-wüstet New Orleans

2008
Barack Obama wird als erster Farbiger zum 44. Prä-sidenten der USA gewählt

2013
Im Oktober verwüstet Hurrikan Sandy weite Teile der Ostküste; im November wird Barack Obama für eine zweite Amtszeit gewählt

2016
Die USA öffnen sich wieder zum Erzfeind Kuba

8. November 2016
Der populistische Milliardär Donald Trump wird zum 45. Präsidenten der USA gewählt

ebenso erfunden wie Frisbee, McDonald's oder Rollerblades. Und natürlich das ganz große Kino: Der Moloch Los Angeles steht für Hype, Hipness und Hollywood. Wie anders dagegen San Francisco, wohl die europäischste Stadt der USA, mit viktorianischen Wohnhäusern und jeder Menge Charme. Zwischen beiden Städten liegt Big Sur: Auf atemberaubende Weise schlängeln sich die Haarnadelkurven des Highways die erhabene Küstenlinie entlang.

Nach dem kalifornischen Wechselbad biegen Sie nach links ab, in die Wüste. Die Mojave Desert beginnt am Rand des nur unter extremem Aufwand mit Wasser versorgten Los Angeles – das wichtigste Wasserhebewerk verschlingt die gesamte Leistung eines Atomreaktors. Ein Abstecher ins Tal des Todes ist unerlässlich! 86 m unter dem Meeresspiegel und im Windschatten der Sierra Nevada steigt die Temperatur nicht selten auf über 50 Grad. Wer wissen will, was für ein Gefühl Wüste macht, braucht nur einmal für eine Viertelstunde durch die Wanderdünen zu laufen.

Der Südwesten: Steinbögen, Stromschnellen, Canyons und Kakteen

Faszinierend auf andere Weise auch der nahe Grand Canyon. Sie fahren auf einem waldigen Hochplateau dahin, bis sich plötzlich, ohne jede Vorwarnung durch die Landschaft, der Spalt auftut, den der Colorado River über Jahrmillionen gegraben hat. Wie ein Bilderbuch schlägt sich danach der restliche Südwesten auf mit seinen feurig roten Canyons, Kakteenwüsten und den bizarren Steinbögen des Arches National Park, mit seinen *Westernstädten* und den uralten Lehmburgen der Pueblo-Indianer. Wer das erste Mal nach Amerika reist, wird hier seine schönsten Eindrücke sammeln, so ganz anders ist das *Canyonland* des Südwestens zu Europa: Bei einer Wanderung durch einen Wald aus filigranen Steinsäulen im Bryce Canyon, bei einer Raftingtour in den Stromschnellen des Colorado River, bei einem Ausritt auf einer Ranch vor der John-Wayne-Kulisse von Saguaro-Kakteen hoch wie Telegrafenmasten. Oder bei einer Spa-Anwendung aus der indianischen Heilkunst mit duftenden Salbeikräutern an einem kühlen Wüstenmorgen.

Hier bereut man es fast, die Grenze nach Texas zu überschreiten. Denn das platte Texas ist über riesige Strecken nichts als staubiges *Grasland*, auf dem fast nie Rinder, häufig aber die Ölpumpen mit ihren nickenden Köpfen weiden. Natürlich besucht man Houston oder Dallas. Pittoresker aber als die nach dem abgeebbten Ölboom manchmal leer stehenden Bürotürme dieser Metropole ist das mexikanisch geprägte San Antonio. Ein Comeback hat New Orleans erlebt: 2005 vom Wirbelsturm Katrina beinahe zerstört, hat die Stadt ihre Lebensfreude zurückgewonnen. Durch den *Mississippi* pflügen wie eh und je die Raddampfer, aus den Bars im French Quarter ertönt wieder der Jazz, und in den Straßen liegt erneut der Duft von kreolischer Küche.

Wenn Sie sich auf dem Rückweg nach New York ein bisschen mehr links halten, kommen Sie auf die südlichen Höhenzüge der Appalachen. *Blue Ridge Mountains* heißt die Gegend hier, wegen des bläulichen Schimmers, den die Nadelbäume erzeugen. Wenn Sie sich auf dem Weg nach Norden dagegen ein wenig mehr rechts halten,

Aasfresser und damit Gesundheitspolizist: Der Rabengeier ist im Süden der USA weit verbreitet

kommen Sie mitten durch den tiefen Süden, *The Old South*. Die rote Fahne mit den gekreuzten Sternenstreifen, zwar als Symbol von Rassismus und Sklaverei verpönt, hängt vor manchem Haus. Trotzdem hat es im Süden in den vergangenen Jahren mit der Integration der Schwarzen manchmal besser geklappt als in den Großstädten des Nordens, wo Arbeitslosigkeit und Armut neue Grenzen schufen.

Im neuen Süden regieren die (neuen) Medien: In Atlanta etwa hat der TV-Sender CNN seinen Sitz. Und um Durham, Raleigh und Chapel Hill in North Carolina entstand ein *Computer Triangle,* das

Im neuen Süden regieren die neuen Medien

dem *Silicon Valley* drüben im Westen heftig nacheifert. Aber auch hier wieder die Natur: In Florida warten weiße Strände und die subtropischen Sümpfe der Everglades, an der Küste von North Carolina, am Kap Hatteras, erhebt sich die höchste Düne der Welt. Die Gebrüder Wright nutzten sie vor 100 Jahren für ihre ersten Flugexperimente. Das Selbstbewusstsein der militärischen Supermacht offenbart sich in den neoklassizistischen Regierungsgebäuden und monumentalen Denkmälern Washingtons, seit September 2001 oft von martialisch aufgerüsteten GIs bewacht.

Nun haben Sie das ganze Land gesehen? Von wegen: Allein Texas ist zweimal so groß wie Deutschland. Verabschieden Sie sich am besten direkt von der Idee, Amerika auf nur einer Reise zu entdecken. Die bessere Strategie ist es, eine Region auszuwählen und dort ein wenig tiefer einzutauchen, anstatt herumzuhetzen und alle Sehenswürdigkeiten der Vereinigten Staaten auf einmal abklappern zu wollen. Schließlich will wohl niemand seinen gesamten Urlaub auf dem Highway verbringen. Es sei denn, genau das gibt einem den richtigen Kick …

IM TREND

1 Untergründig

Kunst Was zu sehen gibt es in den USA auch im Transit. In Los Angeles schmücken Kunstwerke von mehr als 250 Kreativen die U-Bahnhöfe *(www.metro.net) (Foto)*. In New York City stellen Fotografen dort ihre Werke aus, z. B. in den Stationen Bowling Green und Grand Central Terminal *(www.mta.info)*. In der Times Square Station ist sogar ein Werk von Roy Lichtenstein zu sehen. Auch in der Hauptstadt gibt es Kunst im Untergrund, so von Fotograf William Wegman an der L'Enfant Plaza *(www.wmata.com)*.

Schöne Feier

2

Sparty Spa-Partys sind Trend. Gefeiert wird entweder in den eigenen vier Wänden bzw. im Hotel – organisiert durch *Sparty (www.spar-party.com) (Foto)* – oder aber im schicken *Oasis Day Spa (1 Park Ave. | www.oasisdayspanyc.com)* in NYC. Zu Musik und Martini gibt es Maniküren, Masken und Massagen. An der Schlammbar im Spa des *Solage Calistoga (755 Silverado Trail | Calistoga | www.solagecalistoga.com)* im Napa Valley mixt der „Mud-Tender" Schlammcocktails, mit denen sich die Gäste gegenseitig behandeln.

3 Gute Nacht!

Service Die amerikanischen Hotels kümmern sich ganz besonders um den gesunden Schlaf ihrer Gäste. Im New Yorker *Benjamin Hotel (125 E 50th St.)* hilft der Schlafconcierge u. a. bei der Auswahl des richtigen Kopfkissens. Bei zwölf Kissen kommt die Hilfe gerade recht. Im *Hard Rock Hotel San Diego (207 Fifth Ave.) (Foto)* gibt es auch ganz sanfte Töne. Eine entspannende Playlist sorgt für schnellen Schlummer. Die *Westin Hotels* haben für ihre „Heavenly Beds" spezielle Matrazen konstruieren lassen, um Schlaflosigkeit zu bekämpfen.

Rückkehr des Riesenrads

Ferris Wheel So heißt das Riesenrad in den USA nach George Ferris, der es 1893 für die Weltausstellung in Chicago erfand. Bald standen die eisernen Räder auf jedem Jahrmarkt, bis die Achterbahnen kamen. Nun kommen die langsamen Riesen wieder in Mode: In Las Vegas steht das mit 167 m höchste Riesenrad der Welt, *The High Roller (3545 Las Vegas Blvd. South)*. 40 Passagiere fasst eine Kabine, und Sie können darin sogar heiraten. Weitere Räder drehen sich am Hafen von Seattle *(seattlegreatwheel.com) (Foto)*, wo eine VIP-Kabine Ledersitze und Glasboden bietet, und in Orlando, das *Orlando Eye (8401 International Dr. | www.officialorlandoeye.com)* mit 122 m Höhe. Auch für New York ist ein Riesenrad geplant, auf Staten Island.

Gut versteckt

Hidden Bars Keine Leuchtreklame weist den Weg, sondern nur Mundpropaganda. Versteckte Partylocations sind der Hit. Um ins New Yorker *Employees Only (510 Hudson St.)* zu kommen, müssen Gäste durch ein mexikanisches Schnellrestaurant und durch eine Tür mit dem Schild „Nur Angestellte". In San Francisco flüstert man sich den Namen des *Wilson & Wilson* zu, das im *Bourbon & Branch (505 Jones St.)* liegt und an Prohibitionszeiten erinnert. In Los Angeles verschwinden immer wieder Gäste des *Cole's French Dip (118 E 6th St.)* hinter einer unscheinbaren Tür. Dahinter liegt das *The Varnish* – eine stimmungsvolle Cocktailbar. San Diego wartet mit dem *Noble Experiments (777 G St.) (Foto)* auf, das für seine ausgezeichneten Barkeeper bekannt ist. In Seattle versteckt sich in der Etage über dem *Needle & Thread (1406 12th Ave.)* das intime *Tavern Law*.

FAKTEN, MENSCHEN & NEWS

BROWN BAGS

Ein Bauarbeiter, der auf offener Straße eine Bierdose an die Lippen setzt? Undenkbar. Doch was machen die Männer da, die mit den braunen Papiertüten? Sie trinken Bier. Als sie es im Laden gekauft haben, hat es der Verkäufer „gebrownbagt". Denn Alkoholkonsum in der Öffentlichkeit ist verboten. Ist die Dose aber in der Tüte, dann bemerken sie scheinbar weder der Allmächtige noch das Auge des Gesetzes. Hintergrund: der Puritanismus. Verhaltensprägend: die Prohibition der 1920er-Jahre. Auch daheim und in den Bars hat diese Doppelmoral ihre Auswirkung: den Mixed Drink. Er kommt scheinbar harmlos daher, süß und mit Säften oder Limonaden gestreckt, hat es aber in sich, denn die Schnapsgrundlage wird großzügiger eingeschenkt als in Europa. Weitere Besonderheiten: Jeder Bundesstaat, manchmal sogar ein einzelner Landkreis, ein County, hat eigene Spirituosengesetze. *BYO* heißt es in den Lokalen mancherorts: bring your own! Die Gaststätte serviert Gläser und Eis, das Getränk müssen Sie selber mitbringen. Fast überall – außer in völlig „trockenen" Bezirken – kann man sich selbst versorgen, in *Liquor Stores* oder *Package Stores*.

DRIVE-IN & DRIVE-THRU

Die Amerikaner leben in ihren Autos. Auf dem Weg zur Arbeit wird Kaffee getrunken, Schminke aufgelegt und auch mal der Bart gestutzt. Die Industrie hat sich auf die mobile Lebensweise eingestellt:

Bild: Ein 1960er Cadillac de Ville auf der Route 66

Schon 1933 gab es die ersten Drive-in-Kinos, wenig später Drive-in-Restaurants. Heute geht's noch schneller: Drive-Thru heißt die Devise. Man fährt nur noch vor, holt sich Kaffee, Burger oder Tacos, hebt vom Auto aus an der Bank Geld ab oder gibt die Hemden in die Reinigung. Und in Las Vegas gibt es sogar eine Drive-thru-Kapelle für die ultrafixe Trauung.

DROGEN

„Crack, crack", rufen an einschlägigen Orten die Dealer, „H" oder „Pot". Drogen sind leicht und vielerorts erhältlich. Daher eine besondere Warnung: Die Amerikaner halten die Rauschgiftsucht für das Problem Nummer eins, und entsprechend hart greift die Polizei durch. Auch Ausländer werden nach den Landesgesetzen abgeurteilt – samt Todesstrafe für Kapitalverbrechen. Nur langsam begann in jüngster Zeit ein Politik- und Meinungswechsel: So wurde 2014 in den Staaten Oregon und Washington der Konsum von Marihuana legalisiert.

INDIANER

Amerikas Ureinwohner kamen vermutlich aus Asien über die Beringstraße nach Amerika und lebten vor dem Kontakt mit den Europäern von der Jagd, dem Fischfang und der Landwirtschaft. Aber sie verfügten über keine Schrift, und Metall als Werkstoff war ihnen unbekannt. Daher haben sie außer den – ziemlich verballhornten – Namen von Flüssen, Gebirgen und Landstrichen wenig hinterlassen. Anfängliche Freundschaft zu den Eroberern und Siedlern aus Europa wich bald der Feindschaft. Zwangstaufen, Vertragsbrüche und eine geradezu systematische Ausrottung hörten erst auf, als die überlebenden Indianer in abgelegene Reservate verdrängt worden waren. Dort leben heute noch viele, misstrauisch, kulturell zerrissen und oft in Armut. Keine Volksgruppe ist weniger integriert. Einige jedoch kamen zu Reichtum. Die Irokesen z. B. verdienten gut, da sie, von Natur aus schwindelfrei, die entscheidenden Arbeiten beim Bau der Wolkenkratzer leisteten. Heutzutage erlauben vielerorts Sondergesetze den Indianern, legal Spielkasinos zu betreiben. Manche Stämme, wie die Pequot in Connecticut, die mit dem Foxwoods Casino das größte Glücksspielzentrum der Welt betreiben, haben sich eine goldene Nase daran verdient. Die Spieler, die im Kasino ihr Geld verlieren, sind meist Weiße – eine späte Rache des roten Manns.

KIRCHE

Baptisten, Methodisten, Episkopale, Holy Rollers, Latter Day Saints (Mormonen), Juden, Katholiken, Moslems, unzählbare Abzweigungen von den Hauptkirchen – die Vielfalt hat mit der Einwanderungsgeschichte zu tun, aber auch damit, dass Staat und Kirche wirklich strikt getrennt sind. Ein Geistlicher muss zusehen, dass er sein Gotteshaus voll bekommt. Denn die Kirchen werden ausschließlich aus Spenden finanziert. Da liegt der Gedanke für den Seelsorger, seinen Glauben marktschreierisch als den einzig wahren anzupreisen, nicht fern, für die umsorgte Seele aber auch nicht, es mal interessehalber mit einer anderen Kirche zu probieren.

NATIONALPARKS

Sie sind die schönsten, abwechslungsreichsten, weitläufigsten und die bestbehüteten der Welt, die 55 Nationalparks der USA. Berühmte Parks wie der Grand Canyon oder der Yosemite National Park in Kalifornien sind in den öffentlich zugänglichen Bereichen jedoch chronisch überlaufen. Und den Everglades in

AMERICA THE BEAUTIFUL PASS

Manchmal 5 $, manchmal gar 20 $ kostet der Eintritt für ein Fahrzeug bzw. eine Familie in die National Parks und Monuments der USA – im Verlauf einer Rundreise addiert sich das. Doch es gibt eine günstige Alternative: Für 80 $ ist am Eingang jedes Schutzgebiets der „America The Beautiful Pass" erhältlich.

Diese Jahreskarte gilt für ein Privatfahrzeug mit zwei Erwachsenen (Kinder bis 16 Jahre sind frei) für fast alle bundesstaatlichen Schutzgebiete – immerhin rund 2000 National Parks, Refuges, Seashores und Historic Parks. Besonders im Südwesten Amerikas mit seinen vielen Parks lohnt sich der Pass bestimmt.

Auf Powwow-Tanzfesten tragen Indianer oft noch traditionellen Schmuck

Florida wird trotz gegenteiliger Gesetze weiterhin buchstäblich das Wasser abgegraben. Im Großen und Ganzen ist aber solch unberührte Natur sonst nicht mehr zu finden. Und ein Heer von Park Rangers sowie von idealistischen und überaus engagierten Naturschützern wacht über die *National Parks,* zu denen auch noch *National Forests* (Wälder), *National Seashores* (Küstenabschnitte) und *National Recreation Areas* (Erholungsgebiete mit Zelt- und Picknickplätzen) kommen, und bemüht sich um ihre Erweiterung. Bundesstaaten und Gemeinden folgten dem etwa hundert Jahren alten Schutzgedanken und bewahren ihrerseits in *State Parks* oder *County* und *Community Parks* die Natur für die Nachwelt.

NATURKOST

Das Zauberwort heißt „organic", am besten sogar „certified organic", also Bioware mit Prüfstempel. Schon seit den Hippie-Tagen ist Kalifornien Vorreiter der heute immer stärker anschwellenden Ökowelle in Amerika. Mittlerweile richten viele Städte im ganzen Land wöchentliche Bauernmärkte aus, *Farmers Markets,* zu denen oft nur *certified farmers* zugelassen sind. In San Francisco etwa ist jeden Samstag Biomarkt am Ferry Building. Weitere Märkte finden Sie unter *www.farmersmarketonline. com/openair.htm*

Das ökologisch angebaute Müsli kaufen die Amerikaner im *Health Food Store,* einer Art Reformhaus. Aber auch die regulären Supermärkte bieten immer mehr Ökoware an. Dazu gibt es mittlerweile große Bioketten wie Trader Joe's *(www. traderjoes.com)*, die vom kalifornischen Biowein bis zum Sushi aus nachhaltigem Fang ökologisch korrekte Produkte anbieten. Die Besitzer der Kette kommen allerdings aus Europa: Trader Joe's gehört zu Aldi!

PATRIOTISMUS

Mit wehender Fahne und Trommelwirbel: Der US-Amerikaner liebt sein Land. Als Präsident George Bush und später sein Sohn George W. die Nation

Neben Basketball, Eishockey und Football ist Baseball der beliebteste Sport

in die beiden Golfkriege führten, waren sie so beliebt wie nie zuvor oder danach – was sich erst mit der zunehmenden Dauer des zweiten Kriegs im Irak änderte. *Rally around the flag* heißt das Phänomen, dass sich in der Stunde wirklicher oder vermeintlicher Not alle um die Fahne sammeln. Kein Parteitag ohne Fahnenmeer, kein Baseballspiel ohne Flaggengruß.

POLITIK

Die föderative Ordnung garantiert den 50 Bundesstaaten große Gestaltungsspielräume. Einige Neuengland-Staaten gehören zu den wenigen, die keine Todesstrafe haben, andere gestehen Frauen ausdrücklich das Recht auf Abtreibung zu. Manche praktizieren auf lokaler Ebene direkte Bürgermitbestimmung durch Versammlungen *(town meetings)*, in denen über den städtischen Haushalt entschieden wird.

Gängig ist überall das Misstrauen gegen jedwede Regierung. Bei Präsident-

schaftswahlen beteiligt sich traditionell gerade mal die Hälfte der Bürger. Bemerkenswerte Ausnahme waren die Wahlen 2008, die nach einem dramatischen Vertrauensverlust der Republikaner unter Bush den ersten schwarzen Präsidenten Amerikas hervorbrachten: 64 Prozent der wahlberechtigten Amerikaner eilten damals an die Urnen – die höchste Beteiligung seit dem Zweiten Weltkrieg. Solch ein Zuspruch kommt sonst nur bei Volksentscheiden zustande: so in Kalifornien, wo die Bürger Gesetze zur Steuererleichterung beschlossen. Die Desillusionierung vieler Amerikaner mit der Bundespolitik sorgte nach der Amtszeit von Barack Obama und einem erbitterten Wahlkampf gegen die Demokratin Hillary Clinton für den Sieg des Außenseiters und Rechtspopulisten Donald Trump bei der Präsidentschaftswahl 2017. Im Normalfall ist der US-Amerikaner dem Gesetz ziemlich fern, er handhabt es nach dem Trial-and-error-Prinzip: Ich tu, was ich will, bis mir einer auf die Nase haut.

SNOWBIRDS

»Schneevögel« heißen die Winter-flüchtlinge aus den nördlichen und den Midwest-Staaten der USA, die alljährlich im November gen Süden ziehen wie Schwärme von Zugvögeln. Sie sind (Früh-)Rentner und kommen zum Über-wintern nach Florida, Arizona und Süd-kalifornien, ziehen mit ihren luxuriös ein-gerichteten Super-Wohnmobilen durchs Land oder mieten sich für Monate in den unzähligen Ferienwohnungen von Mia-mi Beach oder Fort Myers, Phoenix oder Tucson ein – natürlich mit Golfplatz und Swimmingpool nahebei. In Arizona und Florida haben sich sogar viele Rentner aus den Staaten im Norden auf Dauer niedergelassen, um den Lebensabend in der Sonne zu verbringen. Zum Teil ent-standen ganze Altensiedlungen wie etwa Sun City bei Phoenix. Niemand unter 50 Jahren darf hier ein Haus kaufen.

SPORTKULT

Nordamerika ist sportverrückt. Die vier Nationalsportarten American Foot-ball, Baseball, Basketball und Eishockey werden als Massenvergnügen inszeniert. Endspiele im Baseball oder Football, die gern bombastische Bezeichnungen wie World Series oder World Championship tragen, treiben das ganze Land vor die Fernsehschirme. Körperkult und Narziss-mus zeichnen Rollerblader, Jogger und Bodybuilder aus. Aber einfach so radeln oder durch die Gegend laufen ist nicht: Sport wird mit großem Ernst betrieben. Radfahrer trainieren auf dem neusten Titan-Rennrad, Läufer tragen nach neus-ten Erkenntnissen entwickelte Schuhe.

UMWELT

Umweltschutz in den USA scheint paradox: In manchen Staaten werden auf eine Getränkedose 0,15 Dollar Pfand

BUNDESSTAATEN DER USA

Alabama AL	Kentucky KY	Ohio OH
Alaska AK	Louisiana LA	Oklahoma OK
Arizona AZ	Maine ME	Oregon OR
Arkansas AR	Maryland MD	Pennsylvania PA
California CA	Massachusetts MA	Rhode Island RI
Colorado CO	Michigan MI	South Carolina SC
Connecticut CT	Minnesota MN	South Dakota SD
Delaware DE	Mississippi MS	Tennessee TN
District of Columbia	Missouri MO	Texas TX
(Washington) D. C.	Montana MT	Utah UT
Florida FL	Nebraska NE	Vermont VT
Georgia GA	Nevada NV	Virginia VA
Hawaii HI	New Hampshire NH	Washington WA
Idaho ID	New Jersey NJ	West Virginia WV
Illinois IL	New Mexico NM	Wisconsin WI
Indiana IN	New York NY	Wyoming WY
Iowa IA	North Carolina NC	
Kansas KS	North Dakota ND	

erhoben, und die Strafe für das Wegwerfen von Abfall auf der Straße beträgt 500 Dollar. Anderswo, wie in Hanford, WA, wurde bei der Herstellung des Plutoniums für Bomben derart gepfuscht, dass ganze Landstriche strahlen.

Die USA sind, nach China, die Nation mit dem zweitgrößten CO_2-Ausstoß der Welt. Klimaschutz stand bisher nicht auf der Agenda des Landes. Doch auch wenn die Politiker sich Zeit lassen, innerhalb der Bevölkerung steigt das Umweltbewusstsein. Wegbereiter ist auch der ehemalige Präsidentschaftskandidat Al Gore. Seinen mit dem Oscar ausgezeichneten Dokumentarfilm „Eine unbequeme Wahrheit" (2006) über die globale Erwärmung haben Millionen US-Bürger gesehen.

Nachhaltigkeit, *sustainability,* ist das Schlagwort der Ökoszene, die vor allem in New York und Neuengland, in Kalifornien, Oregon und Colorado stark ist. San Francisco verbot bereits 2007 alle Plastiktüten. Immer mehr Restaurants im Land servieren Fisch nur aus nachhaltigem Fang – Wissenschaftler des Monterey Bay Aquarium geben dafür eine ständig aktualisierte Liste heraus. Öffentliche Gebäude und auch Hotels werden immer häufiger nach sogenannten LEED Standards gebaut. LEED steht für „Leadership in Energy and Environmental Design", das besonders strikte Regelwerk des US Green Building Council *(www.usgbc.org).*

UNTERWEGS

An die Verkehrsregeln halten sich die US-Amerikaner ziemlich strikt, doch daneben gibt es Verhaltensweisen, die nicht im Gesetzeskatalog erscheinen. Zum Beispiel, dass es den Führerschein in Amerika meist schon ab 16 Jahren gibt und das ohne große Fahrschulausbildung: Die Eltern lernen die Kinder an – und geben so ihr eigenes, oft schlampiges Fahrverhalten weiter. Teenager sind daher oft schlechte Fahrer, zumal sie eine Hand lieber an der Freundin haben als am Auto. Generell sind US-Amerikaner im Umgang mit Karten ungeübt, kennen selten die Strecken von einem Ort zum anderen.

Ein paar Tipps, wenn Sie die USA mit dem Auto bereisen wollen:

1. Vermeiden Sie Interstate Highways. Sie sind langweilig und in Stadtnähe häufig

TRAILS VON KÜSTE ZU KÜSTE

Die von den Rangers angelegten Wanderpfade in National und State Parks sind schön für kürzere Touren – für einige Stunden oder Tage. Doch wer Amerika wirklich entdecken will, kann auf Langstrecken-Trails Monate unterwegs sein. Der längste Wanderweg Amerikas wurde nach elfjähriger Vorbereitung im Jahr 2000 eröffnet: 10 170 km führt der Discovery Trail zwischen Cape Henlopen am Atlantik durch 16 Bundesstaaten und 14 Nationalparks bis Point Reyes am Pazifik bei San Francisco. Zwei weitere solch kontinentaler Pfade gibt es: den bereits seit 1937 bestehenden, 3488 km langen Appalachian Trail im Osten der USA und – den schönsten von allen – den Pacific Crest Trail. Er folgt dem Grat der Berge im Westen Amerikas gut 4000 km von Mexiko bis Kanada. Übrigens: Auch Teilstücke der Trails sind sehr lohnend. Weitere Informationen unter *www.discoverytrail.org, www.nps.gov/appa* und *www.pcta.org*

Ein winziger Teil des 3488 km langen Appalachian Trail: Hog Pen Gap auf 1100 m Höhe in Georgia

verstaut. Parallel gibt es meist eine ruhige Landstraße, auf der man mehr sieht. Ausnahme: In Großstädten ist man auf Interstates meist schneller und bequemer unterwegs als auf Stadtstraßen.

2. Vertrauen Sie Ihrem Instinkt. In den USA folgte die Stadtentwicklung – umgekehrt zu Europa – dem Straßenbau. Was logisch erscheint, ist es meist auch. Ausnahme: Namen wiederholen sich scheinbar, z. B. Lincoln Road, Lincoln Street etc.

3. Reiseführer, Navi und Karten sind hilfreich, Abenteuer und die Fahrt ins Unbekannte spaßiger. Ausnahme: Verödete Stadtstraßen führen mitunter in gefährliche Slums.

WAFFEN

Nie wird ein Europäer den Waffenwahn der US-Amerikaner verstehen. Nie wird indes ein Politiker in den Vereinigten Staaten die Macht der National Rifle Association (NRA) brechen, eines Vereins, der etwa das Verbot von panzerbrechenden Schusswaffen als Eingriff in die Grundfreiheiten verdammt. In einer nordamerikanischen Großstadt werden in einem Monat mehr Menschen erschossen als in einem Jahr in einem europäischen Land – eben auch, weil es so außerordentlich leicht ist, sich ein *piece,* eine Pistole oder einen Revolver, zu kaufen. Das Recht auf den Besitz von Waffen wird in den Vereinigten Staaten durch die Verfassung geschützt.

Rund 33 000 Menschen kommen jedes Jahr in den USA durch Schusswaffen ums Leben. Sehr sehenswert zum Thema ist der Film „Bowling for Columbine" von Michael Moore.

X-ING OUT

Die Amerikaner lieben die lautmalerische Verwendung von Buchstaben und sogar Zahlen. *U-turn* etwa steht für eine Wende auf der Straße – und die ist meistens verboten. Andere Beispiele: *Ped X-ing* – Fußgänger kreuzen; im Laden: *If U don't C what U need ask 4 it* – Wenn Sie nicht sehen, was Sie brauchen, dann fragen Sie danach. Und *X-ing out* steht z. B. für Durchstreichen.

ESSEN & TRINKEN

Das Erste, was einem angenehm auffällt: Sogar in einfachen Coffeeshops werden die Gäste von einem *host* oder einer *hostess* empfangen und zum Tisch geleitet.

Man stürmt nicht einfach hinein und sucht sich frei gewordene Plätze, sondern wartet höflich beim Schild „Please wait to be seated". Dafür kommt man nie in die unangenehme Lage, sich mit jemand anderem um einen Tisch streiten zu müssen. Man wird erst zum Tisch gebracht, wenn er gesäubert und frisch gedeckt worden ist. Sollte es Wartezeiten geben, werden die Gäste – in besseren Restaurants – gefragt, ob sie erst an der Bar einen Drink nehmen möchten.

Auch bei der Kleidung legen die Amerikaner Wert auf Formen: Das heißt Jackett für den Herren und auf keinen Fall kurze Hosen für die Damen. Das gilt allerdings nur fürs abendliche Dinner in den feineren Restaurants der Städte und für die Luxus-Resorts. Ansonsten geht es recht locker zu. Paradoxerweise dürfen sofort nach dem Hinsetzen die Jacketts abgelegt und die Krawatten gelöst werden; das stört dann niemanden mehr. Und selbst im Spitzenrestaurant kann es passieren, dass der Weinkellner nicht etwa den Korkenzieher, sondern die bestellte Flasche Bordeaux dreht und diesen dabei kräftig durchschüttelt.

Günstig und gut sind neben mancher Fast-Food-Kette auch die vielen ethnischen Lokale. Ohne Übertreibung isst man in Amerika oft ebenso gut chinesisch oder mexikanisch wie in den

Bild: Cupcakes

Ein kulinarisches Mosaik aus aller Welt: Die Einwanderer haben Amerikas Küche geprägt, doch längst gibt es auch Eigenes

ursprünglichen Ländern, wenn auch manchmal etwas im Geschmack angepasst. Die Portionen sind oft enorm – was dazu führt, dass man die Reste ganz selbstverständlich im *doggy bag* eingepackt bekommt und mitnehmen kann.

Die klassische amerikanische Küche serviert nach wie vor *meat and potatos* – ist also schwer und kalorienreich. Doch über die Jahrhunderte haben sich auch einige regionale Spezialitäten entwickelt. In Neuengland ist Fisch ein Muss. Hummer kommen zuhauf auf den Tisch. Austern,

in Europa ein sehr teures Vergnügen, werden dort eher als Beigabe zum Bier gereicht, fast so wie Brezeln oder Nüsschen. Der schönste Austernkeller der Welt ist kein solcher, sondern eigentlich ein Imbiss, die „Oyster Bar" in New Yorks Grand Central Station.

Im Süden dominiert der *Southern Style*: viel Reis, schärfere Gewürze, Huhn, Rippchen und, wo Zuwanderer aus Lateinamerika leben, schon die karibische Küche. Authentisch wäre ein Gericht aus *southern fried chicken* und *black eyed*

blackened dolphin – kein Delfin, sondern mit fast schwarzer Kruste angebratene Goldmakrele

BLT sandwich – Sandwich mit Speck, Salat und Tomate

Caesar Salad – Salat mit einem Parmesan-Anchovis-Dressing (Foto re.)

catfish with okra and corn bread – (frittierter) Katzenwels mit Okra-Gemüse und Maisbrot

clam/fish chowder – sämige Muschel- oder Fischsuppe

eggs sunny side up with bacon and hash browns – Spiegeleier mit Speck und geraspelten Bratkartoffeln

filet mignon with baked potato – Kleines, kurzgebratenes Steak vom Rinderfilet mit Folienkartoffel

French toast – Brotscheiben in Eihülle (arme Ritter)

grits with butter and jam – Maisgrütze mit gesalzener Butter und Gelee

lobster with drawn butter – Hummer mit zerlassener Butter

nachos with guacamole and sour creme – Mais-Chips mit Käse überbacken, Avocadocreme und saurer Sahne

New York steak with garlic mashed potatos – Steak mit Fettrand, dazu Kartoffelbrei mit Knoblauch

pancakes with maple sirup – Pfannkuchen mit Ahornsirup (Foto li.)

prime rib with horseradish sauce – sehr zarte, dicke Rinderbratenscheibe mit Meerrettich

pumpkin pie with whipped cream – Kürbiskuchen in einer Tarteform gebacken, mit Schlagsahne serviert

seared tuna with sesame crust – scharf angebratener Thunfisch in einer Sesamkruste

sirloin steak with corn on the cob – Lendensteak mit Maiskolben

T-bone steak – das größte Steak auf der Karte (mit Knochen)

turkey with stuffing, yams and cranberry sauce – Truthahn mit Füllung, Süßkartoffeln und Preiselbeersauce

peas (Erbsen) und Maisbrot. In Louisiana, wo die französischstämmigen Akadier siedelten, ist auf dem Land scharf gewürztes *Cajun Cooking* verbreitet und in New Orleans der karibisch inspirierte *Creole Style* mit sämigen Soßen und Fisch-Eintöpfen. Und *shrimp creole*, scharf gewürzt, erinnert daran, dass überall auf der Welt Körpertemperatur und Chilipfeffer eng zusammenarbeiten.

In den Westernstädtchen der Rockies und in den Prärien erwartet Sie viel deftige Kost mit viel Fleisch. Aber die Steaks sind auch wirklich klasse: Egal ob Filet, fein gemasertes Ribeye Steak oder ein riesiges T-Bone Steak. Aber für ein solches mit mindestens 400 g Gewicht (und oft mehr) muss man schon richtig Hunger haben. Vor allem wenn dann noch eine *baked potato* und ein gebutterter Maiskolben hinzukommen.

Vegetarier können hier im Fleischland meist nur auf Nudeln und Salate ausweichen. Sonst ist es aber den Städten und auch den kleineren Orten Amerikas kein Problem, sich fleischlos zu ernähren. Vegetarische Omeletts, asiatische Gemüse-Reis-Gerichte und Fisch stehen auf der Karte, und es gibt hervorragende Sushi-Lokale, die oft besser und preiswerter sind als in Europa. Immer mehr Restaurants und Deli-Feinkostläden setzen zudem auf ⓥ Bioware, *organic food*, und beziehen auch ihren Fisch aus nachhaltigem Fang.

Doch das ist kulinarisch noch nicht alles. Trend ist die *New American Cuisine*, die unter verschiedenen Namen übers ganze Land verbreitet ist. Gemeinsam ist allen Variationen, dass sehr leicht gekocht wird, so weit wie möglich mit frischen Zutaten, und dass Rezepte und Gewürze aus verschiedenen Kulturen vereint werden. In den 1970er-Jahren begann diese Kochrichtung an der Westküste als California Cuisine und hat seither ihren Siegeszug durch die USA erlebt: als Northwest Cuisine mit viel Fisch in Oregon und Washington oder als New World Cuisine mit karibischen Anklängen in Florida.

Um sich für den Tag zu stärken, essen die Amerikaner meist ein großes Frühstück, das *American Breakfast* mit Eiern, Schinken oder Speck, Bratkartoffeln, Toast und Marmelade. Das kleinere *Continental Breakfast* besteht nur aus Kaffee, Toast oder einem süßen Kringel. Lunch ist meist nur eine kleine Mahlzeit, während das Dinner – in ländlichen Regionen schon gegen 18 Uhr – wieder eine große Mahlzeit ist.

Überall wird zum Essen Eiswasser gereicht. Auch das Bier ist in Amerika immer eiskalt – und wird dazu noch im tiefgekühlten Glas serviert. „Bud" und „Coors" sind nach wie vor die Hauptmarken; die oft sehr guten Ales, Pilsener und Weizenbiere der zahlreichen *Microbrew-*

Fastfood mal anders: gegrillter Mais

eries werden aber immer beliebter. Amerika produziert zudem ausgezeichnete *Weine*: Chardonnays, Pinot Noirs und Sauvignons aus Kalifornien, Merlots und Pinot Gris aus Oregon und Washington. Kellner arbeiten meist ohne Grundgehalt. Daher gilt ein Trinkgeld *(tip)* von 15 Prozent als normal. Inzwischen hat man aber in den Restaurants der touristischen Zentren gemerkt, dass Europäer, an das eingerechnete Trinkgeld gewöhnt, nur noch aufrunden. Man addiert nun manchmal seinerseits automatisch 15 Prozent hinzu. Das steht dann – sehr klein gedruckt – irgendwo auf der Rechnung.

EINKAUFEN

Ein Einkaufsbummel in den USA ist sehr angenehm – der Kunde ist hier wirklich König. Auch wenn Sie nichts kaufen, werden Sie mit einem freundlichen „Please come again" verabschiedet. Schuhe, Freizeitklamotten und Sportartikel wie Golf- und Tennisschläger, Kosmetik oder auch Vitaminpillen sind in Amerika meist günstiger. Bei Elektronikgeräten wie iPhones hat man zudem den Vorteil, dass die Geräte in den Fachläden auch *unlocked* zu kaufen sind, also ohne Festlegung auf einen Netzdienst. Allerdings kann es später in Europa bei Garantieansprüchen Probleme geben.

Vorsicht allerdings, die europäischen Zöllner kennen mittlerweile den Wert eines Golf-Sets, das man von drüben mitbringt. Achtung auch bei Geräten mit einem Steckdosenanschluss: Sehen Sie genau nach, ob die Elektronik umschaltbar ist und auch 220 Volt verarbeiten kann.

Geschäfte sind meist Mo–Sa 10–18 Uhr geöffnet, die großen Malls Mo–Sa 10–21 und So 12–17 Uhr. Große Drugstores und Lebensmittelsupermärkte sind auch abends und an den Wochenenden offen, teilweise sogar rund um die Uhr.

INDIANISCHE SOUVENIRS

Die Sioux und andere Stämme im Norden fertigen Mokassins, aufwendige Perlenstickereien und Lederarbeiten. Die Pueblo-Indianer in New Mexico stellen großartige Keramik her, jedes Pueblo in einem eigenen, unverwechselbaren Stil. Die Navajo in Arizona sind bekannt für ihre Webteppiche, für Silberschmuck und Sandbilder, die Hopi für kunstvoll geschnitzte Kachina-Puppen. Am besten ist, direkt im Reservat bei den Künstlern zu kaufen. Gute, gesicherte Qualität bekommen Sie aber auch in den *gift shops* der Museen, in den renommierten Galerien und im Südwesten auch in den *trading posts* am Rand der Reservate.

MADE IN AMERICA

Souvenirs sind natürlich überall im Angebot: T-Shirts, Baseballkappen und andere Kleinigkeiten. Vieles davon ist allerdings „Made in China". Aber es gibt auch Authentisches. Alles, was mit der Cowboykultur zusammenhängt, kommt meist aus Amerika: Stetson-Hüte, handgefertigte Stiefel oder Gürtelschnallen etwa. Beliebt sind auch andere Produkte der Regionen: Kaktusmarmelade aus Ari-

„Please come again" – ob Edelboutiquen oder Fabrikverkauf, die Amerikaner lieben es einzukaufen: Shopping ist Volkssport

zona oder kleine Kakteen (in Gärtnereien gezogen), Süßigkeiten mit Pecan-Nüssen aus den Südstaaten, Ahornsirup aus Neuengland, *beef jerky* (eine Art Dörrfleisch) oder Chilisaucen aus New Mexico. Oder wie wäre es mit dem Samenkorn eines Redwood-Baums aus Kalifornien oder einer hübschen Kleinskulptur?

An Wochenenden finden in vielen kleineren Orten mit künstlerischem Flair vor allem in Kalifornien und Neuengland sogenannte *arts and crafts fairs* statt. Auf diesen Kunsthandwerksmärkten bekommen Sie – neben viel Kitsch – auch hübsche Töpferwaren, Schmuck und andere Mitbringsel von regionalen Künstlern.

OUTLET SHOPPING

Die Outletcenter nutzen die günstigeren Mieten und Personalkosten im Hinterland entlang der großen Interstate-Autobahnen und verkaufen Produkte zahlreicher Markenfirmen zu Rabattpreisen. Zwar sind die Waren manchmal zweite

Wahl oder aus der Kollektion des letzten Jahrs, aber bei deutlich reduzierten Preisen stört das wenig. Tipp: Oft gibt es bei der Information des jeweiligen Outlets Coupons für weitere Vergünstigungen.

SHOPPING MALLS

Überall in und um die Städte erwarten große Malls die Kunden – klimagekühlt, mit 100 oder mehr Boutiquen und Kaufhäusern. Und immer ist irgendwo ein *sale*, ein Ausverkauf. An den großen Feiertagswochenenden greift die Reduzierungswelle auf fast alle Geschäfte über – und der Einkaufsbummel schlägt dann leicht in Kaufrausch um. Für die Amerikaner sind diese Einkaufspaläste aber auch Treffs, wo man am Wochenende die Zeit verbummelt, wo sich Jugendliche am Nachmittag treffen und oft auch die Senioren in den Coffeeshops sitzen. Meist gibt es in den Malls auch einen *food court* – eine eigene Halle mit Fast-Food-Lokalen und Imbissständen.

NEUENGLAND

Es heißt oft, in Neuengland sei Amerika dem alten Europa am nächsten. Tatsächlich ist die geografische Distanz hier am kürzesten, und beim Anblick eines Connecticut-Dörfchens aus dem 18. Jh. möchte man meinen, irgendwo im alten England zu sein.

Doch trotz aller Verwandtschaft verkörpert Neuengland viel von der Seele Amerikas. Bei Plymouth nahe Cape Cod gingen die legendären Pioniersiedler der „Mayflower" an Land. In Boston, heute der wirtschaftliche und kulturelle Nabel der Region, begann am 16. Dezember 1773 mit der „Boston Tea Party" – aus Protest gegen die Steuergesetze und das verweigerte Mitspracherecht im Parlament der englischen Kolonialmacht enterten Bostoner Bürger ein im Hafen liegendes Handelsschiff und warfen dessen Teeladung über Bord – der Weg zur Unabhängigkeit der Vereinigten Staaten. Hier begann die Industrialisierung, von hier kommen die geschäftssinnigen Yankees, und von hier stammt auch der Puritanismus, Grundlage für die heutige Fixierung der USA auf materielle Güter und harte Arbeit – trotz der sprichwörtlich prüden Lebensart hat aber Massachusetts 2004 als erster US-Staat offiziell die gleichgeschlechtliche Ehe eingeführt. Die sechs Neuenglandstaaten zählen zu den kleinsten der USA. Rhode Island, Connecticut, Massachusetts, Vermont, New Hampshire und Maine sind zusammen kaum halb so groß wie Deutschland. Dennoch verblüfft die Region mit einiger Vielfalt: im Süden Farmland, Strände

Wo Amerikas Wiege stand: Das bunteste Herbstlaub, die schönsten Dörfer – Neuengland geizt nicht mit seinen Reizen

und Dünen, im Norden dichte Laubwälder und eine felsige, zerrissene Küste. Im Binnenland durchziehen die Appalachen, eine sanft gerundete Mittelgebirgskette, das Land von Nord nach Süd – hier zeigt sich Anfang Oktober der Indian Summer von seiner buntesten Seite.

Eine wunderbare Ferienregion also – doch Vorsicht, auch für die Amerikaner ist Neuengland eins ihrer liebsten Ferienziele. Im Hochsommer herrscht reges Badeleben an den Küsten, und zum Indian Summer reisen die *leaf peeper,* die

„Blättergucker", in Scharen an. Dann ist jedes Bett belegt – frühzeitiges Buchen empfiehlt sich daher.

ACADIA NP

(197 E–F3) *(ﾛ M2)* ⭐ **Im einzigen Nationalpark Neuenglands treffen Land und Meer in besonders reizvollen Kontrasten aufeinander.**
Dichte Wälder, rosafarbene Granitklippen und dunkelblaues Wasser umrahmen

Wandern, Whale Watching, Vogelbeobachtung: Mount Desert Island im Acadia Nationalpark

bunte Fischerhäfen und hübsche kleine Ferienorte: Der Park entstand 1919 auf einem Stück Land, das John D. Rockefeller und andere reiche Naturfreunde aufgekauft hatten, um den Wald vor der zunehmenden Abholzung zu bewahren. Heute gehört der Nationalpark zu den meistbesuchten in den USA.

Auf *Mount Desert Island* – über einen Damm mit dem Festland verbunden – liegt der überwiegende Teil des nur 150 km² großen Parks. Hauptort ist *Bar Harbor* (2700 Ew.), ein altes Feriendomizil betuchter Sommerfrischler aus Boston und New York. Zu einem Panoramablick über die Küstenregion können sie den 467 m hohen 🌿 *Cadillac Mountain* im Osten der Insel zu Fuß oder mit dem Auto erklimmen.

Das Visitor Center *(www.nps.gov/acad)* des Parks liegt in *Hulls Cove*. Ein sympathisches Hotel in einem typischen alten Neuenglandhaus ist das *Quimby House Inn (22 Zi. | 109 Cottage St. | Tel. 207 2 88 58 11 | www.quimbyhouse.com | €–€€)* mitten im Ort Bar Harbor.

BERKSHIRE HILLS

(197 D4) (*Ω L3*) Die idyllische Bergregion im Nordwesten von Massachusetts ist seit Langem ein Ziel für die Sommergäste aus Boston.

Vor allem Literaten (Hermann Melville schrieb 1851 in Pittsfield „Moby Dick"), Musiker und Schauspieler kamen und kommen gerne – alles Leute mit gutem Geschmack. Berkshire-Örtchen wie *Stockbridge* und *Lenox* sind denn auch echte Schmuckstücke – vor allem zur bunten Blätterzeit im Indianersommer. Lohnenswert sind auch die zahlreichen Festivals; das Boston Symphony Orchestra etwa hat in *Tanglewood* seinen Sommersitz.

SEHENSWERTES

CLARK ART INSTITUTE

Französische Impressionisten und eine neue Galerie von Tadao Audo im hübschen historisches Uni-Städtchen. *Tgl. 10–17 Uhr, im Winter Mo geschl. | Eintritt 20 $ | 225 South St. | Williamstown | www.clarkart.edu*

HANCOCK SHAKER VILLAGE

Das Leben der Shaker, einer christlichen Sekte aus dem 19. Jh., die schöne, schlichte Holzmöbel fertigte, wird hier anschaulich rekonstruiert. *Im Sommer tgl. 10–17 Uhr | Eintritt 20 $ | US 20 | Pittsfield | www.hancockshakervillage.org*

INSIDER TIPP MASSACHUSETTS MUSEUM OF CONTEMPORARY ART

Performances, riesige Skulpturen, Installationen und Livekonzerte: Ein aufgelassenes Fabrikgelände beherbergt Amerikas größtes Zentrum für Avantgardekunst. *Sommer So–Mi 10–18, Do–Sa 10–19, Winter Mi–Mo 11–17 Uhr | Eintritt 18 $ | North Adams | www.massmoca.org*

ESSEN & TRINKEN

PUBLIC EAT + DRINK
Moderne amerikanische Küche, serviert in einem stylischen kleinen Lokal. *34 Holden St. North | North Adams | Tel. 413 6 64 44 44 | €*

ÜBERNACHTEN

PORCHES
Schick renovierte Zimmer in viktorianischen Holzhäusern der Arbeiter von einst. Alle Häuser mit stimmungsvollen Holzveranden. *47 Zi. | 231 River St. | North Adams | Tel. 413 6 64 04 00 | www.porches.com | €€*

AUSKUNFT

BERKSHIRE VISITORS BUREAU
66 Allen St. | Pittsfield | Tel. 413 4 99 16 00 | www.berkshires.org

ZIEL IN DER UMGEBUNG

BENNINGTON (197 D4) (*M L3*)
Der Bilderbuchort (9000 Ew.) im Süden Vermonts liegt eine Stunde Fahrt nördlich von Pittsfield inmitten sanft gewellter Hügel – ein bunter Herbsttraum zu Anfang Oktober. Ein Blick ins INSIDER TIPP *Bennington Museum* lohnt sich, es besitzt die größte Sammlung von Werken der naiven Künstlerin Grandma Moses.

BOSTON

(197 E4) (*M M3*) **Backsteinhäuser an kopfsteingepflasterten Gassen, gepflegte Parkanlagen – die Altstadtviertel von Boston erinnern an London, Lübeck oder Amsterdam.**

Doch die charmante und sehr lebenswerte Hauptstadt von Massachusetts (4,8 Mio. Ew.) ist mit ihren großen Uni-

---

⭐ **Acadia National Park**
Dunkle Wälder und felsige Buchten am Atlantik → S. 37

⭐ **Freedom Trail**
Tea-Party und Revolution: auf dem Weg zur Freiheit → S. 40

⭐ **Cape Cod**
Herrliche Sandstrände, Hummer und Wale → S. 43

⭐ **Mount Washington Cog Railway**
Die älteste Zahnradbahn der Welt → S. 45

⭐ **Cliff Walk**
In Newport stehen die Paläste des alten Geldadels → S. 46

MARCO POLO HIGHLIGHTS

BOSTON

CITY WOHIN ZUERST?

Bester Startpunkt ist der Park **Boston Common:** Hier liegt das Visitor Center, hier beginnt der Freedom Trail. Direkt östlich liegt die Innenstadt mit Quincy Market, New England Aquarium und Tea Party Museum. Beacon Hill liegt direkt nördlich. Unterirdische Parkgarage auf der Westseite des Parks, nächster Stopp für U-Bahnen und Busse ist die T-Station „Park Street".

versitäten zugleich ein Powerhouse der Hightech-Industrie und neben New York das bedeutendste Finanzzentrum an der Ostküste. Boston wurde 1630 von Puritanern gegründet, denen der englische König Religionsfreiheit zugesichert hatte. Als Handelsstadt am Charles River erlangte es schnell Bedeutung und spielte bald auch eine Hauptrolle im Kampf der Kolonien um die Unabhängigkeit von England. Die meisten historischen Sehenswürdigkeiten der Stadt stammen aus jener Zeit.

SEHENSWERTES

BACK BAY

Ein großzügig angelegtes Wohnviertel mit Bauten aus der zweiten Hälfte des 19. Jhs. und schicken Boutiquen an der *Newbury Street.* Angrenzend: *Copley Square* mit dem ❧ *Prudential Center* (Skywalk-Aussichtsplattform), der *Trinity Church* und der *Boston Public Library,* der ältesten Bibliothek der Vereingten Staaten.

BEACON HILL

Enge Gassen, malerische alte Backsteinhäuser – hier lässt Boston seinen ganzen Charme spielen.

BOSTON TEA PARTY SHIPS & MUSEUM

Man fühlt sich direkt als Teil der Geschichte, wenn Schauspieler und holografische Figuren auftreten und die amerikanische Revolution anzetteln. Und natürlich wird von den restaurierten Schiffen der Kolonisten Tee ins Meer geworfen. *Tgl. 10–17, im Winter bis 16 Uhr | Eintritt 26 $ | 306 Congress St. | www.bostonteapartyship. com*

FREEDOM TRAIL ★

Dieser durch eine rote Linie auf dem Gehweg markierte, 4 km lange Pfad führt zu allen Stätten, die in der Amerikanischen Revolution eine Rolle spielten. Ausgangspunkt ist der *Common,* der Stadtpark (am Info-Center), Endpunkt *Charles Town* am anderen Ufer des Charles River.

INSTITUTE OF CONTEMPORARY ART

Zeitgenössische Kunst mit vielen Wechselausstellungen in einem spektakulären Gebäude am Hafen. ❧ Schönes Café. *Di–So 10–17 Uhr (Do/Fr bis 21 Uhr) | Eintritt 15 $ | 100 Northern Ave. | www. icaboston.org*

JOHN F. KENNEDY LIBRARY

Museum und Gedenkstätte für den 1963 ermordeten Präsidenten und seinen Bruder Robert (ermordet 1968) in einem spektakulären Bau von I. M. Pei. *Tgl. 9–17 Uhr | Eintritt 14 $ | in Dorchester südlich der Innenstadt, I-93 South, Exit 15 | www. jfklibrary.org*

ESSEN & TRINKEN

DURGIN-PARK

Das Restaurant ist eine Institution. Mächtige Portionen von Hummer und Prime Rib; laut, voll und touristisch, aber gut. *340 Faneuil Hall Marketplace | North Market Hall | Tel. 617 2 27 20 38 | €–€€*

LEGAL SEA FOODS

Getreu dem Motto „Was nicht frisch ist, ist nicht legal" bietet das Lokal am Hafen erstklassige Fisch- und Meeresfrüchte. *255 State St. | Tel. 617 7 42 53 00 | €€*

MILK STREET CAFÉ

Eins der ältesten vegetarischen Restaurants Neuenglands. Prima Quiche mit regionalen Zutaten. Nur zu Frühstück und Lunch geöffnet. *50 Milk St. | Tel. 617 5 42 36 63 | €–€€*

ROW 34

Muscheln, Austern, Fisch in einer schicken Raw Bar im Herzen des Harbour Districts. *383 Congress St. | Tel. 617 5 53 59 00 | €€*

INSIDER TIPP SUMMER SHACK

Party-Lokal mit großer Bar und riesiger Austern- und Muscheltheke. *50 Dalton St. | Tel. 617 8 67 99 55 | €–€€*

EINKAUFEN

BOSTON PUBLIC MARKET

Ganz zentral und gut für alle Produkte aus Neuengland von Souvenirs bis zu frischem Obst. *Tgl. 8–20 Uhr | 100 Hanover St.*

ÜBERNACHTEN

B&B ASSOCIATES BAY COLONY

Vermittlung von Pensionen, Apartments, Ferienhäusern und sogar Hausbooten im Hafen. Auch öko-freundliche Unterkünfte, die energiesparsam wirtschaften. *Tel. 617 7 20 05 22 u. 888 4 86 60 18 | www.bnbboston.com | €–€€€*

FAIRMONT COPLEY PLAZA

Elegantes, historisches Grandhotel, zentral im Viertel Back Bay. *383 Zi. | 138 St. James Ave. | Tel. 617 2 67 53 00 | www.fairmont.com | €€€*

Kürbisse und Kopfsteinpflaster: Frühherbst im charmanten Bostoner Stadtteil Beacon Hill

Ein entspanntes Bild: Pausieren unter Bäumen auf dem Campus der berühmten Harvard University

NINE ZERO HOTEL

Fröhlich-bunt gestaltetes Boutiquehotel nur wenige Schritte vom Boston Common entfernt. Beliebte Bar im Haus. *190 Zi. | 90 Tremont St. | Tel. 617 7 72 58 00 | www.ninezero.com | €€–€€€*

TOUREN

WHALE WATCHING

Das ausgezeichnete *New England Aquarium* veranstaltet von April bis Oktober naturkundliche Touren zum Wale-Beobachten in den Fischgründen der Stellwagen Bank. Auch gibt es tägliche Shows mit Pinguinen, Seelöwen und Co. *Aquarium im Sommer So–Do 9–18, Fr/Sa 10–19 Uhr, sonst bis 17 Uhr | Eintritt 27 $, Bootsfahrt 49 $ | Central Wharf | Tel. 617 9 73 52 06 | www.neaq.org*

AUSKUNFT

GREATER BOSTON VISITORS BUREAU

Info-Center am Common | 2 Copley Place | Tel. 888 7 33 26 78 | www.bostonusa.com

ZIELE IN DER UMGEBUNG

CAMBRIDGE (197 E4) (*M3*)

Die am gegenüberliegenden Ufer des Charles River gelegene Stadt (100 000 Ew.) beherbergt zwei berühmte Universitäten: das *Massachusetts Institute of Technology (MIT)* und die *Harvard University*, die älteste Hochschule der USA. Studenten halten kostenlose Führungen über den Campus und weisen auch den Weg zu den hervorragenden Museen der Universität – z. B. dem *Fogg Art Museum* zur europäischen Kunst der letzten 1000 Jahre, dem *Arthur M. Sackler Museum* zur asiatischen und islamischen Kunst oder dem *Busch-Reisinger Museum* zu den Künstlern des deutschen Expressionismus.

CONCORD & LEXINGTON
(197 E4) (*M3*)

Die beiden hübschen Städtchen am Westrand Bostons spielten eine wichtige Rolle im Unabhängigkeitskrieg: Hier feuerten die Amerikaner die ersten Schüsse auf die Briten ab. Im 19. Jh. entwickelte sich vor allem Concord, die Haupstadt von New Hampshire, zum literarischen Zentrum der USA. Die Häuser, in denen Ralph Waldo Emerson, Henry David Thoreau und Nathaniel Hawthorne arbeiteten und lebten, sind zu besichtigen. Schön für eine Lunch-Pause: *Main Streets Market & Café (42 Main St. | Concord | Tel. 978 3 69 99 48 | €–€€).*

INSIDER TIPP **LOWELL** (197 E4) *(M3)*
Die Stadt (107 000 Ew.), rund 50 km nördlich von Boston, gilt als Geburtsort der industriellen Revolution in Amerika. Hier baute Francis C. Lowell 1813 seine erste Fabrik mit mechanischen Webstühlen. Wenig später war Lowell eine Hochburg der Textilindustrie – und heiß umkämpftes Schlachtfeld der Gewerkschafter. Der *Lowell National Historical Park (Park tgl. 9–17 Uhr, Museum 9.30–17 Uhr | Museumseintritt 6 $ | Visitor Center: 246 Market St.)* dokumentiert heute in einem großartigen Freiluftmuseum das frühe Industriezeitalter. Auf geführten Bootstouren *(Fahrt 12 $)* kann man die Kanäle der Stadt erkunden.

ROCKPORT (197 E4) *(M3)*
Die alte Künstlerkolonie am Cape Ann, 75 km auf der SR 128 in Richtung Nordosten, entspricht genau dem Klischee eines malerischen Hafenorts und ist ein beliebter Ferienort.

SALEM (197 E4) *(M3)*
Die Hafenstadt (40 000 Ew.), ca. 30 km nördlich von Boston, hat früh traurige Berühmtheit erlangt: 1692 wurden hier Hexen verbrannt. Im *Salem Witch Museum* erläutert eine sehr gute Multimediashow die Vorfälle. Der langen Seefahrergeschichte der Stadt, die einst einer der wichtigsten Häfen Neuenglands war, widmen sich das *Peabody Essex Museum* und die *Salem Maritime National Historic Site,* ein Freiluftmuseum aus alten Werften und Lagerhallen.

CAPE COD

(197 E4) *(M3)* ⭐ **Wie ein krummer Kleiderhaken ragt die Halbinsel vor Massachusetts rund 100 km weit in den Atlantik hinaus.**

MUSEUMSDÖRFER

William Brewster kam mit der „Mayflower" nach Amerika. Jetzt eben bepflanzt er sein Gärtchen und erzählt dabei den Besuchern von der mühsamen Reise der Pilgerväter von Holland übers Meer und den jüngsten Schwierigkeiten mit den Indianern. William Brewster ist Schauspieler, den Sommer über „wohnt" er in der restaurierten *Plimoth Plantation* **(197 E4)** *(M3) (April–Nov. tgl. 9–17 Uhr | Eintritt 36 $ | www.plimoth.org)* und spielt das Leben im Jahr 1620 nach. Hier, rund 60 km südlich von Boston beim heutigen Plymouth, gingen die Pilgerväter an Land. In vielen Museumsdörfern Amerikas gibt es solche *costumed interpreters,* zeitgenössisch gekleidete Schauspieler, die eine historische Rolle annehmen. Sie machen die Pionierzeit anfassbar und kurzweilig. Ein gutes Beispiel auch das *Old Sturbridge Village (www.osv. org),* 80 km westlich von Boston, das ins Jahr 1830 zurückversetzt.

Mit ihren langen Sandstränden, guten Hotels und Fischrestaurants ist sie ein beliebtes Wochenend- und Ferienziel der Bostoner. Trotzdem können Sie hier auch ruhige Plätzchen finden und Cape Cod so erleben, wie es die Maler, die sich um Wende zum 20. Jh. in dem hübschen Hafenstädtchen *Provincetown* niederließen, lieben gelernt haben: als eine kilometerlange, naturbelassene Dünenlandschaft, die heute in der *Cape Cod National Seashore* unter Schutz steht.

Cape Cod vorgelagert liegen die Insel *Martha's Vineyard* – Feriendomizil von Prominenz und Präsidenten und u.a. Drehort von Steven Spielbergs „Der weiße Hai" – sowie das als Walfängerhafen im 19. Jh. berühmt gewordene *Nantucket* (es bestehen Fährverbindungen), ebenfalls ein beliebtes Sommerziel mit schönen Stränden.

LOW BUDG€T

Mit Discount-Pässen lässt sich beim Sightseeing in Boston viel Geld sparen, etwa mit dem *Citypass Boston (fünf Museen und Attraktionen für 55 $ | www.citypass.com)* oder der *Go Boston Card* oder dem *Go Select Boston Pass* mit bis zu 55 Prozent Ermäßigung für fast 60 Attraktionen *(www.smartdestinations.com).*

Die günstigsten Hummer Neuenglands servieren die Lokale in den Häfen. Bestes Beispiel: *Beal's Lobster Pier* im Örtchen *Southwest Harbor, Maine (gleich neben dem Acadia National Park).* Hier gibt's für 17 $ einen ganzen gekochten Hummer frisch vom Boot. *182 Clark Point Rd. | Tel. 207 2 44 32 02*

SEHENSWERTES

HERITAGE MUSEUMS & GARDENS

Der weitläufige Museumskomplex in Sandwich liegt in einem prächtigen Park und zeigt Kunst, Oldtimer-Autos und Militärgeschichte. *Im Sommer tgl. 10–17 Uhr | Eintritt 18 $ | Grove St./Pine St. | Sandwich*

ESSEN & TRINKEN

BLACK DOG TAVERN

Chowder, Hummer, Fish & Chips in einem urigen Haus im Hafen von Marthas Vineyard. *21 Beach St. Extension | Vineyard Haven | Tel. 508 6 93 92 23 | €–€€*

TOUREN

DOLPHIN WHALE WATCH

Bootstouren mit vielen Hintergrundinformationen zum Wale-Beobachten. *Abfahrten tgl. 9.30–17 Uhr an der Macmillan Wharf | Fahrt 47 $ | 307 Commerical St. | Provincetown | Tel. 508 2 40 36 36*

ÜBERNACHTEN

DAN'L WEBSTER INN & SPA

Gepflegtes traditionelles Haus am Eingang zum Cape Cod. *48 Zi. | 149 Main St. | Sandwich | Tel. 508 8 88 36 22 | www.danlwebsterinn.com | €€*

HARBOR VIEW HOTEL ❄

Pure Romantik auf Marthas Vineyard: 114 elegant in Weiß gestylte Zimmer mit Meerblick und nautischem Flair. *131 N. Water St. | Edgartown | Tel. 508 6 27 70 00 | www.harbor-view.com | €€€*

AUSKUNFT

CAPE COD CHAMBER OF COMMERCE

Route 6/Route 132 | Hyannis | Tel. 508 3 62 32 25 | www.capecodchamber.org

Den Riesen der Meere ganz nah: Whale Watching auf der Stellwagen Bank bei Cape Cod

MOUNT WASHINGTON

(197 E3) (*M3*) ● ꒒ **Der 1917 m hohe Berg in den White Mountains von New Hampshire ist der höchste Punkt Neuenglands.**

Die grandiose Aussicht vom Gipfel über das waldreiche Mittelgebirge kann auch genießen, wer keine Bergtouren gewöhnt ist: Die ⭐ *Mount Washington Cog Railway* schnauft seit 1869 auf steilen Schienen (37 Prozent Steigung!) den Berg hinauf. Als Ausgangspunkte für Touren eignen sich die Örtchen *Bretton Woods, Conway* und *North Conway*. Gute Wanderreviere erwarten Sie in *Franconia Notch, Crawford Notch* und *Pinkham Notch* (*notches* sind Schluchten). Besonders schön ist im Herbst die Fahrt auf dem von Laubwäldern gesäumten ꒒ **INSIDER TIPP** *Kancamagus Highway* zwischen Conway und North Woodstock

über den gleichnamigen, 870 m hohen Pass im Süden der White Mountains.

NEW BEDFORD

(197 E4) (*M3*) **Anfang des 19. Jhs. war der Walfang Neuenglands bedeutendste Industrie, und New Bedford (95 000 Ew.) in Massachusetts war das Zentrum.**

Wie wohlhabend New Bedford damals war, können Sie in Hermann Melvilles „Moby Dick" nachlesen; die Geschichte von der Jagd auf den weißen Wal nimmt hier ihren Anfang.

SEHENSWERTES

WHALING MUSEUM
Weltweit die beste Sammlung zum Thema Walfang, komplett mit Nachbau eines Fangschiffs und Pottwalskeletts. *Tgl.*

9–17, im Winter bis 16 Uhr (So ab 11 Uhr) | Eintritt 16 $ | 18 Johnny Cake Hill

Blick über den Hafen; Drinks auf der Veranda.

ZIEL IN DER UMGEBUNG

NEWPORT (197 E4) (*M3*)

Eine Verfilmung des „Großen Gatsby" könnte gut vor der Kulisse von Newport spielen. Das alte Seebad in Rhode Island, ca. 40 km südlich von Bedford gelegen, verkörpert das Flair der eleganten

NEW HAVEN

(197 D4) (*M3*) **In die Stadt New Haven (860 000 Ew.) fährt man wegen Yale, der Eliteuniversität.**

Seit ihrer Gründung im Jahr 1701 liegt sie in Wettstreit mit Harvard, welche

Beim Ort Cape Elizabeth bewacht der Leuchtturm Portland Head die Küste von Maine

1920er-Jahre. Richtige Schlösser stehen hier entlang des ★ *Cliff Walk* in beherrschender Lage am Atlantik, erbaut vom Geldadel Amerikas: Die Vanderbilts, die Morgans, die Astors verbrachten hier ihre Sommer. Dank der Newport Preservation Society blieben die spektakulärsten dieser „Cottages", wie *The Breakers* und *Marble House,* erhalten und können besichtigt werden.

Im Restaurant *The Mooring (Sayer's Wharf | Tel. 401 8 46 22 60 | €€–€€€)* gibt es guten Fisch und Hummer mit

Uni denn mehr Nobelpreisträger und Spitzenpolitiker hervorbringt. Studenten bieten kostenlose Führungen an. Die Hochschule besitzt gute Museen, so etwa das naturkundliche *Peabody Museum* und die *Beinecke Rare Book and Manuscript Library.*

ZIEL IN DER UMGEBUNG

MYSTIC SEAPORT (197 D4) (*M3*)

Das Freilichtmuseum eine knappe Fahrstunde östlich von New Haven lädt zur

Zeitreise ins 19.Jh. ein, in eine typische Hafenstadt Neuenglands. Auch Dampferfahrten werden hier angeboten. *Im Sommer tgl. 9–17, sonst 10–16 Uhr | Eintritt 26 $ | an der I-95, Exit 90 | www. mysticseaport.org*

PORTLAND

(197 E3–4) *(⌖ M3)* **Mit 530 000 Ew. im Großraum ist der bereits 1632 gegründete Hafenort die wichtigste Metropole in Maine.**

Die viktorianische Altstadt *Old Port Exchange* mit ihren Boutiquen und Restaurants ist ein Beispiel gelungener Innenstadterneuerung. Sehenswert ist neben historischen Häusern wie der *Victoria Mansion (Mo–Sa 10–16, So 13–17 Uhr | Eintritt 15 $)* vor allem das *Portland Museum of Art (im Sommer Sa–Mi 11–18, Do/Fr 11–20 Uhr | Eintritt 15 $)*, das auf amerikanische Kunst des 19. und 20. Jhs. spezialisiert ist.

EINKAUFEN

FREEPORT ● **(197 E3)** *(⌖ M3)*
Das Städtchen rund eine halbe Fahrstunde nördlich von Portland ist das Shoppingparadies Neuenglands: Weit über 100 Outlet-Läden warten auf Kundschaft und bieten Preisnachlässe von bis zu 70 Prozent, der bekannteste ist der riesige Outdoor-Laden *L.L. Bean* – hier gibt es alles Nötige, von der Angel über Klamotten bis zum Zelt.

ÜBERNACHTEN

PRESS HOTEL
Stylisches Hotel in einer alten, schick renovierten Druckerei. *110 Zi. | 119 Exchange St. | Tel. 207 8 08 88 00 | www. thepresshotel.com | €€€*

ZIEL IN DER UMGEBUNG

MAINE COAST **(197 E–F3)** *(⌖ M2–3)*
Nördlich von Portland beginnt der eindrucksvollste Teil der Küste Neuenglands. An der waldreichen, zerrissenen Küstenlinie liegen hübsche Fischerorte wie *Bath* und *Boothbay Harbor*. In *Brunswick* schrieb Harriet Beecher Stowe „Onkel Tom's Hütte". Im Süden dagegen warten Sandstrände, und knapp 40 km südlich von Portland liegt der malerische und exklusive Ferienort *Kennebunkport*.

WOODSTOCK

(197 D4) *(⌖ L3)* **Woodstock (nicht der Ort Woodstock im Staat New York, bei dem 1969 das berühmte Festival stattfand) gehört zu den Paradedörfern Vermonts:**

An den Straßen stehen elegante, im Federal und Georgian Style erbaute Häuser, der Ottauquechee schlängelt sich durchs Stadtzentrum. Eine überdachten Brücke führt von einer Seite zur anderen.
Woodstock ist der perfekte Ort, um zu entspannen und die ländliche Kulisse zu genießen. *Auskunft: www. woodstockvt.com*. Das Dörfchen *Quechee* (12 km nordöstlich) bietet jede Menge Wanderwege.

ZIEL IN DER UMGEBUNG

GREEN MOUNTAINS **(197 D3)** *(⌖ L3)*
Der mit Laubwald überzogene zentrale Abschnitt der größten Bergkette Vermonts mit seinen altertümlichen Dörfern liegt eine Fahrstunde westlich von Woodstock (gute Wanderwege und Skipisten). Auf der Ostseite der Berge verläuft der ☘ **INSIDER TIPP** *Highway 100*, wohl die schönste Panoramastrecke durch Vermont im Indian Summer.

MITTLERE ATLANTIKSTAATEN

Dank der Pilgerväter gebührt Neuengland der Titel als Wiege der USA. Doch historisch und politisch ist die Region der mittleren Atlantikstaaten fast noch stärker mit der Geschichte der jungen Nation Amerika verbunden.

In Philadelphia wurde 1776 die Unabhängigkeitserklärung unterzeichnet. Und das mit prächtigen Avenuen angelegte Washington, D. C. ist seit dem Jahr 1800 der politische Kopf der heutigen Supermacht. Dennoch steht die Region immer ein wenig im Schatten der übermächtigen Metropole New York. Schade, denn die von vielen Buchten zergliederte, breite Küstenebene am Atlantik und die dahinter liegenden Hügel der Appalachian Mountains können mit sandigen Stränden, hübschen Kleinstädten, Naturparks

und zahlreichen historischen Stätten aufwarten. Vier bis fünf Tage dürfen Sie sich für eine Tour von New York nach Washington ruhig Zeit nehmen. Dann werden Sie in bunter Folge Metropolen und kaum bekannte Naturlandschaften erleben.

Die wenigsten etwa wissen, dass es neben New York City auch einen Staat New York gibt (zur besseren Unterscheidung oft „Upstate New York" genannt). Dort ist der *Indian Summer* mit seiner Farbenpracht im idyllischen Tal des Hudson River genauso schön wie in Neuengland. Südlich davon liegt das kleine New Jersey, das man auch das „Schlafzimmer New Yorks" nennt. Es ist aber auch der Spielplatz der New Yorker, denn entlang der Küste dehnen sich bis Cape May lan-

Metropolen und liebliches Hinterland: Zwischen New York und Washington, D. C. zeigt sich Amerika seiner Geschichte verhaftet

ge Strände, und in Atlantic City, dem Las Vegas der Ostküste, rattern die Spielautomaten und schwingen Showgirls die Beine. Nebenan, im einst von frommen Quäkern gegründeten Pennsylvania, wird dies eher als Teufelswerk gesehen – zumindest im Lancaster County bei den Amish, jener altdeutsch-rheinischen Sekte, deren Angehörige sich in altmodische schwarze Tracht hüllen und wie ihre Vorväter leben. Welch ein Kontrast zur Metropole Philadelphia nur eine Stunde weiter.

Südlich davon grenzen der winzige Staat Delaware und das von der riesigen Chesapeake Bay geprägte Maryland an. Berühmt ist diese Bucht für ihre leckeren Krebse – und für die hier in zahlreichen Stützpunkten vertretene US-Navy. Die Herren über die Fregatten und Flugzeugträger residieren gleich nahebei: im Pentagon vor den Toren der Bundeshauptstadt Washington, D. C. In weiser Voraussicht haben die Gründerväter den Regierungssitz des Lands keinem einzelnen Staat zugeordnet, sondern einen

Wolkenkratzer in allen Größen prägen das Bild des New Yorker Stadtteils Manhattan

eigenen, vom Kongress verwalteten Bezirk zwischen den Staaten Maryland und Virginia geschaffen. Dort wurden über die letzten 200 Jahre Prunkbauten und Denkmäler errichtet und all die großen Nationalmuseen angesiedelt: eine würdige Hauptstadt.

BALTIMORE

(196 C5) (*L4*) **Die mit rund 2,8 Mio. Ew. größte Stadt des Staats Maryland liegt an einem Nordarm der Chesapeake Bay und ist eine der Überraschungen der amerikanischen Ostküste:** Ehemals Tabakhafen und unansehnliche Industriestadt, hat Baltimore jüngst durch ein großes Sanierungsprogramm ungemein an Attraktivität gewonnen. Kunstinteressierte können sich zudem auf ausgezeichnete Sammlungen freuen, zum Beispiel im *Walters Art Museum* (Alte Meister, aber auch Fabergé-Eier) und im *Baltimore Museum of Art* („Cone Collection" für moderne Kunst).

SEHENSWERTES

INNER HARBOR

Das Herz von Baltimore: Restaurants und Geschäfte, historische Schiffe, Museen, Boote zum Ausleihen und ein *Watertaxi,* das alle Sehenswürdigkeiten im weiten Hafenbecken anläuft. *Tagespass 14 $*

INSIDER TIPP LEXINGTON MARKET

Der älteste Markt Amerikas: Gemüse, Obst, Bonbons und viele Buden mit kulinarischen Spezialitäten. Bei J. W. Faidely's gibt es die besten *crab cakes* (Küchlein aus Krebsfleisch und Gemüse) der Chesapeake Bay. *Mo–Sa 6.30–18.30 Uhr | 400 Lexington St.*

NATIONAL AQUARIUM ★

Eines der schönsten Aquarien Amerikas. Sieben kurvige Etagen mit nachgestellten Lebensräumen – vom Korallenriff bis zum Sumpfgebiet – beherbergen etwa 16 000 Tiere. Am bekanntesten ist das Aquarium für seine Haie und Delfine. Die Delfin-Shows finden über den ganzen Tag verteilt statt. *Tgl. 9–17, im Winter werktags bis 16, im Sommer Fr/Sa bis 20 Uhr | Eintritt 40 $ | 501 E. Pratt St. | www.aqua.org*

BALTIMORE VISITORS ASSOCIATION
401 Light St. | Tel. 877 2 25 84 66 | www.baltimore.org

NEW YORK

(197 D5) *(ФШ L4)* **New York setzt die Standards. An ihr müssen sich alle anderen Metropolen messen. In New York (20,2 Mio. Ew.), genauer in dem relativ kleinen Stadtteil Manhattan, kommt alles zusammen: Macht, Geld, Kultur – und Elend.**

Selbstbewusst tragen die New Yorker zur Schau, was sie haben. Zwar gibt es weiterhin Obdachlosigkeit, Suppenküchen und Kriminalität, doch eine große Kampagne des vorletzten Bürgermeisters Rudolfo Giuliani hat die Stadt viel sauberer und für Besucher sicherer gemacht. Und die Anschläge vom 11. September 2001 haben die New Yorker zusammenrücken lassen.

Obwohl schon oft totgesagt, blüht „The Big Apple" unentwegt weiter. Eine ganze Reihe neuer, postmoderner Hochhäuser: scheinbar schon Jahrzehnte her. Die *gentrification,* bei der Yuppies die alteingesessenen Bewohner Manhattans verdrängten: Vergangenheit. Die Umwandlung des Times Square vom verrotteten Laster- und Drogeneck zum wieder neuen Zentrum: abgeschlossen. Der 11. September und die Finanzkrise von 2008: Selbst damit haben die New Yorker umzugehen gelernt.
Mehr Informationen finden Sie im Marco Polo Band „New York".

BROOKLYN BRIDGE

Sie ist die erste stählerne Hängebrücke der Welt und ein beeindruckendes Symbol amerikanischer Schaffenskraft. Als die neogotischen Granitpfeiler der Brücke nach 16 Jahren Bauzeit 1883 endlich die doppelte Fahrbahn und den hölzernen Fußgängersteg trugen, führten 150 000 Menschen einen Freudentanz auf. Brückenkonstrukteur John Roebling (aus Mühlhausen/Thüringen) erlebte ihn nicht mehr. Bei Messarbeiten war ihm ein Bein zerquetscht worden. Er starb an den Amputationsfolgen.
Der Fußgänger- und Fahrradweg, der östlich der City Hall beginnt, bietet eine

⭐ **National Aquarium**
Korallenriffe und Haie im Aquarium von Baltimore → S. 50

⭐ **Empire State Building**
Inbegriff eines Wolkenkratzers, Wahrzeichen New Yorks → S. 52

⭐ **Niagara Falls**
Amerikas berühmtestes Naturspektakel → S. 56

⭐ **Vietnam Veterans Memorial**
Bewegendes Denkmal für die Gefallenen in der Hauptstadt → S. 61

⭐ **National Air and Space Museum**
Flugzeuge und Raumstationen in Washington, D. C. → S. 62

⭐ **Luray Caverns**
Unterirdische Märchenwelt im Shenandoah NP → S. 63

MARCO POLO HIGHLIGHTS

CITY **WOHIN ZUERST?**
Na klar – zum **Times Square, Ecke Broadway/44th Street** (Metro: Times Sq–42 St) in Midtown. Zum Rockefeller Center und der Fifth Avenue sind es nur wenige Schritte nach Osten. Central Park und Columbus Circle liegen zu Fuß 30 Minuten (1 km) nach Norden, das Empire State Building etwa dieselbe Entfernung nach Süden und Pier 83, wo die Circle-Line-Sightseeingboote starten, ähnlich weit nach Westen an der 42nd Street.

wunderbare Aussicht auf Lower Manhattan und Brooklyn. Im **INSIDER TIPP** *River Café* *(1 Water St. | Tel. 718 5 22 52 00 | €€–€€€)* auf der Brooklyn-Seite gibt zur fabelhaften Aussicht noch ordentliches Essen und gute Drinks.

CENTRAL PARK

Nicht nachts und nicht in die entlegenen Winkel, sonst aber hinein in die grüne Lunge zwischen 59th und 110th Street sowie zwischen Fifth Avenue und Central Park West, der Verlängerung der Eighth Avenue. Hier ist der Ort der Lunchpause für Büroangestellte, der Spielplatz der Kinder, das Séparée der Liebespaare, das Rund der Jogger, Fahrradfahrer, Eisläufer und Rollerblader. Pferdekutschen fahren hindurch und Benzinkutschen Typ Cadillac-Stretchlimousine. Den ganzen Sommer über werden auf mehreren Bühnen Konzerte und Theaterstücke gegeben – oft kostenlos *(www.centralpark.com)*.

CHINATOWN & ANDERE VIERTEL

Nördlich der Brooklyn Bridge hinter der City Hall beginnt das zwölf Blocks umfassende chinesische Viertel: winzige Orientgeschäfte, Garküchen, Restaurants, Pseudopagoden, Girlanden. Gut und billig essen? Hier! Wo am besten? Wo die Familie vor der Tür sitzt und Gemüse putzt. Was? Alles, nur nicht Chop Suey oder Fried Rice: Die wurden für den Geschmack der Langnasen erfunden.

Andere interessante Viertel: östlich von Chinatown die *Lower East Side*, früher verwahrlost, heute hippes Stadtviertel. Von den ersten Bewohnern des Viertels, den Juden, ist u. a. die *Eldridge Street Synagogue* als Museum erhalten geblieben *(www.eldridgestreet.org)*. Mit Retro-Industrial-Look beeindruckt *Tribeca* (Triangle Below Canal Street) – hier gibt es schicke Lofts und Lounges. *SoHo* (South of Houston) ist das etablierte Künstlerviertel mit den größten Galerien und den mondänsten Boutiquen. U. a. schwer im Kommen: das Brooklyner Viertel *Red Hook* südlich von Carroll Gardens: mit Blicknähe zum Hafen und zur Freiheitsstatue, coolen Bars und Restaurants.

EMPIRE STATE BUILDING ⭐ ●

1929 begonnen, 1931 vollendet, ist das Gebäude immer noch der Inbegriff eines Wolkenkratzers. Sein Gewicht: 33 112 Tonnen. Höhe: mit Antenne 443,18 m. Treppenstufen: 1860, mittels 73 Aufzügen können sie vermieden werden. Von den Aussichtsplattformen im 86. Stock und ganz oben im 102. Stock geht der Blick gut 80 km in die Ferne. *Tgl. 8–2 Uhr | Eintritt 32 $, inkl. 102. Stock 52 $ | Fifth Ave./34th St. | www.esbnyc. com*

FLATIRON BUILDING

An der Kreuzung von Broadway, Fifth Avenue und 23rd St. steht das berühmte Bügeleisengebäude aus dem Jahr 1902. Damit es hier überhaupt hinpasst, wurde es dreieckig gebaut – an seiner Schmalseite ist es nur 2 m breit. Neben der Freiheitsstatue, dem Chrysler Building sowie dem Empire State Building ist es eines der Wahrzeichen von New York City.

GREENWICH VILLAGE

Das Village ist ein Szeneviertel mit Cafés, Bars, Restaurants und experimentellen Theatern. Sein Aufstieg begann in den 1920ern, als die Bohème das Viertel zum Montmartre von New York kürte. In den 1970ern hatte die Schwulen- und Lesbenbewegung hier *(Christopher Street)* ihr Zentrum. Später entdeckten auch reiche New Yorker das Quartier. Die Häuser sind

durch die Terroranschläge zerstört wurden. Am Standort der ehemals 417 m hohen Twin Towers erhebt sich nun der einzelne Turm des neuen ☀ *One World Trade Centers (Aussichtsplattform 285 Fulton St. | im Sommer 9–22, sonst 9–20 Uhr | Eintritt 34 $ | oneworldobservatory.com)* – mit stolzen 541 m Höhe der höchste Wolkenkratzer New Yorks. Gestaltet wurde der Bau von David Childs nach einem ursprünglichen Entwurf von Daniel Libeskind, der auch das Jüdische Museum in Berlin baute. Unmittelbar auf

Grüne Lunge, Festivalgelände, Joggermeile und Entspannungsoase: der Central Park

teuer saniert und schöner denn je, das Viertel lebt von seinem alten Ruf und prominenten Bewohnern wie Dustin Hoffmann oder Uma Thurman.

GROUND ZERO

Seit dem 11. September 2001 ist nichts mehr, wie es war. Jedenfalls nicht an der Südspitze von Manhattan, wo die beiden Türme des World Trade Center

der Stelle der einstigen Türme erinnert das ◉ *9/11 Memorial* an den Schicksalstag: eine ökologisch nachhaltig gestaltete Plaza mit Visitor Center/Museum und einem Eichenhain, in dem zwei von mächtigen Wasserfällen umrahmte Teiche liegen. Ringsum sind die Namen aller 2983 Opfer der Terroranschläge eingraviert *(im Sommer 7.30–21 Uhr | Eintritt frei, Karten für das angeschlossene Mu-*

seum sollten vorab im Internet reserviert werden: www.911memorial.org).

Das nebenan gelegene, von den Opferfamilien gegründete *9/11 Tribute Center (tgl. 10–18, So bis 17 Uhr | Eintritt 15 $, mit Führung 25 $ | 120 Liberty St. | www.tributewtc.org)* zeigt weitere Ausstellun-

Amerikas Ikone: die Freiheitsstatue

gen und bietet <mark>INSIDER TIPP</mark> **Führungen** durch Angehörige und Beteiligte an.

<mark>INSIDER TIPP</mark> **HIGH LINE PARK** ☼ ✿

New Yorks jüngster und ungewöhnlichster Park liegt auf einer alten Fracht-Bahnlinie auf der Westside der Stadt. Der Clou: die begehbare, ökologisch sehr durchdacht begrünte Bahntrasse verläuft hochgelegt über den Straßen, auf Augenhöhe der Häuser und Apartments ringsum. Skulpturen, Kunstprojekte und Food-Stände entlang des Wegs – und ungewöhnliche Ausblicke über New York. *Zwischen 10th und 11th Ave., zwischen Gansevoort St. im Meatpacking District bis zur 30th St. | www.thehighline.org*

METROPOLITAN MUSEUM OF ART

„The Met" ist eines der ganz großen Kunstmuseen der Welt und eine der beliebtesten Sehenswürdigkeiten von New York. Einige Highlights: die Abteilungen griechische, römische und ägyptische Kunst, der amerikanische Flügel, die Impressionisten. ☼ Dachgartencafé mit Blick über Manhattan. *Tgl. 10–17.30 (Fr/Sa bis 21) Uhr | Eintritt 25 $ | 5th Ave./82nd St. | www.metmuseum.org*

MUSEUM OF MODERN ART

Cézannes, Van Goghs, Picassos: Das MoMA ist der weltweit bekannteste Tempel für Kunst des späten 19. und des 20. Jhs. Toll: der Skulpturengarten und das Kino, in dem das MoMA Auszüge seiner Sammlung von über 19 000 Filmen zeigt. Schönes ☼ Terrassencafè im fünften Stockwerk. *Tgl. 10.30–17.30 (Do/ Fr bis 20) Uhr, im Winter Di geschl. | Eintritt 25 $ | 11 West 53 St. | www.moma.org*

STATUE OF LIBERTY

Im Haus des französischen Historikers Edouard de Laboulaye kam bei einem Diner die Idee auf. Einer der Gäste, der Elsässer Bildhauer Frédéric Auguste Bartholdi, reiste mit der Idee im Kopf nach Amerika. Im Hafen von New York nahm sie Form an, Bartholdi sah eine „mächtige Frau mit einer Fackel" vor seinem geistigen Auge. Die Franzosen brachten damals 250 000 Dollar auf, die Amerikaner, die nur den Sockel bauen sollten, keinen Cent. „Ein Leuchtturm für New York" – weshalb? Aber der Verleger Joseph Pulitzer nutzte seine „New York World" für eine nationale Spendenkampagne. Am 28. Oktober 1886 erleuchtete die 93 m hohe *Lady Liberty* erstmals die Welt. *Fähre (18 $) von Battery Park City nach Liberty Island und zum Einwanderungsmuseum auf Ellis Island | Eintritt frei | www.statuecruises.com | Modalitäten zur Besteigung der Statue unter www.nps.gov/stli*

WALL STREET

Gouverneur Peter Stuyvesant ließ 1653 eine Mauer errichten, um die Indianer abzuwehren. Die Briten hatten solchen Schutz nicht mehr nötig, ließen den Wall abreißen, eine neue Straße mit Kaffeehäusern und Kneipen entstand. Mit der Unabhängigkeit 1776 kamen die Geldhändler: Die ersten Börsianer wählten das *Tontine Coffee House* an der Ecke Wall Street und Water Street als Domizil. Die heutige *New York Stock Exchange* hat 2773 gelistete Mitglieder und 1700 assoziierte Firmen. Pro Tag handeln sie mit mehr als einer Mrd. Aktien und Wertpapieren. *Aus Sicherheitsgründen ist die Börse für Besucher geschlossen.*

WHITNEY MUSEUM

Der erste Museumsneubau seit über 50 Jahren: 2015 eröffnet in bester Lage am Hudson, gestaltet vom Italiener Renzo Piano, drinnen großartige zeitgenössische Kunst. *Tgl. 10.30–18 (Do/Fr bis 22) Uhr | Eintritt 25 $ | 99 Gansevoort St. | whitney.org*

WOLKENKRATZER

Außer dem Empire State Building sind noch Dutzende anderer Wolkenkratzer sehenswert. Hier einige der interessantesten Wolkenkratzer der City:
Das *Chrysler Building* (318,8 m), mit herrlicher Art-déco-Lobby *(tgl. 8–18 Uhr | Lexington Ave./42nd St.).* Das *Citicorp Center* (278,9 m) steht wie auf Stelzen *(Lexington Ave., zwischen 53rd/54th*

St.). Das *RCA-Building* (259,1 m) ist Teil des Rockefeller Centers *(Sixth Ave.):* ein 70-stöckiger Art-déco-Turm mit der Aussichtsplattform ☀ **INSIDER TIPP** *Top of the Rock (tgl. 8–24 Uhr | Eintritt 26–44 $),* die einen weiten Blick über City und Central Park erlaubt. Zum Rockefeller-Komplex gehört auch die *Radio City Music Hall*, ein perfekt restauriertes Art-deco-Theater mit regelmäßigen Führungen. Das *World Financial Center* (225,5 m) ist eine postmoderne Hochhauslandschaft im Süden Manhattans. *Battery Park City* (225 m) glänzt mit einem glasüberwölbten Palmengarten. *AT&T Tower* (198 m) *(Madison Ave., zwischen 55th und 56th St.),* auch postmodern, mit einer runden Öffnung im Spitzgiebel. Der *Trump Tower* (202,3 m), ist ein Konsumtempel an der Ecke Fifth Ave. und 56th St. Der ⊙ *Hearst Tower* (182 m) *(300 West 57th St),* 2006 nach einem Entwurf von Norman Foster erbaut, war der erste Wolkenkratzer mit nachhaltigen Energie- und Müllkonzepten. *8 Spruce Street* (267 m), auch *Beekman Tower* genannt, ist ein hoher Apartmentbau von Frank Gehry in Lower Manhattan, dessen metallische Oberfläche in Wellen wie ein Vorhang 76 Stockwerke herabfällt. Neuester Turmbau ist der 2016 gebaute, 426 m hohe Wolkenkratzer *432 Park W* von Rafael Viñoly – immerhin das zweithöchste Gebäude in New York.

ESSEN & TRINKEN

INSIDER TIPP **BROOKLYN DINER**
New-York-typischer Diner, aber in etwas gehobenerer Version. Schön auch zum Frühstück. *212 West 57th St. | Tel. 212 9 77 19 57 | €–€€*

OYSTER BAR & RESTAURANT

Stuck- und Freskenpalast in der *Grand Central Station.* Fisch vom Grill und Austern. *Im Bahnhof, 42nd St./Park Ave. | Tel. 212 4 90 66 50 | €€*

EINKAUFEN

Bloomingdales, Saks – die meisten großen Kaufhäuser und Ketten wie *Banana Republic* oder *Nike* liegen in Midtown um die Fifth Avenue, teure Designerläden vor allem um die Madison Avenue nördlich der 59th Street. Ein Pflichtstopp ist das legendäre größte Kaufhaus Amerikas: *Macy's (34th St./Broadway)*.

Es liegen aber auch viele andere Shoppingbezirke verstreut über die Stadt wie etwa *Union Square, SoHo* oder die alten, typischen New Yorker Läden an der *Orchard Street* an der Lower East Side. Und dazu gibt es noch die bunten Märkte von *Chinatown* zu entdecken oder die wunderbar ideenreichen Museumsläden, in denen oft sehr ungewöhnliche Souvenirs zu finden sind.

AM ABEND

Martinibars und Jazzclubs, Blueskneipen und coole Dachgarten-Lounges – New York schläft nie. Epizentren der Szene sind *Greenwich Village,* die sehr beliebte *Lower East Side (LES), SoHo*, der *Meatpacking District*, das *Lincoln Center* für klassische Aufführungen und die *Broadway-Theater* um den *Times Square.* Details in den Programmzeitungen „Time out" und „Village Voice". Tickets verkauft das *Times Square Visitor Center (7th Ave./47th St.).*

ÜBERNACHTEN

AMERITANIA

Angenehmes kleines Designhotel, zentral gelegen in Midtown zwischen Times Square und Central Park. *223 Zi. | 230 West 54th St. | Tel. 212 2 47 50 00 | www. ameritanianyc.com | €€–€€€*

CHELSEA INN

Kleine Pension in zwei renovierten Stadthäusern. Sehr einfach, aber sauber. Alle 17 Zimmer mit kleiner Küche. *46 West 17th St. | Tel. 212 6 45 89 89 | www. chelseainn.com | €–€€*

INSIDER TIPP GRACE HOTEL

Ultracoole Herberge mit DJs am Pool und iPod-Soundsystem in allen 139 Zimmern. Zentral in Midtown gelegen. *125 West 45th St. | Tel. 212 3 54 23 23 | www. room-matehotels.com | €€€*

LA QUINTA INN

Nicht nur beim Road-Trip, auch in den Metropolen lohnt es, die Budget-Hotels zu checken. Manchmal entdeckt man Perlen wie diese. Hier kosten die 90 allerdings kleinen Zimmer teils nur 200 Euro: sehr gut für die Lage nahe dem Central Park. *31 West 71st St. | Tel. 212 7 21 47 70 | www.laquintanewyorkcentral park.com | €€*

AUSKUNFT

NEW YORK CITY & COMPANY

Information Centers im Macy's (151 West 34th St.) und am Times Square | www. nycgo.com

NIAGARA FALLS

(196 C4) (⟁ K3) ★ **Die berühmten Fälle am Niagara River zwischen dem Lake Erie und dem Lake Ontario besitzen zwei Staatsangehörigkeiten: die amerikanische und die kanadische.**

Obwohl das Wasser auf der amerikanischen Seite mit 55 m tiefer stürzt als auf der 52 m hohen kanadischen Seite, sind die kanadischen Fälle beeindruckender.

Niagara Falls: Blick auf die hufeisenförmigen, zu Kanada gehörenden Horseshoe Falls

Sie schießen in einem gewaltigen Hufeisen (horseshoe) auf fast 800 m Breite über die Felskante. Von Goat Island aus, der Insel, die die Wassermassen trennt, können Sie einen guten Blick auf beide Fälle werfen.

TOUR

„MAID OF THE MIST"

Das Schiff fährt bis an den Fuß der schäumenden Kaskaden – eine beeindruckende Perspektive. Und sehr feucht, Regenzeug ist inklusive. *Im Sommer 9.15–20 Uhr | Fahrpreis 18,25 $ | Abfahrt am Observation Tower am Prospect Point*

PHILADEL-PHIA

(197 D5) (*ØD L4*) **Für die Amerikaner ist Philadelphia (6,1 Mio. Ew.) der Schrein** ihrer Demokratie. **Hier wurde die Unabhängigkeitserklärung verfasst und unterzeichnet, hier läutete die Freiheitsglocke.**

Und Philadelphia war die Hauptstadt der USA, bevor die Regierung nach Washington umzog. Viele der Attraktionen in der fußgängerfreundlichen Innenstadt wie auch die alten Villen am *Society Hill* stammen daher aus der Kolonialzeit. Darüber hinaus ist die einst vom Quäker William Penn (daher Pennsylvania) gegründete Stadt heute eine ethnisch sehr bunte, mit hundert Wandgemälden geschmückte Stadt, in der man sich auch abends gut amüsieren kann.

SEHENSWERTES

BARNES FOUNDATION

1100 m² mit Edgar Degas, Vincent van Gogh und Paul Cezanne – eine der wichtigsten Privatsammlungen der USA wurde erst 2012 eröffnet. *Mi–Mo 10–17*

Gegen den Strom: Bis heute verweigern sich die Amish moderner Technik

Uhr | Eintritt 25 $ | Benjamin Franklin Parkway/21st St. | www.barnesfoundation.org

HISTORISCHES PHILADELPHIA

Zur Altstadt – auch „America's Most Historic Square Mile" genannt – gehört der *Independence National Historic Park*. Hier sind die Liberty Bell, die Independence Hall, Benjamin Franklins Haus, die Congress Hall und andere Bauten, die mit der Unabhängigkeitsbewegung in Zusammenhang stehen, zu besichtigen. Einen Blick in die Seele Amerikas erlaubt das *National Constitution Center (tgl. 9.30–17, So ab 12 Uhr | Eintritt 14,50 $ | 525 Arch St.)* mit patriotischer Multimediashow und Ausstellungen über Amerikas Demokratie. *Visitor Center, 6th St./Market St.*

PHILADELPHIA MUSEUM OF ART

Einer der großen Kunsttempel Amerikas: Die Palette reicht von Peter Paul Rubens bis zu dem aus Philadelphia stammenden Thomas Eakins und zu Jasper Johns. Für viele Besucher ebenso beliebt ist allerdings das Souvenirfoto an der Treppe vor dem Museum: in Siegerpose neben der Statue von Sylvester Stallone als „Rocky" – wie in der einst hier gedrehten Filmszene. *Di–So 10–17 (Mi/Fr bis 20.45) Uhr | Eintritt 20 $ | Benjamin Franklin Parkway/26th St. | www.philamuseum.org*

RODIN MUSEUM

Die größte Sammlung von Werken des Bildhauers Auguste Rodin außerhalb von Paris. *Mi–Mo 10–17 Uhr | Eintritt 10 $ | 22nd St./Benjamin Franklin Parkway | www.rodinmuseum.org*

ESSEN & TRINKEN

FORK RESTAURANT

Bistro mit kreativer neu-amerikanischer Küche; Markt und Café angeschlossen. *306 Market St. | Tel. 215 6 25 94 25 | €€–€€€*

READING TERMINAL MARKET

Markt mit Essbuden jeder Nationalität und sogar einem Biergarten *(Mo–Sa 8–18, So 9–17 Uhr)*. Typisch sind die Philadelphia- oder „Philly"-Cheesesteaks; der urige **INSIDER TIPP** *Down Home Diner* mit deftigen Burgern und originalen Pennsylvania-Dutch-Gerichten, herzhafter Landkost, bleibt bis 19 Uhr offen. *12th/Filbert St. | €*

AM ABEND

Beliebte Viertel für Kneipen und Musik-Clubs sind *Center City* um die Broad Street, der *Spruce Tree Harbor Park* und *Northern Liberties* nördlich der Spring Gardens Street. Mehrere Clubs liegen nördlich von *Penn's Landing* auf den Werften.

ÜBERNACHTEN

CLUB QUARTERS

Kleine Zimmer, aber beste Lage im Herzen der City. *425 Zi. | 1628 Chestnut St. | Tel. 215 2 82 50 00 | www.clubquarters hotels.com | €€*

AUSKUNFT

PHILADELPHIA VISITOR CENTER

Market/6th St. | Tel. 800 5 37 76 76 | www. visitphilly.com

ZIELE IN DER UMGEBUNG

AMISH COUNTRY (197 D5) (*∅ L4*)

Etwa eine Autostunde westlich von Philadelphia liegt *Lancaster,* die wichtigste Stadt im Land der „Amischen". Die Anhänger dieser altdeutschen Mennoniten-Sekte – „Pennsylvania Dutch" heißen Sie hier – kamen Ende des 17. Jhs. nach Pennsylvania und leben bis heute in althergebrachter Weise: Sie benutzen keine Maschinen, bewegen sich mit Pferdekutschen fort, kommen ohne Elektrizität und zum Teil auch ohne Telefon aus. Bitte respektieren Sie, dass sich viele orthodoxe Mennoniten nicht gerne fotografieren lassen. *Visitor Center: 501 Greenfield Rd. | Lancaster | Tel. 717 2 99 89 01 | www.dis coverlancaster.com*

ATLANTIC CITY (197 D5) (📖 L4)

Was Las Vegas in der Wüste ist, ist Atlantic City am Meer: ein Spielerparadies. Hätte der Staat New Jersey im Jahr 1976 nicht die Glücksspiellizenz erteilt, wäre der einst berühmte Badeort verfallen. 25 Mio. Besucher kommen jährlich in die 40 000-Ew.-Stadt, um an der Kasinomeile am Strand ihr Glück zu versuchen. Am *Boardwalk*, der rund 8 km langen, aus Holzplanken gebauten Strandpromenade, reihen sich die Kasinos aneinander. Mehrere **INSIDER TIPP** ▶ *Bike Rentals* vermieten Räder zur Erkundung des Boardwalk.

Auskunft: *Atlantic City Welcome Centers | Boardwalk Hall am Boardwalk sowie am Atlantic City Expressway | Tel. 888 2 28 47 48 | ww.atlanticcitynj.com*

PITTSBURGH

(196 C5) (📖 K4) Stahl war über Jahrzehnte das Schlagwort für die Stadt im „Goldenen Dreieck" am Zusammenfluss von Allegheny, Monongahela und Ohio River im Westen von Pennsylvania.

Nach dem Bürgerkrieg im 19. Jh. avancierte Pittsburgh gar zum größten Stahlproduzenten der Welt. Staub und Ruß hat die mit 2,4 Mio. Ew. zweitgrößte Stadt Pennsylvanias heute abgeschüttelt, seit rund 20 Jahren erlebt sie ihre Renaissance.

Die Stahlmagnaten Andrew Carnegie und Henry C. Frick haben ihr sehenswerte Erbstücke für die Kulturindustrie hinterlassen: den *Carnegie-Museumskomplex* und das *Frick Art Museum*. Aber nicht nur alte Meister sind in Pittsburgh zu sehen, sondern auch das breit gespannte Lebenswerk eines modernen Künstlers – im neuen *Andy Warhol Museum (Di–So 10–17, Fr bis 22 Uhr | Eintritt 20 $ | 117 Sandusky St. | www.warhol.org)*.

WASHINGTON, D. C.

(196 C5) (📖 L4) Voilà, die Hauptstadt der USA! Eine Symphonie aus weißem Marmor, klassizistischen Gebäuden, weiten Parkanlagen und Wasserflächen, die das Grün und Weiß reflektieren.

Washington wurde einzig zu dem Zweck geschaffen, Hauptstadt zu sein: 1790 ließ die damals in Philadelphia sitzende Regierung mit der Rodung des sumpfigen Ufers am Potomac River beginnen und beauftragte den Franzosen Charles Pierre L'Enfant mit der Stadtplanung. Großzügig und repräsentativ sollte die Stadt werden, mit sternförmig verlaufenden Boulevards wie in Paris. Im Jahr 1800 zog bereits der erste Präsident ins noch farbenfeuchte Weiße Haus ein.

Das Stadtbild der Metropole von gut 670 000 Ew. (6,1 Mio. im Großraum) bestimmen heute Touristen, Beamte und Geschäftsleute. Zwar wirkt Washington manchmal etwas bieder, doch bietet es eine Fülle von Sehenswürdigkeiten und

---

🏙 WOHIN ZUERST?

Mittelpunkt ist das **Capitol.** Von hier nach Westen reihen sich entlang der Mall die großen Museen des Smithsonian. Dahinter liegen das White House und die Nationaldenkmäler für die Präsidenten. Die Innenstadt um K Street und Pennsylvania Avenue grenzt nördlich an die Mall. U-Bahn-Stationen: Capitol South oder Union Station. Parkplätze: bei den Museen an Madison und Jefferson Drive oder in der Parkgarage der Union Station, 50 Massachusetts Avenue.

hervorragende Museen, von denen Sie viele kostenlos besuchen können. Detaillierte Informationen finden Sie im Marco Polo Band „Washington, D. C.".

SEHENSWERTES

Vom *Capitol* aus ist die Stadt in vier Quadranten aufgeteilt, deren Achsen entlang der N. Capitol St., E. Capitol St., S. Capitol St. und der National Mall verlaufen. Achtung: In diesen Quadranten gibt's jeweils identische Adressen! Einen Rundgang beginnen Sie am besten am *Capitol Hill,* dem Hügel am östlichen Ende der Mall. Hier thront das kuppelgekrönte *United States Capitol (Mo–Sa 8.30–16.30 Uhr kostenlose Führungen)*, dahinter liegen der *Supreme Court*, oberster Gerichtshof der USA, und die *Library of Congress*, die größte Bibliothek der Welt *(Mo–Sa Führungen)*. Die *Mall,* ein 3,2 km langer Grünstreifen, verbindet das Capitol mit dem *Lincoln Memorial;* beiderseits der Parkanlage stehen die großen *Nationalmuseen der Smithsonian Institution*. Vom ☀ *Washington Monument,* einem 169 m hohen Obelisken (Lift), überblickt man die ganze Stadt. Wenden Sie sich vom Obelisk nach Norden, kommen Sie zum *White House (Visitor Center | 1450 Pennsylvania Ave. | Führungen nur für US-Bürger),* dem Sitz des Präsidenten.

Zu den klassischen Denkmälern zählen die für die Präsidenten Thomas Jefferson und Abraham Lincoln und seit 1997 das für Franklin D. Roosevelt. Besonders beeindruckend jedoch ist ein Kriegsmahnmal: eine schlichte schwarze Steinwand, in die 58 132 Namen von Gefallenen und Vermissten graviert sind: das ★ *Vietnam Veterans Memorial.*

ARLINGTON CEMETERY

Jenseits des Potomac und in der Nähe des Pentagons liegt der Heldenfriedhof

George Washington legte den Grundstein für das Capitol in Washington

Arlington. Hier ist auch das Grab John F. Kennedys und seiner Frau Jackie zu sehen. *Im Sommer 8–19 Uhr | Eintritt frei*

GEORGETOWN

Das historische Viertel am Nordufer des Potomac River eignet sich bestens für einen Bummel zu Fuß. Hier trifft die studentische Welt der nahen Georgetown University auf das politische Washington. In den Restaurants der von Bäumen beschatteten Seitenstraßen verabreden sich Abgeordnete und Lobbyisten, in den Läden findet man schicke Mode und Bio-Obst. Um *M Street NW., 29th St./35th St.*

INSIDER TIPP ▶ INTERNATIONAL SPY MUSEUM

Unsichtbare Tinte, Verkleidungen, Hightech-Kameras: Eine Straße vom FBI

Die M Street NE. ist eine typische historische Straße in Washingtons Studentenviertel Georgetown

entfernt werden die Spione des Kalten Kriegs gefeiert. Gut gemacht: realistische Szenen wie ein Nachkriegscafé in Berlin oder ein KGB-Büro. Früh kommen, sonst heißt es Schlange stehen. *Tgl. 10–18, im Sommer 9–19 Uhr | Eintritt 22 $ | 800 F St. NW. | www.spymuseum.org*

SMITHSONIAN INSTITUTION ●

Fast alle Museen an der Mall gehören zum *Smithsonian,* der Stiftung eines reichen Engländers. Besonders faszinierend: das ★ *National Air and Space Museum (tgl. 10–17.30 Uhr | Eintritt frei)* mit umfassenden Ausstellungen über Luft- und Raumfahrt; das *National Museum of the American Indian (tgl. 10–17.30 Uhr | Eintritt frei)* mit tollen Sonderausstellungen über indianische Kultur und die *National Gallery of Art (Mo–Sa 10–17, So 11–18 Uhr | Eintritt frei)* mit einer hochwertigen Sammlung und einem zeitgenössischen Skulpturengarten. *www.si.edu*

UNITED STATES HOLOCAUST MEMORIAL MUSEUM

Eindringliche Darstellung der Judenverfolgung in der Nazizeit und des Widerstands gegen den Faschismus. *Tgl. 10–17.20 Uhr | Eintritt frei, Ticketausgabe morgens ab 10 Uhr, Vorbestellung über das Internet | 100 Raoul Wallenberg Place SW. | www.ushmm.org*

ESSEN & TRINKEN

PEARL DIVE

Gute Drinks, Austern und Gumbo-Suppe im historischen Viertel Logan Circle. *1612 14th St. NW. | Tel. 202 3 19 16 12 | €€*

INSIDER TIPP ▶ NICK'S RIVERSIDE GRILLE

Steaks, Ribs und Fisch werden auf der Terrasse am Potomac River in Georgetown serviert. Ein schönes Plätzchen auch für einen Drink zum Sonnenuntergang. *3050 K St. NW. | Tel. 202 3 42 35 35 | €€*

AM ABEND

Die *M Street* im Szene- und Studenten-viertel *Georgetown* ist der Ort für Nacht-schwärmer. Bunter, ethnisch gemischter geht es in *Adams Morgan* zu, der Gegend um Columbia Road und 18th Street.

ÜBERNACHTEN

B&B ACCOMODATIONS LTD.

Vermittlung von B&B-Zimmern und Apartments im ganzen Stadtbereich. *1339 14th St. NW. | Tel. 202 3 28 35 10 | www.bedandbreakfastdc.com | €–€€€*

HILTON GARDEN INN

Angenehmes Kettenhotel nahe am White House. 300 recht geräumige Zimmer. *815 14th St. NW. | Tel. 202 7 83 78 00 | www.hiltongardeninn3.hilton.com | €€€*

INSIDER TIPP ▶ TOPAZ HOTEL

Stilvolles kleines Hotel mit New-Age-Ap-peal. Unter anderem gibt es eigene Yoga-Zimmer. *99 Zi. | 1733 N St. NW. | Tel. 202 3 93 30 00 | www.topazhotel.com | €€*

AUSKUNFT

DESTINATION DC VISITOR CENTER

901 7th St. NW. | 4th Floor | Tel. 202 7 89 70 00 | www.washington.org

ZIELE IN DER UMGEBUNG

ANNAPOLIS (197 D5) (*M L4*)

Die Hauptstadt Marylands, ca. 50 km östlich, ist mit 36 000 Ew. eine hübsche Kleinstadt, mit viel kolonialem Flair, georgianischen Häusern und Gassen aus dem 17. Jh. Größte Attraktion ist die *US-Marineakademie* (werktags um 12 Uhr ist Appell), aber auch das *State House* (1779) und der Herrensitz *Hammond-Harwood House* (1774) verdienen einen Besuch.

HARPER'S FERRY (196 C5) (*M L4*)

Knapp 100 km westlich von Washington liegt das Schmuckkästchen von West Virginia: Die Stadt am Zusammenfluss von Potomac und Shenandoah River wurde als *National Historic Site* einfühl-sam restauriert, denn sie hat historische Bedeutung. Hier inszenierte der Rebell John Brown den ersten Angriff auf die Sklaverei der Südstaaten (Inspiration für das Lied „Glory, glory, hallelujah").

MOUNT VERNON (196 C5) (*M L4*)

George Washingtons Landsitz, ein schö-nes Herrenhaus knapp 20 km entfernt, lässt sich auf einem halbtägigen Ausflug mit dem Sightseeing-Boot „Spirit of Mt. Vernon" erreichen. *Abfahrt: im Sommer Di–So 8.30 Uhr | Fahrpreis 48 $ | Pier 4, 6th St./Water St. | Tel. 866 3 02 24 69*

INSIDER TIPP ▶ ST. MARY'S CITY
(203 F1) (*M L4*)

Zwei Stunden Fahrt südlich von Washing-ton bewahrt dieser als Museumsdorf fortlebende Ort den Charme der alten Städtchen an der Chesapeake Bay. *Im Sommer Mi–Sa 10–16, So 12–16 Uhr | Eintritt 10 $ | www.stmaryscity.org*

SHENANDOAH NP (196 C6) (*M L5*)

Inmitten dieses für seine Schönheit be-rühmten Nationalparks *(www.nps.gov/shen)*, eine Fahrstunde westlich von Washington, beginnt der ☆ *Skyline Drive*, eine Panoramastraße mit herr-lichen Aussichten auf das Tal des Shen-andoah River und über die berühmten Blue Ridge Mountains. Im Frühling und Sommer besonders spektakulär. Auf je-den Fall sollten Sie diesen Ausflug mit ei-nem Besuch der ★ *Luray Caverns (www.luraycaverns.com)* verbinden, eindrucks-vollen, bis zu 40 m hohen Tropfsteinhöh-len, die gut erschlossen und wunderbar ausgeleuchtet sind.

DER SÜDEN

Fragen Sie einen Südstaatler unterwegs doch einmal nach dem Weg: Ganz sicher wird er sich Zeit für Sie nehmen und Ihnen mit seinem typisch rollenden Akzent eine farbenfrohe Beschreibung geben – wahrscheinlich gespickt mit Anekdoten. Vielleicht bietet er Ihnen sogar einen Eistee dazu an.

Das ist eine der schönsten Seiten der Region: Die Menschen hier haben alle Zeit der Welt. Und sie sind äußerst freundlich. Südstaatler kümmert es nicht sonderlich, dass ihre Region häufig als rückständiges Trockengebiet verunglimpft wird, bewohnt von Hinterwäldlern und Reaktionären. Sie wissen es besser: Der „Deep South" hat seine eigene Magie.

Die neun Staaten, aus denen der Süden besteht – Georgia, Alabama, Mississippi, Louisana, Arkansas, Tennessee, Kentucky, North und South Carolina –, bieten eine Vielfalt an Eindrücken, flirrend in der subtropischen Hitze. Auf den Hügeln Kentuckys grasen wie eh und je die Vollblüter der Pferdezüchter. Keine Universität liegt hübscher als die von Thomas Jefferson gegründete University of Virginia in Charlottesville. Keine Stadt atmet den schwülen, süßen Hauch des Südens stärker als Savannah. 1733 wurde es als die „erste moderne Stadt" des Kontinents gegründet, und bis heute steht sie unverändert. Tiefer Süden – die Stadt Savannah ist der Inbegriff.

Aber auch das an der Mississippi-Mündung gelegene und von zahlreichen Wasserläufen durchzogene Louisiana gehört zum „Deep South". Hurrikane und jüngst

Magie und Vielfalt: Der Süden bietet viel mehr als die nostalgischen Klischees von Herrenhäusern und bemoosten Eichen

auch die Ölpest im Golf von Mexiko haben den Staat schwer gebeutelt. Kein Wunder, dass das lebenslustige New Orleans seine legendären Partys wie den Mardi-Gras-Karneval immer mit ein bisschen „Tanz-auf-dem-Vulkan-Feeling" feiert. Und nicht nur geografisch hängt Florida wie ein Zipfel an allem. Zur Zeit des Bürgerkriegs war es noch in weiten Teilen unentwickeltes Sumpfgebiet. Heute ist es das ganz auf Art déco und Disney getrimmte Ferienziel Nummer eins in den gesamten Vereinigten Staaten. Warum auch immer man hierher kommt – auf den Spuren der Musik von Nashville und Memphis, zum Feiern nach New Orleans, für einen Besuch der historischen Plantagen in Charleston und der Kolonialvillen in Savannah, unterwegs auf dem Blues-Highway entlang des Mississippi-Deltas oder zum Bummeln durch Atlanta – der Süden empfängt einen herzlich.

Ausführliche Informationen in den Marco Polo Bänden „Florida" und „USA Südstaaten".

Dinieren hoch über den Dächern von Atlanta: das Sundial Restaurant im Westin Peachtree Plaza

ATLANTA

(202–203 C–D3) *(🗺 K6)* **Wie keine andere Stadt verkörpert Atlanta, 1996 Schauplatz der Olympischen Spiele, die Wandlung der ganzen Region hin zum „New South".**

Spiegelnde Bürotürme prägen die Innenstadt, postmodern und etwas steril. Ringsum elegante alte Wohnviertel wie *Buckhead* oder das flippige *Virginia-Highland* und die modernen, ausufernden Vorstädte einer neuen schwarzen Mittelschicht, der nicht zuletzt Martin Luther King hier in Atlanta die Tür in eine bessere Zukunft öffnete. Mit 5,7 Mio. Menschen ist die Stadt heute nicht nur die größte Metropole in Georgia, sondern der wirtschaftliche Motor des ganzen Südens. Gut 2000 Industriebetriebe haben sich in und um die City angesiedelt, darunter Großkonzerne wie Coca-Cola.

Für Besucher ist Atlanta vor allem auch wegen seines großen internationalen Flughafens ein guter Ausgangspunkt für Touren durch den „Deep South".

SEHENSWERTES

CNN CENTER ⭐ 🔴

Ultramoderner Büro- und Hotelkomplex mit den Studios des weltbekannten Nachrichtenkanals. *55-minütige Studioführung tgl. 9–17 Uhr alle 10 Min. | Eintritt 16 $ | Marietta St./Techwood Dr. | Reservierung unter Tel. 404 8 27 23 00*

GEORGIA AQUARIUM

Eines der größten Aquarien der Welt. In dem gigantischen Zentraltank schwimmen sogar vier seltene Mantarochen und vier riesige Walhaie. Wunderschöne weiße Beluga-Wale sind zu sehen, ebenso wie Pinguine und Seeotter. Und auch die Unterwasserwelt der Flüsse und Lagunen von Georgia wird gezeigt. *Im Sommer So–Fr 9–21, Sa 8–21, sonst 10–17 Uhr | Eintritt 37 $ | 225 Baker St. NW. | www.georgiaaquarium.org*

MARTIN LUTHER KING, JR. NATIONAL HISTORIC SITE

Archiv, Bibliothek, Geburtshaus, Grab und die *Ebenezer Baptist Church* des berühmten schwarzen Pfarrers und Bürgerrechtlers. *Tgl. 9–17, Museum im Sommer bis 18 Uhr | Eintritt frei | 450 Auburn Ave., nahe Dr. Charles Allen Dr.*

PEACHTREE CENTER

Das futuristische Bürozentrum mit einer luxuriösen Mall und Innengärten ist Fokuspunkt der Innenstadt. *Tgl. | Eintritt frei | im Karree Baker St., Ellis St., Williams St. und Courtland St.*

WORLD OF COCA-COLA

Nostalgie-Trip in die Geschichte der braunen Brause: Mit alten Neonschildern, Flaschen, Plakaten, Werbemusik der Fifties, Fernsehspots aus aller Welt und einem rasanten 4-D-Film feiert sich die Firma selbst. Auf alle Fälle sehr gut gemacht. *Im Sommer tgl. 9–18 Uhr | Eintritt 16 $ | Pemberton Place | 121 Baker St. NW.*

ESSEN & TRINKEN

BUCKHEAD DINER

Die Edelversion des klassischen amerikanischen Fifties-Diners. Amerikanische Küche, schickes Publikum aus dem umliegenden Nobelviertel Buckhead. *3073 Piedmont Rd. | Tel. 404 2 62 33 36 | €€*

INSIDER TIPP ▶ FAT MATT'S RIB SHACK

Southern Barbecue ist die Spezialität dieses einfachen, sehr beliebten Lokals. Gut dazu passt abends die Livemusik, die wechselnde Bluesbands beisteuern. *1811 Piedmont Ave. | Tel. 404 6 07 16 22 | €*

EINKAUFEN

LENOX SQUARE/PHIPPS PLAZA

Eine riesengroße Mall. Was es in New York gibt, gibt's auch hier: Macy's, Abercrombie & Fitch, Calvin Klein, Tiffany und Dutzende andere Boutiquen und gehobene Warenhäuser. *Mo–Sa 10–21, So 12–18 Uhr, unterschiedliche Geschäftszeiten für die einzelnen Läden | Peachtree Rd./Lenox Rd.*

AM ABEND

Guten Blues hören Sie im *Blind Willies* (828 N. Highland Ave.), Broadwayshows

★ **CNN Center**
Auf Knopfdruck kommt aus Atlanta die Welt auf den Bildschirm → S. 66

★ **Art Deco District Miami Beach**
Pastellfarbenes Szeneviertel → S. 71

★ **Florida Keys**
Inselhüpfen auf dem Highway → S. 74

★ **French Quarter**
Jazzkneipen und Altstadtflair in New Orleans → S. 75

★ **Orlando**
Mickey, Donald, die Simpsons – Orlando ist Themenpark-Hauptstadt → S. 78

★ **Savannah**
Die schönste Stadt des alten Südens an der Küste von Georgia → S. 81

MARCO POLO HIGHLIGHTS

und große Konzerte im historischen *Fox Theatre (660 Peachtree St. NE.)*. Gute örtliche Bands sind häufig im *Aisle 5 (1132 Euclid Ave. NE.)* im Szeneviertel Little Five Points zu hören.

ÜBERNACHTEN

DOUBLETREE ATLANTA BUCKHEAD
Viel Komfort und vernünftige Preise im Viertel Buckhead. *230 Zi. | 3342 Peachtree Rd. | Tel. 404 2 3112 34 | www. doubletree.com | €€*

WESTIN PEACHTREE PLAZA ⚘
Reservieren Sie ein Zimmer im 70. Stock, denn höher hinauf geht es in nur wenigen Hotels der Welt. *1073 Zi. | 210 Peachtree St. NW. | Tel. 404 6 59 14 00 | www.westinpeachtreeplazaatlanta.com | €€€*

AUSKUNFT

CONVENTION & VISITORS BUREAU
233 Peachtree St. NE. | Suite 1400 | Tel. 404 5 21 66 00 | www.atlanta.net. Weitere Visitor Centers in *Underground Atlanta*, am *Flughafen* und am *Lenox Square*.

ZIEL IN DER UMGEBUNG

ANTEBELLUM TRAIL ●
(203 D3) (*𝄞 K6*)
Gut 150 km windet sich die gut ausgeschilderte historische Route eine Fahrstunde östlich von Atlanta von Athens bis Macon durch das ländliche Georgia. Am Weg liegen sieben historische Städte, die im Bürgerkrieg nicht verwüstet wurden und daher ihre Vorkriegsarchitektur fast komplett erhalten konnten. Besonders schön sind Städtchen wie *Milledgeville* mit der Old Governor's Mansion und Lockerly Hall sowie *Madison* mit seinen nostalgischen Seitenstraßen. Sehr se-

henswert ist auch das im italienischen Renaissancestil erbaute Hay House in *Macon. www.antebellumtrail.org*

CHARLESTON

(203 E3) (*𝄞 L6*) **Eine elegante und für amerikanische Verhältnisse uralte Stadt mit 130 000 Ew. Sie wurde 1670 zu Ehren von King Charles II. und zur Freude der Plantagenbesitzer gegründet, denn die brauchten dringend einen Ausfuhrhafen für Baumwolle, Tabak und Reis.**
Hugenotten aus Frankreich gaben der Quasi-Aristokratie der Südstaatler den richtigen kulturellen Schliff. Wegen der vielen Kirchen hieß Charleston auch „The Holy City". Dominierend aber waren die eleganten Herrenhäuser der reichen Plantagenbesitzer und Händler.
Im Bürgerkrieg ergab sich die Stadt klugerweise den Nordstaatentruppen. Schlimmer wüteten 1886 ein Erdbeben und 1989 der Hurrikan „Hugo". Doch im Großen und Ganzen blieb alles erhalten, 2000 historische Gebäude, praktischerweise auf einer Fläche von nur 10 km^2 versammelt: eine Perle des alten Südens.

SEHENSWERTES

Die Altstadt um *Church* und *Meeting Streets* auf einer Landzunge an der Charleston Bay lernen Sie am besten zu Fuß kennen – oder bei einer zwar etwas touristischen, aber recht informativen Kutschfahrt. Die interessantesten Gebäude sind das *Nathaniel Russell House (51 Meeting St.)*, das Wohnhaus eines reichen Kaufmanns von 1808; das authentisch möblierte  *Aiken-Rhett House (48 Elizabeth St.)* und das fast original erhaltene *Edmonston-Alston House (21 E. Battery St.)* mit Blick über den Hafen.

BOONE HALL PLANTATION

Fotogenes Plantagenhaus mit langer Eichenallee, filmbekannt aus „Fackeln im Sturm". Schöne Gärten, in denen einstige Sklavenquartiere zu besichtigen sind. *Im Sommer Mo–Sa 8.30–18.30, So 12–17, sonst 9–17, So 12–17 Uhr | Eintritt mit Führung 24 $ / US 17, rund 10 km nördlich der Stadt | www.boonehallplantation.com*

SOUTH CAROLINA AQUARIUM ☼

Fischotter, Meeresschildkröten, Delfine und Ausstellungen über die Ökosysteme des Südostens. Dazu ein toller Blick auf Stadt und Hafen. *Tgl. 9–17, im Winter bis 16 Uhr | Eintritt 25 $ | 100 Aquarium Wharf | www.scaquarium.org*

ESSEN & TRINKEN

HANK'S SEAFOOD

Fisch in allen Variationen: traditionell und kreativ modern. *Church St./Hayne St. | Tel. 843 7 23 34 74 | €€*

MAGNOLIAS UPTOWN/DOWN SOUTH

Moderne, raffiniert verfeinerte Südstaatenküche im historischen Zollhaus von 1739. *185 E. Bay St. | Tel. 843 5 77 77 71 | €€–€€€*

ÜBERNACHTEN

THE MILLS HOUSE

Gemütliches historisches Hotel mitten in der Altstadt; Pool und hübscher Innenhof fürs Frühstück. *214 Zi. | 115 Meeting St. | Tel. 843 5 77 24 00 | www.millshouse.com | €€–€€€*

AUSKUNFT

VISITOR INFORMATION CENTER

Filmvorführung über die Stadtgeschichte. *375 Meeting St. | Tel. 843 8 53 80 00 | www.charlestoncvb.com*

Charleston: So prächtig wohnten einst die Plantagen- und Sklavenbesitzer

MEMPHIS

(202 B2) (☖ H6) Wenn man diese Stadt besucht, denkt man zuallererst an Elvis Presley. Der King of Rock 'n' Roll hat auch Memphis (1,3 Mio. Ew.) unsterblich gemacht.

Wie überall im Süden hängt auch diese Stadt an ihrem Mix aus Vergangenheit und Gegenwart. Schaufelraddampfer stampfen an Inlineskatern vorbei, die auf den Uferpromenaden dahinrasen.

MEMPHIS

Memphis ist eine moderne Großstadt mit dem weltgrößten Handelsmarkt für Baumwolle und gleichzeitig ein Wahrzeichen der Bürgerrechtsbewegung – wurde hier doch im Jahr 1968 Martin Luther King erschossen.

SEHENSWERTES

GRACELAND

Hier hat er gewohnt, und nun ist sein Haus ein Mausoleum für den King of wird gezeigt. *Tgl. 10–19 Uhr | Eintritt 12 $ | 191 Beale St.*

ESSEN & TRINKEN

RENDEZVOUS

Memphis rühmt sich auch als „Porc Barbecue Capital of the World", als die Welthauptstadt der gegrillten Schweinerippchen. Von rund hundert einschlägigen Restaurants ist dies eins der beliebtesten. *52 S. 2nd St. | Tel. 901 5 23 27 46 | €*

Bei Elvis im Wohnzimmer: In Graceland war der King des Rock 'n' Roll zu Hause

Rock 'n' Roll: Glitzerkostüme, goldene Schallplatten, edle Autos. Die Pilgerstätte für alle Elvis-Fans. *Im Sommer Mo–Sa 9–17, So 10–16, im Winter Mi–Mo 10–16 Uhr | Platinum Tour 42,50 $ | 3765 Elvis Presley Blvd. | Reservierung unter Tel. 901 3 32 33 22 | www.graceland.com*

INSIDER TIPP MEMPHIS ROCK 'N' SOUL MUSEUM

Hier wird die Musikgeschichte der Stadt illustriert, und B. B. Kings Gitarre „Lucille"

AM ABEND

Die legendäre *Beale Street* ist recht touristisch, doch echten Blues kann man hier immer noch hören.

B. B. KING'S BLUES CLUB

Jeden Abend Blues, und immer noch gilt hier: „Riding with the king". Bis kurz vor seinem Tod 2015 trat B. B. mit fast 90 Jahren noch selber auf. *143 Beale St. | bbkings.com*

Extratipp für Blues-Fans: 2008 wurde im 200 km südlich von Memphis gelegenen Örtchen *Indianola* ein eigenes *B. B. King Museum* eröffnet.

MIAMI

(203 E6) (🗺️ *L8***) Floridas Glitzermetropole (6 Mio. Ew.) hat mit den Südstaaten außer der Lage so wenig gemein wie Kopenhagen mit den Alpen:**
In den pompösen Hotels von Miami Beach legen Stylisten einem Fotomodel frisches Make-up auf. Reifere Damen eilen in den Hoteltrutzburgen am Strand zum *Beauty Parlor.* In den kubanischen Restaurants servieren die Kellner *tapas y mariscos,* spanische Imbisse und Schalentiere. An den Neonbars rührt die Jeunesse dorée mit lauernd taxierendem Blick in ihren Frozen Margaritas.

Was ist Miami? Abgesehen von der administrativen Einteilung, nach der Miami eigentlich *Dade County* heißt und *Miami Beach* eine eigene Stadt darstellt, ist es Folgendes: ein Traumstrand; das liebevoll restaurierte größte Art-déco-Viertel der Welt; eine anonyme Hochhauslandschaft (Fehlspekulation und Geldwäscherei); eine Reihe luxuriös bebauter Südseeinseln; ein Kunstmekka (vor allem zur *Art Basel* Anfang Dezember); die wahrheitsgetreue Vorlage für „Miami Vice"; das Shoppingzentrum für Südamerikaner, winterflüchtige Nordamerikaner und herumreisende Europäer. *Coral Gables* war die erste für sonnenhungrige Pensionäre geplante Gemeinde; *Coconut Grove* ist eine Art bohemisch-bahamisches Neuenglanddorf; und an der *Calle Ocho* oder im *Máximo Gómez Park* – beide im Viertel *Little Havanna* – glaubt man sich nach Kuba versetzt, zu dem jetzt nach und nach wieder enge Beziehungen entstehen.

🏙️ **WOHIN ZUERST?**

Zum Strand! **Miami Beach** und dort der **Ocean Drive** sind das wichtigste Ziel für Besucher. Zu Fuß ist von hier aus die trendige Lincoln Road erreichbar. Alles andere nur per Auto über Brücken zum Festland: Downtown, Little Havana, Coconut Grove, Coral Gables und Key Biscayne mit seinen schönen Stränden. Bezahl-Parkplätze gibt es in Seitenstraßen des Ocean Drive und in Parkhäusern an der Collins Avenue – an 7th, 13th, 17th Street.

Miami ist buchstäblich die heißeste Stadt der USA – auch in Sachen Verbrechensquote. Doch solange man als Besucher in den Strandvierteln bleibt und sich nicht in den Slums um den Flughafen herumtreibt, ist man relativ sicher.

SEHENSWERTES

ART DECO DISTRICT MIAMI BEACH ⭐
Die Pinks und Pastelle, die Ozeandampfer-Bullaugen – im ganzen südlichen Miami Beach betören die zarten Farben und nautischen Muster. Noch nicht lang ist es her, da wäre das in den 1920er- und 1930er-Jahren erbaute Viertel – die größte Ansammlung von Art-déco-Gebäuden der Welt – beinahe der Spitzhacke zum Opfer gefallen. Bauspekulanten wollten ein ganz neues Miami Beach schaffen. Eine Bürgerinitiative warf sich dazwischen. Der 30 Blocks umfassende Bezirk kam in das „National Register of Historic Places", die Liste der schützenswerten Gebäude.
Modefotografen entwickelten ein Faible für die Kulissen aus diesen Art-déco-Bauten und aus grell lackierten Straßenkreuzern der 1950er-Jahre. Was in den Modejournalen der Welt gedruckt wurde,

wirkte auf deren Leser wie ein Magnet. Das Viertel wurde Urlaubsziel Nummer eins der schicken Jugend. Der *Ocean Drive* parallel zum breiten Strand und die Fußgängerzone *Lincoln Road* sind die angesagten Flaniermeilen, die reno-

an der Biscayne Bay, das fast wie ein orientalischer Basar wirkt – mit Ständen und Buden, mit Jongleuren, Musikbands und quirligen Bars. *Tgl. 10–22, So 11–21 Uhr | 401 Biscayne Blvd., in Downtown Miami*

Ein 50er-Jahre Chevrolet als Hingucker vor einem Restaurant am Ocean Drive in Miami

vierten Hotels am Ocean Drive sind die beliebtesten. Und ihre Bars bieten beste Voraussetzungen fürs *people watching*. Tipp: Locals treffen kann man auch im ● Outdoorkino vor dem von Frank O. Gehry erbauten *New World Center (www.nws. edu)* nahe der Lincoln Road. Dort werden Konzerte übertragen und kostenlos Filme gezeigt. **INSIDER TIPP** Führungen durch das Art-déco-Viertel veranstaltet die *Miami Design Preservation League (tgl. 10.30, Do auch 18.30 Uhr | Gebühr 25 $ | ab Welcome Center | 1001 Ocean Dr. | Tel. 305 6 72 20 14).*

BAYSIDE MARKETPLACE

Ein buntes Flanierviertel in zwei teils überdachten Pavillons, herrlich gelegen

PEREZ ART MUSEUM MIAMI

Schon der spektakuläre Bau von Herzog & de Meuron direkt am Ufer der Miami Bay lohnt den Besuch im größten Kunstmuseum Miamis. Drinnen wartet zeitgenössische Kunst, draußen ein schöner Park. Mit Restaurant und Bar. *Do–Di 10–18 (Do bis 21) Uhr | Eintritt 13 $ | 1103 Biscayne Blvd. | pamm.org*

VIZCAYA MUSEUM AND GARDENS

Ein Einblick in das Miami der frühen Tage: 1916 baute sich der schwerreiche Traktorhersteller James Deering dieses „Ferienhaus" mit 70 Zimmern, die Kopie eines italienischen Renaissancepalasts mit Gartenanlage. *Tgl. 9.30–16.30 Uhr | Eintritt 18 $ | 3251 S. Miami Ave.*

ESSEN & TRINKEN

11TH STREET DINER

Nostalgischer Coffeeshop in einem alten Bahnwagen. Rund um die Uhr geöffnet. *1065 Washington Ave. | Miami Beach | Tel. 305 5 34 63 73 | €–€€*

RESTCAFÉ AT THE PELICAN

Mediterrane Küche und schöne Terrasse zum Leutegucken. Auch INSIDER TIPP sehr gutes Frühstück. Gleich nebenan gibt es guten Cappuccino und nette Leute im *News Café (€–€€). 826 Ocean Dr. | Tel. 305 6 73 33 73 | €€*

VERSAILLES

Spiegel gibt es wie im richtigen Versailles, die dick mit Braten, Käse oder Schinken belegten Medianoche-Sandwiches beeindrucken allerdings noch mehr. Das kubanische Lokal in Klein-Havanna. *3555 SW. 8th St. | Tel. 305 4 44 02 40 | €€*

AM ABEND

CAMEO

Großer Club mit House und Hip-Hop. *1445 Washington Ave. | Miami Beach*

CLEVELANDER

Tropische Open-Air-Bar am Pool, viel Glas und Neon mitten im Art-déco-Viertel plus Blick auf den Ocean Drive – eben echt Miami. *1020 Ocean Dr. | Miami Beach*

MANGO'S TROPICAL CAFE

Erst Dinner, dann Disko: Großer Partyclub mit Shows im Herzen von South Beach. *900 Ocean Dr. | Miami Beach*

ÜBERNACHTEN

CARDOZO

Das i-Tüpfelchen der Art-déco-Restauration am Strand von Miami Beach. Von der Terrasse aus lassen sich in aller Ruhe die schönen Flaneure bewundern. *43 Zi. | 1300 Ocean Dr. | Tel. 305 5 35 65 00 | www.cardozohotel.com | €€€ (im Sommer ca. 30 Prozent billiger)*

FONTAINEBLEAU HILTON RESORT & SPA 🌿

Eine Milliarde Dollar kostete die mit ökofreundlichen Konzepten umgesetzte Komplettrenovierung dieses mondänen Strandresorts. Ein Wahrzeichen der Stadt. *1504 Zi. | 4441 Collins Ave. | Tel. 305*

LOW BUDG€T

Viele US-Städte haben einen Tag der Kunst pro Monat eingeführt: Museen und Galerien öffnen ihre Türen für Vernissagen, Partys und Gratis-Führungen. Gutes Beispiel: der *Second Saturday Gallery Walk* in *St. Petersburg, FL,* der von 17 bis 21 Uhr jeden 2. Samstag im Monat abgehalten wird. *stpeteartsalliance.org*

BBQ Pork ist Grundnahrungsmittel in den Südstaaten und meist sehr günstig: Für 7–10 $ gibt es ein mächtiges Schweinefleisch-Sandwich mit Kohlsalat – besonders gut im *Bessinger's BBQ Restaurant (1602 Savannah Hwy. | Charleston, SC | Tel. 843 5 56 13 54).*

Outlet Malls sind in den gesamten USA verbreitet. Das größte Discountzentrum liegt in Florida: In *Sawgrass Mills* am Rand von Fort Lauderdale bieten rund 350 Outlets drastisch herabgesetzte Kleidung, Schuhe, Koffer und Küchenartikel an. *www.sawgrassmills.com*

5 38 20 00 | www.fontainebleau.com | €€€ (im Sommer ca. 25 Prozent billiger)

INSIDER TIPP ► VILLA PARADISO
Einfach und sauber, mitten im Trubel der City. 17 Zi. | 1415 Collins Ave. | Tel. 305 5 32 06 16 | www.villaparadisohotel.com | €–€€

AUSKUNFT

GREATER MIAMI CONVENTION & VISITORS BUREAU
701 Brickell Ave. | Tel. 305 5 39 30 00 | www.miamiandbeaches.de

ZIELE IN DER UMGEBUNG

EVERGLADES (203 D–E6) (*ωι L8*)
Die subtropische Sumpflandschaft – das größte Feuchtgebiet Nordamerikas voller seltener Pflanzen und Tiere – liegt 70 km südwestlich von Miami. Immer wieder fegen mächtige Windstürme wie zuletzt 2005 Hurrikan Katrina über die im *Everglades National Park* geschützte Sumpflandschaft. Doch die Natur ist daran gut angepasst und erholt sich schnell – längst sind alle Naturlehrpfade durch das einzigartige Biotop wieder zugänglich. Touren mit den berühmten Propellerbooten werden vor allem entlang des *Tamiami Trail (US 41)* im Norden der Sümpfe angeboten. *Zufahrt über die State Route 9336 ab Florida City*

FLORIDA KEYS ⭐
(203 D–E6) (*ωι K–L8*)
Als großartige Panoramastrecke führt der *Overseas Highway* von Miami in etwa vier Stunden über die Kette der „Keys" genannten Inseln von Miami rund 260 km bis ● *Key West*. Ernest Hemingway lebte dort, suchte Ruhe zum Schreiben und Bars zum Auftanken. Diese hübscheste der Keys mit ihren verschnörkelten Holz-

häuschen, den vielen Bistros und Bars ist Treffpunkt und Ferienort (kaum Strand!) der Nachtschwärmer und Exzentriker, der Partypeople und Lebenskünstler.

NASHVILLE

(202 C2) (*ωι J5*) **In den Bergen Tennessees liegt eine weitere der großen Musikstädte, und auch sie ist wie Memphis eine moderne, von Autobahnen durchzogene Metropole (1,8 Mio. Ew.).**
Zwar verfügt sie als das „Athen des Südens" über zahlreiche neoklassizistische, kolonialzeitliche und viktorianische Gebäude, und sie ist die „Music City USA", womit vor allem Country & Western gemeint ist, aber sie ist auch so etwas wie die neue Hauptstadt der Autoindustrie.

SEHENSWERTES

COUNTRY MUSIC HALL OF FAME
Alles über die Geschichte der Countrymusik in einem spektakulären Neubau; Musikshows und sehr guter Laden. Unter Musikern gilt es als höchste Auszeichnung, in dieser Institution neben Legenden wie Hank Williams oder Johnny Cash präsentiert zu werden. *Tgl. 9–17 Uhr | Eintritt 25 $ | 222 5th Ave. | www.countrymusichalloffame.org*

GAYLORD OPRYLAND RESORT & CONVENTION CENTER
Das „Disneyland der Countrymusik" wieder renoviert: Zu dem großen Komplex mit überdachten Gärten, Wasserfällen und künstlichem Fluss gehören das weitläufige *Opryland Hotel (www.gaylordhotels.com)*, die legendäre *Grand Ol' Opry*, aus der seit 1925 bis heute die legendären Radioshows (Fr/Sa) übertragen werden, und der Schaufelraddampfer „General Jackson". *2800 Opryland Dr.*

Sightseeing im Sumpf: mit dem Propellerboot durch den Everglades National Park

ÜBERNACHTEN

HUTTON HOTEL 🌿

Außen ein Klotz, aber innen ein stylisches, ganz nach neuesten Ökostandards gebautes Hotel im Westend. *247 Zi. | 1808 West End Ave. | Tel. 615 3 40 93 33 | www.huttonhotel.com | €€–€€€*

NEW ORLEANS

(202 B4) *(𝄞 H7)* **Die Stadt mit dem Beinamen „Wiege des Jazz" hat in den letzten Jahren viel erdulden müssen.**

Im Herbst 2005 hat Hurrikan Katrina, ein Wirbelsturm der Stärke 5, New Orleans schwer gebeutelt und ganze Stadtteile zerstört. Doch der Lebenswille der City (heute wieder 1,2 Mio Ew.) ist ungebrochen. Im *French Quarter* und der übrigen Innenstadt läuft das Leben normal: Die Restaurants servieren ihre berühmte *Cajun-Küche*, scharf, fett und mit viel Reis mit Bohnen, so wie die spanisch-französischen Siedler es mochten. Aus den Kneipen dringen Dixieland-Jazz und Zydeco, und im Februar wird mit bunten Umzügen und rauschenden Partys wieder *Mardi Gras* gefeiert, der legendäre Karneval von New Orleans. Dann ist auch das Klima angenehm, denn im Sommer ist es oft brütend heiß.

SEHENSWERTES

FRENCH QUARTER ⭐

Es ist das Herz von New Orleans und am besten ziellos zu erwandern. Filigrane gusseiserne Balkone, Stuckwände und lauschige Innenhöfe geben Orientierung: Wo sie enden, endet auch das Viertel. Ranger geben im *Visitor Center* (*419 Decatur St. des Jazz National His-*

Vermutlich die bekannteste Straße im French Quarter: die Bourbon Street und ihre Bars

toric Park) täglich kostenlose Konzerte. *Zwischen Canal St. und Esplanade Ave., Louis Armstrong Park und Mississippi.*

Zentral liegt der *Jackson Square* mit der spanischen Kolonialarchitektur des ausgehenden 18. Jhs. Hier steht die *St. Louis Cathedral,* ein Pilgerziel der Katholiken. Das Gebäude nebenan mit dem großartigen Balkon ist der *Cabildo (Di–So 10–16.30 Uhr | Eintritt 6 $),* einst Sitz der spanischen Regierung. Beiderseits des Platzes sind die dreistöckigen *Pontalba Buildings* bemerkenswert, Wohn- und Geschäftshäuser von 1850: *Haus Nr. 523 (Di–So 10–16.30 Uhr | Eintritt 3 $)* in der *St. Ann Street* ist zugänglich.

Vom 🌿 *Moon Walk* aus, einer Holzpromenade jenseits der Decatur Street, kann man den Hafen erblicken. Flussabwärts liegt der *French Market* von 1720, jetzt ein Markt mit Ständen und kleinen Läden für Kunsthandwerk und viel Schnickschnack. Oft treten Bands auf, an kleinen Buden wird gut gewürzte Cajun-Kost verkauft. Schön ist etwas flussab-

wärts die eichenbestandene *Esplanade Avenue* mit den großen kreolischen Villen. Von ihr geht es links in die *Bourbon Street,* Fußgängerzone und ehemalige Hauptstraße des Amüsements – ein Boulevard voller Andenkenläden, Cafés, Wachsfigurenkabinette, Oben-ohne-Bars und Restaurants.

GARDEN DISTRICT

Prächtige Villen und Alleen – hier lebten einst die Plantagenbesitzer. Und hier liegt auch einer der filmberühmten Friedhöfe der City, der **INSIDER TIPP** ▸ *Lafayette Cemetery No. 1* an der Washington Avenue. *Westlich der Jackson St., Anfahrt mit St. Charles Streetcar*

NINTH WARD

Dammbrüche durch Hurrikan Katrina verwüsteten dieses Viertel. Nun gibt es spannende Bauprojekte, u. a. von Brad Pitts „Make it right"-Stiftung. *Führungen: Gray Line | Tel. 504 5 69 14 01 | www. makeitright.org*

ESSEN & TRINKEN

ACME OYSTER HOUSE

Austern auf Marmortresen. Beliebt bei Polizisten, und die wissen Bescheid. Witzig: die Webcam unter *www.acmeoyster.com. 724 Iberville St. | Tel. 504 5 22 59 73 | €*

CAFÉ DU MONDE

Beignets und Café au lait. Sehr, sehr beliebt. *Tgl. 0–24 Uhr | 800 Decatur St. | Tel. 504 5 25 45 44 | €€*

K-PAUL'S LOUISIANA KITCHEN

Oft Warteschlangen, doch dafür gibt's die authentischste Cajun-Fischküche im French Quarter. *416 Chartres St. | Tel. 504 5 96 25 30 | €€€*

AM ABEND

PAT O'BRIEN'S BAR

Große, immer (stimmungs-)volle Bar mit Innenhof. Hier wurde der „Hurricane"-Drink erfunden, heißt es. *718 St. Peter St.*

PRESERVATION HALL

Keine Getränke, keine Stühle, trotzdem Ziel aller Touristen, weil: traditioneller Jazz von uralten schwarzen Musikern. *Tgl. ab 20 Uhr, mit wechselnden Solisten | Eintritt 15–20 $ | 726 St. Peter St.*

INSIDER TIPP ▶ SNUG HARBOR

Kleiner, immer voller Club mit hervorragenden Jazz-, Blues- und Zydeco-Künstlern. *Tgl. Shows um 20 u. 22 Uhr | wechselnder Eintritt | 626 Frenchmen St. | www.snugjazz.com*

TIPITINA'S

Renommierter, alteingesessener Club: Jazz, Cajun/Zydeco, Blues. *Tgl. ab 18 Uhr | Eintritt 10–25 $ | 501 Napoleon Ave. | www.tipitinas.com*

ÜBERNACHTEN

BOURBON ORLEANS

Historisches Hotel – Baldachinbetten inklusive – mit Pool. *211 Zi. | 717 Orleans St. | Tel. 504 5 23 22 22 | www.bourbonorleans.com | €€–€€€*

MAISON DE VILLE

Kleines Hotel von 1783 im Herzen des French Quarter. Hübscher Innenhof. Einst auch Domizil von Tennessee Williams. *26 Zi. | 727 Rue Toulouse | Tel. 504 3 24 48 88 | www.maisondeville.com | €€–€€€*

MARDI GRAS

Am buntesten und lautesten ist New Orleans im Februar zum legendären Mardi-Gras-Karneval. Tagelang ziehen dann Paraden mit geschmückten Wagen durch die Stadt. Dabei werden den Zuschauern keine „Kamellen" wie am Rhein, sondern Perlenketten und Goldmünzen zugeworfen – aber nur aus Plastik. Schon im Januar beginnen die Paraden der „Krewes", der historischen Karnevalsvereine. In der Woche vor Aschermittwoch steigert sich das Partyfieber, unablässig ziehen dann Paraden die St. Charles Street und die Canal Street entlang, und am „Fetten Dienstag" wird dann im French Quarter maskiert gefeiert. Zeiten und Paraderouten auf *www.mardigrasneworleans.com*

INSIDER TIPP ▶ VILLA CONVENTO

Einfache Pension in einem alten kreolischen Stadthaus. *25 Zi. | 616 Ursulines Ave. | Tel. 504 5 22 17 93 | www. villaconvento.com | €*

AUSKUNFT

NEW ORLEANS CONVENTION & VISITORS BUREAU

2020 St. Charles Ave. | Tel. 800 6 72 61 24 | www.neworleans.de

ZIEL IN DER UMGEBUNG

RIVER ROAD (202 B4) (∅ H7)

Nordwestlich von New Orleans verläuft die River Road am Mississippi entlang bis zum etwa drei Fahrstunden entfernten *Baton Rouge.* Am Flussufer liegen an der Strecke die alten Zuckerrohrplantagen aus der Sklavenzeit, von denen heute mehrere renoviert und zu besichtigen sind. Die interessantesten: die kreolische *Laura Plantation (Vacherie | www. lauraplantation.com),* die *Oak Alley Plantation (Vacherie | www.oakalleyplantation.com)* mit einer sehr pittoresken Eichenallee, das elegante *Houmas House (Darrow | www.houmashouse.com)* sowie die *Nottoway Plantation (40 Zi. in 13 Gebäuden | 31025 LA Hwy. 1 | White Castle | Tel. 225 5 45 27 30 | www.nottoway.com | €€–€€€),* wo Sie auch ganz romantisch im Stil des Old South übernachten können.

ORLANDO

(203 D5) (∅ K7) ⭐ ● Die Heimat der Mickey Mouse. Ohne sie wäre die Stadt in Zentralflorida ein verschlafener Ort.

Dank *Disneyworld* und rund zwei Dutzend weiterer Themenparks aber ist Orlando mit heute schon 2,4 Mio. Ew. eine echte Boomtown, die Welthauptstadt des inszenierten Vergnügens. Es gibt riesige Ozeanarien wie *SeaWorld,* wilde Achterbahnen, Fahrten mit Flugsimulatoren und sogar Bibelparks für christliche Fundis. Und mit einem Dutzend Wasserparks samt Surfpools und Kamikazerutschen lässt das strandlose Orlando zumindest die Kids jeden Ozean vergessen.

SEHENSWERTES

SEAWORLD ORLANDO

Gelungene Mischung aus Themenpark und Ozeanarium: Delfin-, Robben- und Wal-Shows sorgen für Abwechslung, Korallenriffe und seltene Seekühe machen den Besuch lehrreich. In den angeschlossenen Parks *Aquatica* und *Discovery Cove* dürfen Sie selbst mit ins Wasser – auch mit Delfinen. *Tgl. 9–19 Uhr, im Sommer länger | Eintritt 99 $ (online viele Ermäßigungen) | Central Florida Parkway/International Dr. | Tel. 888 8 00 54 47 | www. seaworldparks.com*

UNIVERSAL STUDIOS FLORIDA

„Men in Black", „Shrek", „Die Rache der Mumie" oder „The Simpsons" – und wenn das nicht reicht, wartet gleich nebenan der ebenso große Park *Islands of Adventure* mit spektakulären Achterbahnen, Spiderman in 3-D und der aufwendig gestalteten „Wizarding World of Harry Potter". Zwei Tage können Sie hier mit Kindern mühelos zubringen, drei mit einem Tag im 2017 eröffneten Wasserpark *Volcano Bay. Tgl. 9–19, im Sommer bis 21 Uhr | Eintritt 105 $, Zwei-Tage-Kombiticket 169 $ | Exit 30 West am Hwy. I-4 | 1000 Universal Studios Plaza | www.universalstudios.com*

WALT DISNEY WORLD

Lust auf mehr? Dann auf zu *Disney's Hollywood Studios* mit den „Muppets" und

„Indiana Jones". Oder ins *Magic Kingdom* mit dem Cinderella-Schloss und ins *Epcot Center* (Experimental Prototype Community of Tomorrow), das einem zeigt, wie man sich vor 30 Jahren die Welt von morgen, also die heutige, vorgestellt

mindestens 20, meist bis 23 oder 24 Uhr | Tagespass je Park 102–110 $, 7-Tages-Pass für alle vier Parks plus Pleasure Island, Typhoon Lagoon, River Country und Discovery Island 370 $ | Zufahrt über Hwy. I-4 und den Irlo Bronson Memorial Hwy. (US

Disney World: Auch eine Monorail gehört zur Welt von morgen im Themenpark Epcot Center

hat. Das *Animal Kingdom* schließlich ist ein perfekt gestalteter Wildpark. Neben den vier Hauptparks gibt es noch die Wasser- und Abenteuerwelten *Discovery Island*, *River Country* und *Typhoon Lagoon*. Es ist schier unmöglich, mehr als einen Park pro Tag zu besuchen: Die Anlagen, 32 km südwestlich von Orlando, umfassen zusammen mehr als 111 km². Um Warteschlangen zu vermeiden, sollten Sie Ihre Tickets im Voraus bestellen – entweder in einem Disney-Shop, online oder im Reisebüro. Und noch ein Tipp: Denken Sie an Trinkwasser (kann in den Disney-Restaurants nachgefüllt werden) und an einen Sonnenschutz. Tgl. 9 bis

192/530) | Info-Tel. 407 9 39 52 77 | www.disneyworld.com

ÜBERNACHTEN

Wenn schon, denn schon: In der Disneywelt findet sich eine ganze Reihe von Hotels verschiedener Preisklassen, so etwa das *Boardwalk Inn* oder die *Wilderness Lodge* (beide €€€), das *Port Orleans Resort Riverside* (€€) oder auch die drei *All Star Resorts* (€). Manche sind der durch die Parks führenden Bahn angeschlossen, darunter sogar ein weitläufiger Campingplatz. Tel. 407 9 39 52 77 | www.disneyworld.com

RICHMOND

(203 E1) (ⓂL5) Während des amerikanischen Bürgerkriegs war die Hauptstadt von Virginia auch „Capital of the Confederacy", also Hauptstadt der Konföderierten, der Südstaaten.
Heute ist Richmond (1,2 Mio. Ew.) eine Bankenstadt und noch immer bedeutend in der Tabakverarbeitung. Die Stadt versprüht wie ehedem den Duft des herrschaftlichen Südens: breite, baumgesäumte Straßen, hübsche Häuserreihen, Südstaatenküche. Viele Sehenswürdigkeiten erinnern an die Tage der Konföderation. Das *American Civil War Museum* gibt einen ausgezeichneten Überblick über die Zeit des Kriegs (1861–1865) zwischen Nord- und Südstaaten.

ÜBERNACHTEN

COMMONWEALTH PARK SUITES
Historisch und mitten im Zentrum gelegen mit Blick aufs Capitol. *59 Zi. | 901 Bank St. | Tel. 888 3 43 73 01 | www.commonwealthparksuites.com | €€*

ZIELE IN DER UMGEBUNG

CHARLOTTESVILLE (203 E1) (ⓂL5)
Die von Thomas Jefferson gegründete Universitätsstadt (45 000 Ew., 100 km westlich von Richmond) hat wohl den schönsten Campus der ganzen USA. Gekrönt wird diese Gelehrtenrepublik von der *Rotunda,* die Jefferson dem Pantheon in Rom abschaute. 1976 wurde die *University of Virginia* sogar zum großartigsten Bauwerk der USA erklärt. In einem der Studentenzimmer unter den Kolonnaden, der Nr. 13, wohnte einst der Dichter Edgar Allan Poe. *Im Semester tgl. 10/11/14 Uhr kostenlose 45-minütige Führungen ab der Rotunda*

In der Nähe steht der Landsitz *Monticello,* Wohnhaus des dritten US-Präsidenten und Autors der Amerikanischen Unabhängigkeitserklärung, Thomas Jefferson. Monticello gilt als einer der bedeutendsten Bauten aus der Gründerzeit der USA. Das Haus wurde nach Jeffersons eigenen Entwürfen im klassizistischen Stil gebaut, das Innere steckt voller Späße: In der Eingangshalle sieht man sich z. B. in Spiegeln auf dem Kopf stehen. Neben dem Haupthaus finden sich die Reste der *Mulberry Row,* des Quartiers für Jeffersons 200 Sklaven. *Tgl. 10–17, im Winter 10–16 Uhr | Eintritt 25 $ | 5 km südlich am Hwy. 53*

JAMESTOWN SETTLEMENT
(203 F1) (ⓂL5)
Die Rekonstruktion der ersten Siedlung an der amerikanischen Ostküste, die die Europäer 1607 hier an der Mündung des James River, 80 km östlich von Richmond, errichteten. Zu sehen sind auch ein Indianerdorf und die Schiffe, mit denen die Siedler ankamen. *Tgl. 9–17 Uhr | Eintritt 17 $*

WILLIAMSBURG (203 F1) (ⓂL5)
Der ganze Ort ist ein Museum. In den rund 100 Gebäuden ist alles, aber auch wirklich alles so geblieben wie in der Zeit zwischen 1698 und 1780, als Virginia noch Kolonie war. Handwerker werkeln wie damals, Bäcker backen wie einst, Fräuleins kleiden sich im alten Stil. In der *Raleigh Tavern* heckten Thomas Jefferson, Patrick Henry und andere Revolutionäre die Pläne des amerikanischen Unabhängigkeitskriegs (1775–1783) aus. Ziel der nordamerikanischen Kolonien war es damals, sich vom britischen Mutterland zu lösen. *Tgl. 9–17 Uhr, zur Hochsaison länger | Eintritt 41 $ | Colonial Parkway | 90 km östlich von Richmond | www.colonialwilliamsburg.com*

SAVANNAH

(203 D3) *(🗺 K6)* ⭐ **Verschlafener Süden, erdrückende Hitze: Die Geschichte hat es mit der Stadt an der Küste von Georgia (380 000 Ew.) gut und schlecht zugleich gemeint.**

1733 wurde sie als erste moderne Ansiedlung in den britischen Kolonien Amerikas angelegt. 1864 ließ General William Tecumseh Sherman auf seinem „Marsch zur See" den bis dahin zum wichtigen Baumwollhafen gediehenen Ort unzerstört. Danach verfiel Savannah – eine Folge des Niedergangs der sklavenlosen und daher unrentablen Plantagen. Erst in den 1950er-Jahren begannen Einheimische mit der – heutzutage sehr gelungenen – Restaurierung.

SEHENSWERTES

Im Schachbrettmuster des Zentrums liegt der unter Denkmalschutz stehende *Historic District.* Von den alten Herrenhäusern mit ihren subtropischen Gärten kann man das *Owens-Thomas House (124 Abercorn St.)* aus der klassischen Kolonialzeit besichtigen. Weiter südlich, am *Chippewa Square*, steht unter großen Eichen die ● Parkbank von Forrest Gump aus dem gleichnamigen Film.

SAVANNAH HISTORY MUSEUM

Die Stadt- und Bürgerkriegsgeschichte Savannahs im restaurierten Bahnhof der Central Georgia Railroad. *Tgl. 9–17.30 Uhr | Eintritt 7 $ | 303 Martin Luther King Jr. Blvd. | www.chsgeorgia.org* Angeschlossen ist das *Visitor Center (Tel. 912 9 44 04 55 | www.visitsavannah.com).*

ÜBERNACHTEN

THE BRICE

Eine Coca-Cola-Abfüllanlage, liebevoll restauriert und im alten Zentrum. Innenhof. *145 Zi. | 601 E. Bay St. | Tel. 912 2 38 12 00 | www.bricehotel.com | €€–€€€*

Mit der Kutsche zurück in Savannahs Kolonialzeit, vorbei am Owens-Thomas House, heute Museum

MITTLERER WESTEN

Midwest, „Mittlerer Westen", nennen die Amerikaner die Region um die Südufer der fünf Großen Seen (die Nordufer gehören bereits zu Kanada). Dies ist das Herz der Vereinigten Staaten.

Hier ist der Sitz von McDonald's, und hier stehen all die großen alten Metropolen, die das Land zur größten Industriemacht der Welt werden ließen. Von Detroit ging einst eine Weltrevolution aus. Henry Ford entwickelte sein erstes Fließbandauto. Die Stadt wurde in den Goldenen Zwanzigern zu einer der bedeutendsten Industriemetropolen der Welt und war für Jahrzehnte eines der wichtigsten Zentren der US-Wirtschaft. Motoren und Autos werden nach wie vor in Detroit und in Milwaukee hergestellt. Doch die Blütezeit dieser Städte ist schon lange vorbei. Vor allem Detroit steht vor riesigen sozialen Problemen, musste 2013 sogar bereits einmal Insolvenz anmelden. Nur langsam geht es seitdem der Automobilbranche wieder besser, und die Stadt versucht ein Comeback.

Den Sprung in ein neues Wirtschaftszeitalter hat eine andere Stadt der Region längst geschafft: Chicago, die „Königin der Großen Seen", ist mit spektakulärer Architektur, vielfältigem Kulturleben und bester Shoppingvielfalt das beliebteste Besucherziel im Midwest. Doch auch ringsum, in den Anrainerstaaten der Seen – in Ohio, Indiana, Illinois, Michigan, Wisconsin und Minnesota sowie südlich davon in Iowa und Missouri – warten so manche Attraktionen, die eine Reise lohnen.

Das Land der Großen Seen – einst Motown, heute „Brotkorb der Nation": In Henry Fords Heimat gedeiht die Landwirtschaft

Fast wie in Mitteleuropa wirkt die Landschaft – sattgrün, mit sanften Hügeln im Norden und unendlichen Ebenen im Süden um den mächtigen Mississippi River. Dort dehnen sich große Farmen aus, weiter nördlich beherrschen endlose Waldgebiete das Land. Mittendrin liegen die fünf Großen Seen *Lake Superior*, *Lake Michigan*, *Lake Huron*, *Lake Erie* und *Lake Ontario*: 250 000 km² groß sind diese Binnenmeere, und sie bergen 18 Prozent der Süßwasservorräte unserer Erde. Entlang der fast 6000 km langen

Küsten warten gewaltige Dünen, Strände und felsumrahmte Buchten.

Schon auf Tagesausflügen von Chicago aus können Sie bei den Indiana Dunes nahe Michigan City gut baden oder in Richtung Springfield eine nostalgische Fahrt entlang der legendären Route 66 unternehmen. Auf einer längeren Reise sind lohnende Ziele im Hinterland zu erreichen: die idyllische Door Peninsula in Wisconsin, Mackinac Island, die verträumten Dörfer am Mississippi River oder die einsamen Kanu- und Angelre-

Chicago am Abend: am Seeufer das alles überragende John Hancock Center

viere im hohen Norden von Minnesota. Auch der Herbst ist übrigens eine gute Reisezeit im Land um die Großen Seen, dann leuchten die Laubwälder in den Farben des *Indian Summer,* und es ist nicht so schwül wie manchmal im Hochsommer.

Detaillierte Informationen finden Sie im Marco Polo Band „Chicago und die Großen Seen".

CHICAGO

(195 F4) *(∭ J4)* Den Rang als zweitgrößte Stadt der USA musste Chicago mit heute „nur" 9,5 Mio. Ew. an Los Angeles abtreten.

Doch die Metropole an der Südwestecke des Lake Michigan in Illinois, die alte Stadt der Schlachthöfe und der Gangster, fühlt sich immer noch als „Second City". Und sie will mit Macht ihr Image als Kultur- und Architekturstadt erhalten.

Dieses Image kommt nicht von ungefähr: In Chicago stehen der älteste Wolkenkratzer der Welt, das *Monadnock Building* von 1891, und das über lange Jahre höchste Gebäude Amerikas, der 442 m hohe *Willis Tower.* Das Chicago Symphony Orchestra zählt zur Weltspitze, und die Museen werden höchstens von denen in New York übertroffen. Die architektonische Dynamik verdankt Chicago nicht zuletzt dem großen Brand von 1871: Danach musste die Stadt völlig neu aufgebaut werden. Und der stets neuen Ideen aufgeschlossene Bautrend ging im 20. Jh. weiter – mit Architekten wie Louis Sullivan, Mies van der Rohe und Frank Lloyd Wright. Chicago ist aber nicht nur eine atemberaubende Galerie der Architektur, sondern auch das kräftig schlagende wirtschaftliche Herz des Midwest und ein Zentrum von Jazz, Blues und moderner Kunst.

CITY WOHIN ZUERST?
Ein zentraler Startpunkt ist die **Michigan Avenue Bridge** über den Chicago River. Darunter starten am Riverwalk die Bootstouren, nach Norden liegt das Shoppingviertel der Magnificent Mile mit Chicago Visitor Center und Hancock Tower, rechter Hand erstreckt sich die Innenstadt, der „Loop". Bus-Stop ist Michigan & Hubbard, nächste Metro-Station Randolph/Wabash.

SEHENSWERTES

Die Hauptstraße Chicagos ist die *Michigan Avenue,* die parallel zum Ufer des Lake Michigan verläuft. Südlich des schmalen Chicago River liegt die Innenstadt, auch „The Loop" genannt, weil sie von einer Schleife der Hochbahn umschlossen wird. Hier, am und um den *Wacker Drive,* ragen die meisten Wolkenkratzer und postmodernen Bauten auf: das *State of Illinois Building (Thompson Center)* von Helmut Jahn, das *Daley Civic Center* mit einer 15 m hohen Picasso-Skulptur, der ☀ *Willis Tower (Aussichtsplattform tgl. 10–20, im Sommer 9–22 Uhr | Eintritt 22 $)* und das *Board of Trade Building.*

Nördlich des Flusses säumen die Michigan Avenue, die hier „Magnificent Mile" heißt, schicke Boutiquen, Einkaufszentren und Luxushotels. Direkt östlich davon lässt es sich auf der ☀ Promenade des *Navy Pier* schön spazieren, und westlich im Bezirk *River North* erwarten Sie Kunstgalerien und das Nightlife-Viertel um die *Rush Street.*

ART INSTITUTE OF CHICAGO
Eines der besten Kunstmuseen der Welt: im Erdgeschoss chinesische Lehmsolda-

ten aus der Tang-Dynastie und Andy Warhols „Mao", im ersten Stock eine große Ausstellung französischer Impressionisten und Marc Chagalls bunte Glasfenster. Gutes **INSIDER TIPP** Café im Neubau mit ☀ Terrasse. *Tgl. 10.30–17, Do bis 20 Uhr | Eintritt 25 $ | 111 S. Michigan Ave. | www.artic.edu*

FIELD MUSEUM OF NATURAL HISTORY
Über 20 Mio. Objekte birgt dieses Natur- und Völkerkundemuseum. Highlights: altägyptische Grabkammern, Inuit- und Indianerkunst und eine Dinosaurier-Ausstellung mit „Sue", dem größten je gefundenen Tyrannosaurus Rex. *Tgl. 9–17 Uhr | Eintritt 22 $ | 1400 Lakeshore Dr. | www.fieldmuseum.org*

MARCO POLO HIGHLIGHTS

⭐ **John Hancock Center**
Der schönste Blick über Chicago
→ S. 86

⭐ **Chicago Architecture**
Faszinierend: per Boot zu den Wolkenkratzern → S. 86

⭐ **Henry Ford Museum**
Das älteste Model-T und der Fahrradladen der Wright-Brüder in Detroit → S. 91

⭐ **Gateway Arch**
Das Symbol des epischen Pionertrecks gen Westen steht in St. Louis → S. 96

⭐ **Hannibal**
Schauplatz der Abenteuer von Tom Sawyer → S. 96

⭐ **Sleeping Bear Dunes**
Dünen wie in der Sahara – bis zu 140 m hoch → S. 97

JOHN HANCOCK CENTER ⭐

Eine Stadt in der Stadt: Der 100-stöckige Wolkenkratzer ist Büro- und Wohnhaus zugleich. ☼ Aussichtsterrasse *360 Chicago* mit Blick über Lake Michigan und Lakeshore Drive. *Tgl. 9–23 Uhr | Eintritt 20 $ | 875 N. Michigan Ave. | www.360chicago.com*

JOHN G. SHEDD AQUARIUM ☼

8000 Fische, Seelöwen, Belugawale, Seeotter – und ein grandioser Blick auf die Skyline Chicagos. *Tgl. 9–18, im Winter Mo–Fr 9–17, Sa/So 9–18 Uhr | Eintritt 31 $ | 1200 S. Lakeshore Dr. | www.sheddaquarium.org*

INSIDER TIPP ▶ MILLENNIUM PARK

20 ha Gärten, Kunst, Kultur. Nicht verpassen: Frank Gehrys *Pritzker Pavilion* und die Skulptur *Cloud Gate* von Anish Kapoor. Häufig kostenlose Konzerte. *55 N. Michigan Ave. | www.millenniumpark.org*

INSIDER TIPP ▶ NATIONAL VETERANS ART MUSEUM

Ein Antikriegsmuseum im besten Sinn – mit bewegenden Bildern ehemaliger Vietnam- und Irak-Soldaten. Die Lage ist etwas abseits im Nordwesten der City, aber die Anfahrt wohl wert. Die Sammlung ist auch online zu sehen. *Di–Sa 10–17 Uhr | Eintritt frei | 4041 N. Milwaukee Ave. | www.nvam.org*

WRIGHT HOME AND STUDIO

Für Architekturfans Pflicht: Führung durch das im „Prairie Style" erbaute Werkstatt des berühmten Architekten. Weitere Häuser von Frank Lloyd Wright stehen nahebei. *Tgl. 10–16 Uhr Führungen | Eintritt 17 $ | 951 Chicago Ave., Oak Park | www.gowright.org*

TOUR

CHICAGO ARCHITECTURE ⭐

Täglich Führungen zu den architektonischen Höhepunkten der Stadt, zu Fuß, mit dem Bus oder per Boot. Wechselnde Zeiten, möglichst vorab reservieren, Preis: 15–46 $. *Info-Center tgl. 9–18.30 Uhr | 224 S. Michigan Ave. | Tel. 312 9 22 34 32 | www.architecture.org*

ESSEN & TRINKEN

FRONTERA GRILL

Fabelhafte Fischsuppe, hausgemachte Tortillas – und auch eine beliebte Tequila-Bar. *445 N. Clark St. | Tel. 312 6 61 14 34 | €€*

FRANK LLOYD WRIGHT

Der in Wisconsin geborene Frank Lloyd Wright (1867–1959) gilt bis heute als Amerikas erster und wichtigster Vordenker in Design und Baukunst. Er schuf eine „organische Architektur" mit fließenden Formen, die die starren Rechtecke der Gebäude aufbrach und mit dem New Yorker Guggenheim Museum auch sein wohl berühmtestes Werk prägte. Neben *Spring Green* in Wisconsin (s. S. 94) und Phoenix, wo er Schulen unterhielt, ist vor allem Oak Park am Westrand von Chicago ein Ziel für Wright-Anhänger: Hier stehen mehrere seiner Häuser, auch das von ihm selbst bewohnte und möblierte *Wright Home and Studio* (s. oben). Literaturtipp: „Die Frauen" von T. C. Boyle

Chicago, die Heimat von Blues und Jazz: Eine Kostprobe gibt's zum Beispiel im „Blue Chicago"

GIBSON'S STEAK HOUSE
Die besten Steaks diesseits des Mississippi. Ein eleganter Klassiker im Nightlife-Viertel der *Gold Coast* im Norden der Stadt. *1028 N. Rush St. | Tel. 312 2 66 89 99 | €€–€€€*

GINO'S EAST
Die Adresse für original Chicagoer „Deep-dish Pizza", fast so dick wie ein Auflauf. *500 N. LaSalle St. | Tel. 312 9 88 42 00 | €*

HARRY CARAY'S
Lange Bar, deftige italo-amerikanische Küche. *33 W. Kinzie St. | Tel. 312 8 28 09 66 | €€–€€€*

THE KITCHEN CHICAGO ☼
Schickes Aussichtslokal am Chicago River, Regionalküche. Auch gut für Lunch und Brunch. Abends Livemusik. *321 N. Clark St. | Tel. 312 8 36 13 00 | €€–€€€*

EINKAUFEN

Als Shoppingziel rangiert Chicago ganz oben neben New York – sogar zum Weihnachtseinkauf. Die Intensivstation des Kaufrauschs liegt an der *Magnificent Mile* um die Michigan Avenue mit allen bekannten Kettenläden von Banana Republic bis Nike. Die großen Designer halten an der *Oak Street* direkt nördlich davon Hof. Und im Loop dürfen Sie einen Bummel durch das legendäre alte Kaufhaus Marshall Field's – heute *Macy's* – nicht versäumen.

GURNEE MILLS
Gut 200 Markenläden mit Outlet-Discountverkauf in einer riesigen Mall am Nordrand Chicagos. *I-94/Grand Ave. | Gurnee | Buszubringer von Hotels der Innenstadt | www.simon.com*

AM ABEND

Das Nightlife Chicagos ist legendär. Die meisten Clubs und Bars liegen innerhalb des Loop sowie um Halstead und Rush Street. Probieren Sie für Blues mal das *B.L.U.E.S (2519 N. Halstead St.)*, gegenüber das *Kingston Mines (2548 N. Halstead St.)* oder das *Legends (700 S.*

Die futuristische Rock and Roll Hall of Fame am Ohio-Ufer ist nur eine der Attraktionen Clevelands

Wabash Ave.) des Blues-Veteranen Buddy Guy, für Jazz den *Andy's Jazz Club (11 E. Hubbard St.)*, und **INSIDER TIPP** zum Gospel-Brunch das *House of Blues (329 N. Dearborn St.)*.

ÜBERNACHTEN

INSIDER TIPP ▶ **ALLEGRO** ✿
Designer-Mobiliar, schickes junges Publikum und viel Flair der „Golden Twenties" im Herzen der Innenstadt. Dabei wurde aber die Umwelt nicht vergessen: Recycling, Bioseife und Biokaffee sind selbstverständlich. *483 Zi. | 171 W. Randolph St. | Tel. 312 2 36 01 23 | www. allegrochicago.com | €€–€€€*

ESSEX INN ✼
Gute Mittelklasse in guter Lage: direkt am Grant Park nahe dem Art Institute. *254 Zi. | 800 S. Michigan Ave. | Tel. 312 9 39 28 00 | www.essexinn.com | €€*

HOUSE OF TWO URNS
Nette Privatpension im Szeneviertel Wicker Park. *5 Zi. | 1239 N. Greenview Ave. |* *Tel. 773 2 35 14 08 | www.twourns.com | €–€€*

AUSKUNFT

CHICAGO OFFICE OF TOURISM
Chicago Cultural Center im Kaufhaus Macy's | 111 N. State St. | Tel. 773 7 44 24 00 | www.choosechicago.com. Günstige Theaterkarten: *Hot Tix Office | 108 N. State St.*

ZIEL IN DER UMGEBUNG

SPRINGFIELD (195 E5) (*⊠ H4*)
Die Hauptstadt (110 000 Ew.) von Illinois, 340 km südlich, war der Wohnort von Abraham Lincoln, der als Präsident der USA die Sklaverei abschaffte. Sein Haus und das Mausoleum, in dem er begraben liegt, stehen Besuchern offen.

CINCINNATI

(196 A5) (*⊠ J4*) **Die mit 2,2 Mio. Ew. größte Stadt im Süden des Staats Ohio**

liegt ansprechend auf mehreren Hügeln am Nordufer des Ohio River.

Nach der Gründung 1788 wurde Cincinnati im 19. Jh. zur bedeutenden Handels- und Industriestadt, die bis heute sehr viel Lebensqualität besitzt. Die Innenstadt um den Fountain Square liegt zu Füßen des ✹ 49-stöckigen *Carew Tower (Aussichtsplattform)*. Ebenfalls sehenswert sind das alte Wohn- und Geschäftsviertel *Mt. Adams* und hervorragende Kunstmuseen wie das *Taft Museum (316 Pike St.)* oder das *Contemporary Arts Center (44 E. 6th St.)* in einem Neubau von Zaha Hadid. Nach 1830 war Cincinnati ein wichtiges Einwandererziel der Deutschen, deren Nachkommen alljährlich Mitte September ein rauschendes *Oktoberfest* feiern.

ESSEN & TRINKEN

MONTGOMERY INN

Berühmt für BBQ-Rippchen in rauchig-würziger Sauce, buntes Dekor mit Bildern von Sport- und Filmstars an den Wänden. *925 Riverside Dr. | Tel. 513 7 21 74 27 | €€*

AUSKUNFT

CINCINNATI VISITORS BUREAU

Visitor Center am Fountain Square | 525 Vine St. | Tel. 513 6 21 21 42 | www.cincyusa.com

CLEVELAND

(196 B4) (𝄚 K4) Die Hafenstadt (2,1 Mio. Ew. im Großraum) am Südufer des Lake Erie in Ohio war bereits Ende des 19. Jhs. eine der wichtigsten Industriestädte Amerikas.

Hier machte John D. Rockefeller seine Millionen. Nach langem, schmerzvollem Niedergang hat die Stadt in jüngster Zeit wieder an Attraktivität gewonnen: Die Waterfront am Seeufer und alte Lagerhallenbezirke wie *The Flats* wurden restauriert, im Viertel *University Circle* entstand eine Reihe ausgezeichneter Museen, und der Dirigent Christoph von Dohnányi führte das Cleveland Orchestra zur Weltgeltung.

SEHENSWERTES

CLEVELAND MUSEUM OF ART

Eins der besten Kunstmuseen der Neuen Welt. Großartige mittelalterliche Sammlung mit **INSIDER TIPP** vielen Stücken aus dem Welfenschatz. *Di–So 10–17 (Mi u. Fr bis 21) Uhr | Eintritt frei | 11 150 East Blvd. | www.clevelandart.org*

LOW BUDGET

Die billigste Kneipe in Chicago ist seit 1934 die *Billy Goat Tavern* neben dem Wrigley Building. Zu Preisen zwischen 3 $ und 8 $ gibt es „Cheezborger", Salami-Sandwiches und sogar Frühstück. *430 N. Michigan Ave.*

Die meisten Städte veranstalten im Sommer *Free Concert Series*: Gratiskonzerte örtlicher Rockbands oder auch Kammerorchester. Programme im Internet, z. B. für Minneapolis *www.minneapolisparks.org*

Es gibt nicht viele Jugendherbergen in Amerika, doch das Hostel in Chicago zählt zu den besten: Für 29–35 $ pro Nacht schläft man in guter Lage in der Innenstadt, Frühstück und kostenloses WLAN inklusive. *24 E. Congress Parkway | Tel. 312 3 60 03 00 | www.hichicago.org*

ROCK AND ROLL HALL OF FAME

Reliquien berühmter Bands und Ausstellungen zur Geschichte der Rockmusik in einem kühnen Bau von I. M. Pei. Auch Musikeranstaltungen und Filmvorführungen. *Tgl. 10–17.30, Mi bis 21 Uhr | Eintritt 23,50 $ | E. 9th St./Erieside Ave. | www.rockhall.com*

TOUR

BB RIVERBOATS

Rundfahrten mit einem schmucken Schaufelraddampfer. Neben einstündigen Rundfahrten *(22 $)* auch dreistündige Touren mit Bourbon-Verkostung *(60 $)*. Abfahrtszeiten telefonisch erfragen. *Abfahrt Newport Landing | Tel. 859 2 61 85 00 | www.bbriverboats.com*

ZIEL IN DER UMGEBUNG

SANDUSKY (196 B4) (♦ K4)

Der siebte Himmel für Achterbahnfans: Am Ufer des Lake Erie eine Fahrstunde westlich von Cleveland fährt im riesigen Vergnügungspark *Cedar Point (Mai–Ende Okt. tgl. ab 10 Uhr | Eintritt 65 $)* ein gutes Dutzend der schnellsten und steilsten *rollercoaster* der Welt.

DETROIT

(196 B4) (♦ K4) **In dieser Stadt (4,3 Mio. Ew.) regierten lange Zeit die Großen Drei – Ford, General Motors und Chrysler. In Motown pochte das Herz Amerikas.**

Hier erfand Henry Ford die Fließbandtechnik und startete mit der automobilen Massenproduktion – der Beginn von Motown, der Motorenstadt. In den 1960ern lag ihr Anteil am amerikanischen Automarkt bei 90 Prozent. Nun ist es gerade noch die Hälfte. Der Abschwung begann bereits vor Jahrzehnten, zwischen 1950 und 2003 verlor Detroit 50 Prozent seiner Bewohner. Durch die Weltwirtschaftskrise dreht sich die Abwärtsspirale nun

Detroit erneuert sich: Das Quarter Greektown ist dafür ein gutes Beispiel

noch schneller. Die Folgen sind überall sichtbar: Ganze Bezirke rund um den Detroit River sind verwaist, die Gebäude verfallen. Die Verbrechensrate ist hoch. In den Kriminalitätsstatistiken nimmt Detroit jedes Jahr eine Spitzenposition ein. „Visit Detroit" wirbt die örtliche Tourismusbehörde dennoch.

Die Stadt versucht jenseits der Krisen einen Neuanfang. In Downtown sind die Fassaden frisch renoviert, die Glastürme des *Renaissance Center* schimmern. Bezirke wie *Greektown* um die *Monroe Street* und der *Theatre District* wurden restauriert und avancieren zu Flan-ier-vierteln. Schön für einen Bummel ist das quirlige Szeneviertel um die *Main Street* im Vorort *Royal Oak* mit vielen Restaurants.

SEHENSWERTES

HENRY FORD MUSEUM ⭐

Blank polierte Oldtimer, alte Fließbänder und Tankstellen dokumentieren in diesem riesigen Museumkomplex die Geschichte der Autoindustrie. Angeschlossen ist *Greenfield Village,* ein Freilichtmuseum mit historischen Häusern und dem Laboratorium von Thomas Alva Edison. *Tgl. 9.30–17 Uhr | Museum 21 $, Village 26 $ | Village Rd./Oakwood Blvd. | Dearborn | www.thehenryford.org*

MOTOWN MUSEUM

In dem unscheinbaren Haus war 1959–72 das Plattenstudio von Motown-Stars wie Smokey Robinson und Diana Ross & The Supremes. *Di–Sa 10–18 Uhr | Eintritt 15 $ | 2648 W. Grand Blvd.*

ÜBERNACHTEN

ATHENEUM SUITE HOTEL

Moderner Turmbau in der Innenstadt mit 174 großen Suiten. Gutes Restaurant.

1000 Brush Ave. | Tel. 313 9 62 23 23 | www.atheneumsuites.com | €€–€€€

COMFORT INN GREENFIELD VILLAGE

Gutes Motel mit Suite-Zimmern, nahe dem Ford-Museum. *119 Zi. | 20061 Michigan Ave. | Tel. 313 4 36 96 00 | www.choicehotels.com | €–€€*

AUSKUNFT

DETROIT VISITOR INFORMATION CENTER

211 W. Fort St. | Suite 1000 | Tel. 313 2 02 18 00 | www.visitdetroit.com

INDIANA-POLIS

(196 A5) (🗺 J4) **Die Hauptstadt und mit 2 Mio. Ew. auch größte Stadt Indianas liegt exakt in der Mitte des Staats. Berühmt wurde sie durch das „Indy", das Indianapolis 500.**

Dieses legendäre Autorennen über 500 Meilen wird seit 1911 jeweils am letzten Maisonntag auf dem Speedway nördlich der Stadt gefahren und ist mit 500 000 Zuschauern nach wie vor Amerikas größte Sportveranstaltung. Autofans sollten sich das ganzjährig geöffnete *Hall of Fame Museum* der Rennfahrer und besten Autos am Speedway ansehen. 75 originale Rennwagen, ein historischer Film und Bustouren auf dem Rennkurs informieren hier über alle Aspekte des großen Rennens.

In der modernen Innenstadt verdient vor allem das der Westernkunst von gestern und heute gewidmete *Eiteljorg Museum of American Indian and Western Art (Mo–Sa 10–17, So 12–17 Uhr | Eintritt 13 $ | 500 W. Washington St. | www.eiteljorg.org)* einen Besuch.

Aus dem Quadracci Pavilion – Teil des Milwaukee Art Museum – blickt man auf den Lake Michigan

KANSAS CITY

(195 D5) *(∅ G5)* **„KC" ist die Metropole der Prärien, was angesichts der endlosen Felder und Weiden ringsum schnell klar wird.**

Die gut geplante Stadt (2,1 Mio. Ew.) am Ufer des Missouri River ist Amerikas wichtigstes Landwirtschaftszentrum. Hier wird das Korn der Prärien gemahlen, hier werden die Rinder gemästet und verkauft. Aber das dürfen Sie in Kansas City niemandem vorhalten: Die Stadt gibt sich kosmopolitisch. Man hat schon vor 70 Jahren Statuen aus Europa importiert, um die Boulevards zu schmücken.

Kansas City leistet sich auch ein exzellentes Kunstmuseum, das *Nelson-Atkins Museum of Art* mit seinem Henry-Moore-Skulpturengarten. Außerdem steht hier seit 80 Jahren das erste Shoppingcenter Amerikas, die maurisch gestylte *Country Club Plaza,* und auch eins der modernsten, das 300 Mio. Dollar teure *Crown Center.*

SEHENSWERTES

AMERICAN JAZZ MUSEUM

Ein absolutes Muss für alle Jazzliebhaber. *Di–Sa 9–18, So 12–18 Uhr | Eintritt 10 $ | 18th St./Vine St. | www.americanjazzmuseum.org*

ESSEN & TRINKEN

INSIDER TIPP ▸ B. B.'S LAWNSIDE BAR-B-QUE

Genau richtig in der „Barbecue Capital": supergute Rippchen vom Rind, 14 Stunden im Ofen geschmort, dazu mittwochs bis sonntags Livemusik und originaler Blues. *Mo geschl. | 1205 E. 85th St. | Tel. 816 8 22 74 27 | €*

UNION STATION

Shops, Bahnausstellungen und Restaurants sind heute im großartig renovierten *Bahnhof* der City *(30 W. Pershing Rd.)* untergebracht. Die besten Steaks der Stadt serviert hier das elegante *Pierpont's (Tel. 816 2 21 51 11 | €€–€€€).*

AM ABEND

Die Stadt, in der Count Basie und Charlie Parker ihre Karrieren begannen, bietet auch heute guten Jazz, z. B. im *Phoenix Jazz Club (302 W. 8th St.).* Details über Konzerte unter *thephoenixkc.com*

ÜBERNACHTEN

QUARTERAGE HOTEL

Schickes kleines Hotel, gute Lage mit Restaurants und Nachtleben ringsum. *123 Zi. | 560 Westport Rd. | Tel. 816 9 31 00 01 | www.achotelskansascity. com | €€*

AUSKUNFT

CONVENTION & VISITORS BUREAU OF GREATER KANSAS CITY

1321 Baltimore Ave. | Tel. 816 6 91 38 00 | www.visitkc.com

ZIEL IN DER UMGEBUNG

INSIDER TIPP ▸ BRANSON

(195 D6) (*ⱷ G5*)

Ein Ziel für Country-Fans: Neben Nashville ist Branson (6000 Ew.), 250 km südlich von Kansas City in den Ausläufern der Ozark Mountains, das wichtigste Zentrum der Country-&-Western-Szene in den USA. In gut 30 Theatern und Konzertsälen treten jeden Abend die besten Countrystars auf.

MILWAUKEE

(195 F4) (*ⱷ J3*) **Auch wenn Harley-Davidson hier seine Motorräder baut, ist Milwaukee (1,6 Mio. Ew.) am Westufer des Lake Michigan in Wisconsin die Stadt der Deutschen in Amerika – und die der Bierbrauer.**

Zwar ist Deutsch schon seit dem Ersten Weltkrieg nicht mehr die vorherrschende Sprache und die Braukunst wird nicht nach dem Reinheitsgebot ausgeübt, aber Milwaukee hat sich in seinen ruhigen Wohnstraßen und vielen deutschen Restaurants in der Third Street ein teutonisches Flair erhalten. Wer sehen möchte, wie heute Bier gebraut wird: Die *Miller Brewery (4251 W. State St.)* bietet kostenlose Führungen an *(tgl. 10.30–15.30 Uhr).*

SEHENSWERTES

Um die Hauptstraßen *Wisconsin* und *Kilborn Avenue* liegen in buntem Nebeneinander moderne Shoppingkomplexe wie die *Grand Avenue Mall* und Altstadtstraßen wie die *Old World Third Street* mit deutschen Bäckern und Metzgern. Einen Bummel verdienen der mit vielen Skulpturen geschmückte *RiverWalk* sowie das Restaurant- und Kneipenviertel rund um die *Water Street* auf der Ostseite des Milwaukee River. Sehenswert auch das *War Memorial Center* am Lake Michigan, 1957 erbaut für die Toten des Zweiten Weltkriegs und des Koreakriegs.

HARLEY DAVIDSON MUSEUM

Das offizielle Museum der legendären Bikes. *Tgl. 9–18, im Winter 10–18 Uhr | Eintritt 20 $ | 400 W. Canal St. | www. harley-davidson.com*

MILWAUKEE ART MUSEUM

Der kühne 100-Mio.-Dollar-Anbau des Museums von Santiago Calatrava hat weltweites Aufsehen erregt. Auch die Sammlungen alter Meister, deutscher Expressionisten und haitianischer Malerei sind sehr sehenswert. Die „Flügel" der Kunstinstallation INSIDER TIPP ▸ *Burke Brise Soleil*, die zugleich als ☀ Sonnenschutz wirkt und den Energiehaushalt des Baus steuert, werden täglich je nach

Windstärke bewegt. *Di–So 10–17 (Fr bis 20) Uhr | Eintritt 17 $ | 700 N. Art Museum Dr. | www.mam.org*

ÜBERNACHTEN

KNICKERBOCKER HOTEL

Gemütliches historisches Hotel, liebevoll renoviert und nur ein paar Schritte vom See entfernt. *90 Zi. | 1028 E. Juneau Ave. | Tel. 414 2 76 85 00 | www.knickerbockeronthelake.com | €–€€*

ZIELE IN DER UMGEBUNG

DOOR PENINSULA (195 F3) (*J3*)

Die fast 100 km lange Halbinsel im Westen des Lake Michigan, 200 km nördlich von Milwaukee, ist eins der beliebtesten Feriengebiete Wisconsins. Felsküsten, malerische Strandbuchten und Hafenörtchen säumen die Ufer, im Binnenland überziehen Kirschplantagen im Frühjahr die Hügel mit einem weißrosa Blütenteppich. Ein herrliches Revier für Radtouren und Küstenwanderungen.

MANITOWOC (195 F3) (*J3*)

Von dem Hafenort – rund eine Fahrstunde nördlich von Milwaukee – setzt die einzige Fähre über den Lake Michigan. Die rund vierstündige Fahrt mit dem Dampfer „S.S. Badger" sollten Sie zur Hochsaison vorab reservieren *(Fahrpreis 67 $ | Tel. 800 8 41 42 43 | www.ssbadger.com)*. Direkt am Hafen verdient das *Wisconsin Maritime Museum (tgl. 9–17, im Sommer bis 18 Uhr | Eintritt 15 $)* einen Besuch, es schildert die Geschichte der Seefahrt auf den Großen Seen.

SPRING GREEN (195 E4) (*H4*)

Das 1500-Seelen-Städtchen, 2,5 Stunden Richtung Westen, wurde berühmt als Wohnsitz von Frank Lloyd Wright. Sein Haus *Taliesin (Führung reservie-*ren unter Tel. 877 5 88 79 00) ist noch heute Pilgerziel für Architekturfans aus aller Welt. Nicht verpassen dürfen Sie gleich nahebei das skurrile Museum **INSIDER TIPP** *House on the Rock (im Sommer 9–17 Uhr | Eintritt 30 $)*, das eine herrliche Sammlung von Musikautomaten und Zirkuskunst zeigt.

MINNEAPOLIS & ST. PAUL

(195 D3) (*H3*) Die Schwesterstädte beiderseits des Mississippi River mit zusammen rund 3,5 Mio. Ew. sind ungleiche Zwillinge.

Das kleinere, ältere St. Paul, das um 1840 als Pelzhändlerposten entstand, liegt am Nordufer des Flusses und ist die Hauptstadt Minnesotas. Sehenswert sind hier die Altstadt um das imposante *State Capitol* und – hoch über einer Schleife im Mississippi – das historische *Fort Snelling,* heute ein Museumsdorf.

Auf der anderen Flussseite ragen die Wolkenkratzer von Minneapolis auf, der wirtschaftskräftigeren, moderneren der beiden Städte. In der Innenstadt um die *Nicollet Mall,* einer Fußgängerzone zwischen dem Mississippi und dem hübschen *Loring Park* zeigt sich die Stadt von ihrer besten Seite. Nicht zu vergessen: die *Mall of America,* das größte Einkaufszentrum der USA im Vorort *Bloomington*.

SEHENSWERTES

INSIDER TIPP **MILL CITY MUSEUM**

Weizen von 23 000 Farmen wurde früher in dieser Industriemühle verarbeitet. Heute illustrieren Ausstellungen in der alten Mühle den Aufstieg der Prärien zum

Brotkorb der Welt. *Di–Sa 10–17, So 12–17 Uhr | Eintritt 12 $ | 704 S. 2nd St.*

WALKER ART CENTER
Moderne Kunst und ein herrlicherSkulpturengarten. Viele ständig wechselnde Ausstellungen. *Di–So 11–17 (Do bis 21) Uhr, Garten tgl. 6–24 Uhr | Eintritt 14 $ | 1750 Hennepin Ave. | www.walkerart.org*

AUSKUNFT

MINNESOTA TRAVEL INFO CENTER
121 7th Place E. | St. Paul | Tel. 651 2 96 50 29 | www.exploreminnesota.com

ST. LOUIS

(195 E5) (⍗ H5) Die Stadt nahe dem Zusammenfluss von Missouri und Mississippi war um 1850 das „Tor zum Westen" für Hunderttausende Pioniere.
Im 20. Jh. wurde St. Louis mit Brauereien, Auto- und Flugzeugwerken zu einer der wichtigen Industriestädte der Vereinigten Staaten und ist heute mit 2,8 Mio. Ew. die größte Metropole im Mississippi-Tal. Chuck Berry und Miles Davis starteten hier ihre Karrieren – und eine lebendige Blues- und Jazzszene gibt es bis heute.

SEHENSWERTES

In den vergangenen Jahrzehnten hat St. Louis seine arg heruntergekommene Innenstadt um die *Market Street* wieder restauriert. In die alten Lagerhäuser des historischen Viertels *Laclede's Landing* zogen Boutiquen und Restaurants ein. Der eindrucksvolle Bahnhof *Union Station (Ecke Market St./18th St.)* von 1894 ist heute ein Einkaufszentrum mit einem Dutzend Restaurants. Westlich der Downtown liegt der rund 5 km² große *Forest Park.* Hier ist im einzigen verbliebenen Gebäude der Weltausstellung von 1904 das *St. Louis Art Museum* untergebracht, das viele Werke deutscher Expressionisten besitzt.

St.-Louis-Collage: Der Gateway Arch rahmt das Old Court House ein

SAULT STE. MARIE

GATEWAY ARCH ⭐
Der 192 m hohe Stahlbogen am Ufer des Mississippi ist das Wahrzeichen von St. Louis und wurde 1965 vom finnischen Architekten Eero Saarinen als Denkmal für die Westwärtswanderung der amerikanischen Siedler errichtet. Museum im Fuß des Bogens. *Im Sommer 8–22, im Winter 9–18 Uhr | Eintritt und Aufzug 13 $ | Riverfront Park*

ÜBERNACHTEN

DRURY PLAZA AT THE ARCH
Beim Gateway Arch in einem historischen Bau. *355 Zi. | 2 S. 4th St. | Tel. 314 2 31 30 03 | www.druryhotels.com | €€*

ZIEL IN DER UMGEBUNG

HANNIBAL ⭐ (195 E5) (⌘ H4)
In dem Städtchen (18 000 Ew.), rund zwei Fahrstunden nördlich von St.

Louis am Mississippi River, verlebte der Schriftsteller Mark Twain seine Kindheit. Sehenswürdigkeiten wie das *Mark Twain Boyhood Home* (mit dem berühmten Lattenzaun) erinnern an Schauplätze seiner Romane „Tom Sawyers Abenteuer" und „Huckleberry Finns Abenteuer".

SAULT STE. MARIE

(196 B2) (⌘ J2–3) Die Attraktion der Stadt (39 000 Ew.) im waldreichen Norden Michigans sind die Soo Locks: zwei gewaltige Schleusen am St. Mary's River, der die Verbindung vom Lake Superior zum Lake Huron bildet.
300 m lange Frachter können hier zwischen den verschiedenen Wasserebenen der Seen hoch- und runterwechseln. Vom ☀ *Soo Lock Park* in der Innenstadt aus

BÜCHER & FILME

Meine Reise mit Charley – Ein Klassiker für unterwegs: John Steinbeck erzählt von seiner 10 000-Meilen-Tour quer durch die USA im Jahr 1960

Stumme Zeugen – Krimis aus dem heutigen wilden Westen sind die Spezialität von C. J. Box. Dieser Thriller spielt im Norden Idahos, wo sich gerne Polizisten aus Los Angeles zur Ruhe setzen (2007)

Der erste Sohn – Im Roman von Philipp Meyer geht es in der Tradition der *Great American Novels* um den amerikanischen Gründungsmythos, erzählt anhand einer Familiengeschichte und dem Konflikt zwischen Rot und Weiß (2013)

The Revenant – In diesem Western-Thriller von Alejandro G. Iñárritu lässt Leonardo DiCaprio die Ära der Fallensteller im frühen Amerika höchst authentisch wieder aufleben (2015)

Easy Rider – Die Mutter aller Road-Movies in Amerika. Mit Peter Fonda, Jack Nicholson, Dennis Hopper und der Musik von Steppenwolf („Born to be wild") (1969)

Forrest Gump – Tom Hanks unternimmt als nicht allzu cleverer Südstaatenjunge eine Zeitreise durch das Amerika des 20. Jhs. – inklusive einer anrührenden Liebesgeschichte (1994)

haben Sie beiderseits des Flusses einen guten Blick auf die Schleusen. Hier gibt es auch ein Infozentrum mit Beobachtungsdeck. Die zweistündigen Törns der *Soo Lock Boat Tours* führen durch die beiden Schleusen *(Fahrpreis 27 $ | 515 E. Portage Ave. | Tel. 906 6 32 63 01).*

ZIEL IN DER UMGEBUNG

MACKINAC ISLAND (196 B3) *( J3)*

Eine Stunde Fahrt südlich von Sault Ste. Marie überspannt eine gewaltige, 8 km lange Hängebrücke die Enge zwischen dem Lake Michigan und dem Lake Huron. Am Südende liegt das historische Städtchen *Mackinaw City,* von dem aus Fähren nach *Mackinac Island* und zu dem alten Armeeposten *Fort Mackinac* (Freiluftmuseum) verkehren. Die autofreie Insel wirkt mit ihren weißen Villen und hübschen Gärten wie eine Zeitreise zur Sommerfrische im Jahr 1900.

Die Amerikaner nennen die Mackinac-Brücke liebevoll „Big Mac"

TRAVERSE CITY

(196 A3) *( J3)* **Bunter Strandrummel bestimmt im Sommer das Bild der Ferienstadt (15 000 Ew.) an den Ufern der Grand Traverse Bay in Michigan.**

Ruhiger wird es außerhalb des Orts bei Auto- oder Radtouren auf den 🌿 Panoramastraßen am Lake Michigan: Die SR 37 führt durch Weingärten auf die *Old Mission Peninsula,* die SR 22 zu einem Leuchtturm (Museum) aus dem Jahr 1858 auf die *Leelanau Peninsula.*

ÜBERNACHTEN

CHERRY TREE INN

Modernes, im viktorianischen Stil erbautes Hotel mit eigenem Strand. *76 Zi. |* *2345 US 31 N. | Tel. 231 9 38 88 88 | www.cherrytreeinn.com | €–€€*

ZIEL IN DER UMGEBUNG

SLEEPING BEAR DUNES ⭐
(196 A3) *( J3)*

Im Nationalpark an der Küste des Lake Michigan faszinieren gewaltige Wanderdünen, Überbleibsel aus der Eiszeit. Bis zu 140 m sind die Sandberge hoch. Attraktionen sind die Dünenklettertour am Highway 109 und der 🌿 *Pierce Stocking Scenic Drive,* eine 13 km lange, einspurige Straße mit einem fantastischen Blick auf den See. *www.nps.gov/slbe*

TEXAS &
DIE PRÄRIEN

Schnee fällt auf eine Kaktuspflanze hoch in den Bergen, in einem alten deutschen Biergarten spielt eine Blaskapelle und in einem kleinen mexikanischen Lokal werden Chips mit Salsa serviert: Momentaufnahmen von Texas.

Wer mit dem Landstrich im tiefen Süden nur Cowboys, Staubpisten und Ölfördertürme verbindet, sollte schleunigst umdenken. „Everything is bigger in the Lone Star State", sagen die Texaner über ihr Land. Stimmt, alles ist größer hier: die Hüte, die Autos, die Anfahrtswege. Wer unterwegs nach einer Adresse fragt, erhält die Antwort: „It's down the road away". Und diese Straße scheint nie zu enden ... Selbst die Speisekarten im Burger-Restaurant sind überdimensional – bei der Fast-Food-Kette Whataburger

etwa stehen 36 000 Varianten zur Wahl! Die Größe Texas bestimmt auch seine kulturelle und landschlaftliche Vielfalt. Natürlich gibt es die staubigen Prärien und den typisch texanischen Redneck, der Country-Musik liebt und Wrangler-Jeans trägt. Die Bezeichnung „Redneck" kommt übrigens vom sonnenverbrannten Nacken, den sich viele Farmer in der Gluthitze hier zuziehen. Doch zu Texas gehören auch 2000 m hohe Berge, in denen Schwarzbären leben. Im Land von Hill Country, um Fredericksburg, wird Wein kultiviert. Und die Nähe zu Mexiko spürt man in dessen Einfluss auf Speisen, Sprache und Kultur. Ebensogut können Sie in der Weite des Wilden Westens aber auch auf tschechische Bäckereien und deutsche Fleischereien treffen. Und

Mexican Food, ein Mekka der Kunstszene und viel Natur: Texas besteht nicht nur aus Staubpisten und Bohrtürmen

in Dallas, wo einst nur Ölbarone die Wirtschaft regierten, ist die internationale Kunstszene sesshaft geworden. Von den swingenden Bluesbars in Austin bis zur alten Route 66 in Amarillo – Texas hält eben viele Überraschungen bereit.

AMARILLO

(200 B2) *(∅ F5)* **Der Panhandle von Texas, der äußerste Norden des Staats, ist eine schier endlose Ebene – der von**

Trappern und Siedlern einst gefürchtete Llano Estacado, wo noch vor 150 Jahren die Komantschen herrschten.

Heute regiert in Amarillo (260 000 Ew.), der wichtigsten Stadt des Panhandle, die Ölindustrie, und außerdem sitzt die Stadt auf 90 Prozent der Heliumvorkommen weltweit. Dennoch ist wie seit 100 Jahren INSIDER TIPP montags Viehauktion. Die Attraktionen sind das *Helium Monument,* das neue *American Quarter Horse Museum* und die *Cadillac Ranch,* eine Pop-Art-Skulptur aus zehn kopfüber

Auf zur Insektenjagd: Auch in Austin werden Fledermäuse erst abends aktiv

in die Prärie gesteckten Cadillacs rund 15 km westlich.

AUSTIN

(200 C4) (*m G7*) **Die Hauptstadt von Texas hat sich seit ihrer Gründung 1840 zur sehr beliebten und lebenswerten Hightechmetropole mit rund 2 Mio. Ew. entwickelt.**

Eine große Universität und viele aufstrebende Technologiefirmen sorgen für eine junge Bevölkerung, was sich in einer pulsierenden Restaurant- und Musikszene niederschlägt.

Nicht verpassen dürfen Sie einen Bummel durch den bunten *Central Market (40th St./Lamar Blvd.)* und einen Besuch im riesigen *Bullock Museum (Mo–Sa 9–18, So 12–18 Uhr | Eintritt 12 $ | 1800 N. Congress Ave.)* zur wechselvollen texanischen Geschichte. Das beliebteste Ziel im heißen Sommer aber sind die *Barton Springs* im *Zilker Park* mit einem 300 m langen Swimmingpool, der aus Naturquellen gespeist wird.

Faszinierend: Jeden Abend im Sommer schwärmen über dem Colorado River

ESSEN & TRINKEN

BIG TEXAN STEAK RANCH
Wenn Sie das 2 kg schwere Steak, das auf der Speisekarte steht, schaffen, zahlen Sie nichts. *7701 I-40 E. | Tel. 806 3 72 60 00 | €€*

ZIEL IN DER UMGEBUNG

PALO DURO CANYON
(200 B2–3) (*m F6*)
Nach einem Besuch im ausgezeichneten *Panhandle-Plains Historical Museum* in *Canyon,* 30 km südlich von Amarillo, wartet östlich des Städtchens die rote Schluchtenwelt des gut 400 m tiefen und 100 km langen Canyons (Panoramastraßen, Wanderwege). Im Sommer gibt es beim Canyon-Eingang Aufführungen eines Texas-Musicals in einem großen *Amphitheater (Tel. 806 6 55 21 81 | www.texas-show.com).*

rund 1,5 Mio. Fledermäuse zur Insekten-jagd aus, die unter der *Congress Avenue Bridge* mitten in der Innenstadt nisten. Und auch ins Umland lohnt sich ein Aus-flug: Die Hügel des idyllischen *Hill Country* beginnen direkt am Südwestrand der Stadt, und im Frühjahr bilden dort Wild-blumen riesige bunte Teppiche.

ESSEN & TRINKEN

INSIDER TIPP ▶ **BLACK'S BBQ**

Texas ist Rinderland: Probieren Sie die im Smoker sanft gegarte Rinderbrust *(bris-ket)* in diesem sehr beliebten Lokal am Rand des Univiertels. Und danach muss ein *pecan cobbler* als Dessert her. *3110 Guadalupe St. | Tel. 512 5 24 08 01 | €*

THE OASIS ✿

Dinner und Drinks mit herrlichem Blick über das Hill Country. Etwa 20 km west-lich der Stadt. *6550 Comanche Trail | Tel. 512 2 66 24 42 | €€*

AM ABEND

Die Zentren des turbulenten Nightlifes von Austin liegen um die *6th Street* und im alten Warehouse District um die *W. 5th Street,* wo in vielen Clubs jeden Abend Country-, Blues- und Jazzbands spielen. Tipp: Das coole Show-restaurant *Geraldine's* (605 Davis St. | www.geraldi nes.com | €€*) mit großartigem City-Blick.

ZIEL IN DER UMGEBUNG

HILL COUNTRY (200 C4) *(⁂ F–G7)*

Vor mehr als einem halben Jahrhundert ließen sich deutsche und tschechische Siedler auf den Hügeln und in den Tä-lern zwischen Austin und San Antonio nieder. Ihre kleinen Städte liegen eben-so verteilt im Gebiet wie 46 Weingüter, über die eine Wein-Landkarte (www.

texaswinetrail.com) informiert. Das Weingut *Fredericksburg Winery (247 W Main St. | Fredericksburg | Tel. 830 9 90 87 47 | www.fbgwinery.com)* veran-staltet auch Verkostungen.

BLACK HILLS

(194 B3–4) *(⁂ F3)* **Seit Kevin Costners „Der mit dem Wolf tanzt" ist dieses gut 150 km lange Mittelgebirge im Westen von South Dakota filmbekannt.**

Wie eine grüne Oase ragt es aus der Prärie auf, und aus der Ferne geben die Tannen- und Kiefernwälder den Bergen einen dunklen, fast schwarzen Anschein; daher Black Hills. Den Sioux waren die Berge heilig, die Weißen entdeckten dort Gold, und für die heutigen Besucher sind sie eine Erholungslandschaft mit Panora-mastraßen wie dem ✿ *Needles Highway,* Wanderwegen und Büffeln im wildrei-chen *Custer State Park.*

Besonders eindrucksvoll sind die Natu-rattraktionen der Region wie etwa der

★ **Mount Rushmore**
Amerikanischer Patriotismus in reinster Form → S. 102

★ **Badlands National Park**
Ein Blick in eine bizarre Mond-landschaft → S. 102

★ **Space Center Houston**
Raumfahrt hautnah, ohne über den Wolken zu schweben → S. 106

★ **Riverwalk**
Tex-Mex-Atmosphäre beim Abendbummel in San Antonio → S. 108

MARCO POLO HIGHLIGHTS

Devil's Tower: ein riesiger, 260 m hoher Vulkanschlot. Andere Naturschauspiele warten im Untergrund: große Tropfsteinhöhlen wie *Wind Cave National Park*, *Black Hills Caverns* und *Jewel Cave*.

SEHENSWERTES

DEADWOOD

Deadwood vereint das Neonblinken von Las Vegas mit viel Bonanza-Flair, Westernfassaden und nachgestellten Schießereien: Das beim Goldrausch von 1876 gegründete Städtchen bewahrt in den Kneipen wie dem legendären *Saloon No. 10* den Geist des Wilden Westens – und die Geister, denn auf dem Friedhof ruhen Westernlegenden wie Wild Bill Hickock und Calamity Jane. Seit hier 1988 das Glücksspiel legalisiert wurde, boomt der Ort. In die alten Bauten an der Main Street sind Kasinos eingezogen. Sehenswert: das von Kevin Costner angelegte Bison-Zentrum *Tatanka*.

MOUNT RUSHMORE ★

Amerikas größtes Nationalheiligtum: vier Präsidentenköpfe, die – je gut 20 m hoch – vom Bildhauer Gutzon Borglum zwischen 1927 und 1941 in eine Felswand gehauen wurden. Großes Visitor Center und Museum. *Im Sommer 8–22 Uhr | Parkgebühr 11 $ | Hwy. 16*
Rund 30 km weiter westlich entsteht das Gegenstück zum Mount Rushmore: das fast 200 m hohe Standbild des Sioux-Häuptlings *Crazy Horse*, an dem die Bildhauerfamilie Ziolkowski schon in der zweiten Generation arbeitet.

THE JOURNEY

Der Ausstellungskomplex in *Rapid City* zeigt die Geschichte Amerikas aus der Sicht der Indianer. Auskunft über Touren in die Reservate. *Im Sommer tgl. 9–18 Uhr | Eintritt 10 $ | 222 New York St.*

ÜBERNACHTEN

ALEX JOHNSON

Historisch und filmberühmt durch Hitchcocks „North by Northwest". *143 Zi. | 523 6th St. | Rapid City | Tel. 605 3 42 12 10 | www.alexjohnson.com | €€*

AUSKUNFT

RAPID CITY VISITORS BUREAU

444 Mount Rushmore Rd. N. | Tel. 605 7 18 84 84 | www.visitrapidcity.com

ZIELE IN DER UMGEBUNG

BADLANDS NP ★ (194 B4) (*M F3*)

Regen und Wind haben aus dem weichen Prärieboden rund 100 km östlich der Black Hills (an der I-90) fantastische Säulen und Schluchten geschnitzt. Das etwa 35 Mio. Jahre alte Sedimentgestein besteht zum großen Teil aus weißer vulkanischer Asche, was der Landschaft ein geisterhaftes Aussehen verleiht. Ein *Visitor Center* des Nationalparks gibt Auskunft über Wanderwege.

WALL (194 B4) (*M F3*)

Das winzige Dorf am Rand des Badlands National Park zelebriert amerikanischen Kitsch in Reinform. Dort steht der selbst ernannte größte Drugstore des Lands: INSIDER TIPP *Wall Drug*, ein Labyrinth von Auslagen mit einem wilden Nippessammelsurium.

DALLAS & FORT WORTH

(200–201 C–D3) (*M G6*) Seit J. R. Ewing auf den Bildschirmen weltweit sein Unwesen trieb, ist Dallas berühmt, und das Klischee ist gar nicht so falsch:

Texas' reiche Metropole: Blick vom Reunion Tower auf die Skyline von Dallas

Der große Ölboom der 1930er-Jahre hat Dallas und seine 50 km westlich gelegene Schwesterstadt Fort Worth zu finanzkräftigen Metropolen (7,1 Mio. Ew.) mit mehr Millionären und Cadillacs als sonstwo im reichen Texas gemacht. Heutzutage sorgen Banken, Elektronik- und Textilindustrie für ein kräftiges Wachstum.

SEHENSWERTES

DALLAS

Es mag überraschen, doch Dallas ist ein regelrechtes Kunstmekka. Unbedingt sehenswert: die millionenschwere Sammlung des *Nasher Sculpture Center*, das *Dallas Art Museum* und sogar ein *Women's Museum*. Einen Blick und Besuch verdienen auch das flammend rote *Performing Arts Center* von Norman Foster und die legendäre *Southfork Filmranch (tgl. Führungen)*. Und noch etwas: Präsident John F. Kennedy wurde 1963 in Dallas ermordet. Ein schlichtes Denkmal an der Kreuzung *Main St./Market St.* und die Ausstellung *The Sixth Floor (411 Elm St. | www.jfk.org)* erinnern an ihn.

FORT WORTH

Die alte Cowboystadt glänzt mit alteingesessenen Museen wie dem ● *Amon Carter Museum* für Westernkunst und dem ● *Kimbell Art Museum (beide kostenfrei)*, aber auch mit moderner Kunst im Museum *The Modern.* Der restaurierte *Stockyards District* zeugt von der Bedeutung Fort Worths als einstiger Verladestation für Rinder: Zweimal täglich werden wie einst – und sogar ziemlich fotogen – Longhorn-Rinder durch den District getrieben.

ESSEN & TRINKEN

CATTLEMEN'S STEAK HOUSE

Westernkulisse an der Wand, riesige T-Bone-Steaks auf dem Teller. Gute Margaritas. *2458 N. Main St. | Fort Worth | Tel. 817 6 24 39 45 | €€–€€€*

MANSION ON TURTLE CREEK

Auf zwei Gäste kommt hier eine Service-kraft: Villa im italienischen Stil mit Sinn für Details (frische Blumen, klassische Musik) und bester Southwest Cuisine. Teuerstes Haus am Platz. *2821 Turtle Creek Blvd. | Dallas | Tel. 214 5 59 21 00 | www.rosewoodhotels.com | €€€*

AM ABEND

Die Zentren des Nachtlebens in Dallas sind der *West End Historic District* und das Trendviertel *Deep Ellum* am Osten-de der Innenstadt mit vielen Blues- und Jazzclubs. In Fort Worth trifft man sich im *Stockyards District.*

BILLY BOB'S

Der größte Country-&-Western-Club welt-weit. Er verfügt über gut 40 Bars und eine eigene Rodeoarena. *2520 Rodeo Plaza | Fort Worth | www.billybobstexas.com*

LOW BUDG€T

Hoch die Beine: Wer Line Dance (wird in Reihen zu Countrymusik getanzt) und Two Step (Paartanz zu Cajunmusik) noch nicht beherrscht, darf Samstagabend von 18 bis 20 Uhr im großen Westernclub *Gilley's Dallas* kostenlosen Unterricht neh-men: *1135 S. Lamar St. | Tel. 214 4 21 20 21 | www.gilleysdallas.com*

Sparen mit Kupons und Discount-Päs-sen: In San Antonio können Sie sich z. B. auf *www.sanantonioattractions. com* viele Coupons mit Vergünstigun-gen ausdrucken. In Houston gibt es den *CityPass*: Fünf Attraktionen inklu-sive des Nasa-Zentrums für 56 $.

Mehr Schnäppchen geht nicht: Die *Prime Outlets of San Marcos (I-35, Exit 200 | www.primeoutlets.com)* auf halber Strecke zwischen Austin und San Antonio sind mit mehr als 100 Markenläden bestimmt die größ-te Outlet Mall in Texas.

ÜBERNACHTEN

BEST WESTERN MARKET CENTER

Sauber und solide, nahe zur Innen-stadt. *98 Zi. | 2023 Market Center Blvd. | Dallas | Tel. 214 7 41 90 00 | www. bestwesterntexas.com | €€*

HOTEL LUMEN

Schickes kleines Hotel nahe Innenstadt und Universität. *52 Zi. | 6101 Hillcrest Ave. | Dallas | Tel. 214 2 19 24 00 | www. hotellumen.com | €€–€€€*

JOULE

Ultrastylisches Designerhotel im Her-zen der Innenstadt. Das Highlight: Der ☀ INSIDER TIPP gläserne Pool auf dem Dach ragt um 2 m über die Fassade hi-naus. Sie schwimmen buchstäblich über den Dächern der Stadt. *121 Zi. | 1530 Main Street | Dallas | Tel. 214 7 48 13 00 | €€€*

AUSKUNFT

DALLAS VISITORS CENTER

Old Red Courthouse | 100 S. Houston St. | Tel. 214 5 71 13 16 | www.visitdallas.com

EL PASO

(199 F3–4) (*M E6*) **Die am Nordufer des Rio Grande liegende Metropole (840 000 Ew.) ist die wichtigste texani-sche Grenzstadt zu Mexiko, wirtschafts-**

kräftig durch Baumwollverarbeitung und Billiglohnfabriken, die mexikanische Arbeiter beschäftigen.

El Paso ist Ausgangspunkt für Touren durch das heiße, trockene Westtexas und in das benachbarte *Ciudad Juarez* in Mexiko mit seinen Restaurants und seinem Nachtleben. In der Stadt selbst sind die *Missionen* aus spanischer Zeit (um 1680) sehenswert.

ZIEL IN DER UMGEBUNG

BIG BEND NP (200 A–B4) (*M E7*)

Im Sommer nennnen die Texaner die Gegend um Big Bend auch den Spielplatz des Teufels: Die Hitze hier ist wirklich höllisch. Der Nationalpark liegt sechs Fahrstunden südöstlich von El Paso. Aus seiner Mitte ragen die *Chisos Mountains* dramatisch empor, Resultate einstiger vulkanischer Aktivität. An den Osten der Berge grenzt die Wüste. Die Natur ist aufgrund der unterschiedlichen geografischen Gegebenheiten vielfältig: Berglöwen, Kojoten und der „Road Runner", der Rennkuckuck, durchstreifen die Täler, Steinadler die Lüfte. Die Landschaft lässt sich im Jeep, auf einem Pferderücken, im Segelflieger oder im eigenen Auto erkunden. Das schönste Wildnisabenteuer bietet eine **INSIDER TIPP** Schlauchboottour auf dem *Rio Grande*, der entlang der mexikanischen Grenze durch drei gewaltige, bis 300 m tiefe Canyons strömt. *Buchung bei Far Flung Outdoor Center | Terlingua | Tel. 800 8 39 72 38 | www. bigbendfarflung.com*

Mit dem Schlauchboot durch die Canyons des Big Bend National Park

Der Ölexport machte Houston einst groß. Heute bestimmen Forschung und Gesundheitsdienste den Markt. Von der 180 Jahre alten Stadtgeschichte zeugen nur noch ein paar *Pionierhäuser im Sam Houston Park*, umrahmt von Bürotürmen (Aussichtsterrasse im ☀ *JPMorgan Chase Tower | 600 Travis St.*) Houston ist Sitz der *Nasa*, des Krebsforschungsinstituts *Texas Medical Center*, des *Astrodome* der *Houston Symphony* und des Kunstmuseums *Menil Collection*. Das elegante *Galleria-Shoppingcenter* liegt im Stadtteil Post Oak. Schön zum Bummeln ist der *West End Marketplace*.

HOUSTON

(201 D4) (*M G7*) **Die Stadt in der Küstenebene am Golf von Mexiko ist Heimat von gut 2 Mio. Menschen – in der Metropolregion leben sogar 6,6 Mio.**

SEHENSWERTES

INSIDER TIPP ROTHKO CHAPEL

Moderne Kunst am Bau: eine Kirche von Stardesigner Philip Johnson, verziert mit

Malereien des amerikanischen Expressionisten Mark Rothko. *Tgl. 10–18 Uhr | Eintritt frei | 1409 Sul Ross*

SAN JACINTO MONUMENT ☀

Ausstellungen und ein 50-stöckiger Obelisk am Ostrand der Stadt erinnern an die entscheidende Schlacht des texanischen Unabhängigkeitskriegs. *Tgl. 9–18 Uhr | Eintritt 12 $ | SR 134*

ÜBERNACHTEN

LA QUINTA NASA SEABROOK

Gutes Kettenmotel nahe am Nasa-Zentrum und an den Stränden von Galveston. *54 Zi. | 3636 Nasa Rd. 1 | Tel. 281 3 26 73 00 | www.lq.com | €–€€*

MAGNOLIA HOTEL

Elegantes Cityhotel im ehemaligen Haus eines Ölmagnaten. Pool auf dem Dach. *314 Zi. | 1100 Texas Avenue | Tel. 888 9 15 11 10 | www.magnoliahotels.com | €€€*

AUSKUNFT

GREATER HOUSTON CONVENTION & VISITORS BUREAU

1300 Avenida de las Americas | Tel. 713 4 37 52 00 | www.visithoustontexas.com

ZIELE IN DER UMGEBUNG

GALVESTON (201 D4–5) (*m G7*)

Ein Hurrikan hat die Stadt 2008 verwüstet, doch der alte Hafenort (57 000 Ew.) auf einer Insel im Golf von Mexiko ist wieder beliebtes Badeziel der Städter aus dem eine Stunde entfernten Houston. Es warten 50 km Sandstrände, die Glaspyramiden der *Moody Gardens* mit großer Aquarium- und Regenwaldwelt sowie herrliche viktorianische Häuser wie etwa der *Bishop's Palace* aus dem Jahr 1893.

SPACE CENTER HOUSTON ★

(201 D4) (*m G7*)

Von hier aus wurde der Mond erobert, und von hier werden die heutigen Space-Shuttles gesteuert. Dank des gelungenen Besucherzentrums ist das Nasa-Hauptquartier, das 40 km südlich an der I-45 liegt, besser als jeder Vergnügungspark. 90-minütige Führungen, umfassende Ausstellung von Raumfahrzeugen mit Saturn-V-Rakete und einem sehr realistisch simulierten Raketenstart. *Mo–Fr 10–17, Sa/So 9–18, im Sommer bis 19 Uhr | Eintritt 25 $*

LITTLE ROCK

(202 A2) (*m H6*) **Die Hauptstadt von Arkansas wurde erst in jüngerer Zeit bekannt – als Heimatstadt von Ex-Präsident Bill Clinton.**

730 000 Menschen leben in der ruhigen Stadt, die neben dem hübschen *Riverfront Park* am Arkansas River heute vor allem für das moderne *Clinton Presidential Center* bekannt ist, das die Hinterlassenschaft des beliebten Präsidenten zeigt.

AUSKUNFT

ARKANSAS DEPARTMENT OF PARKS & TOURISM

1 Capitol Mall | Tel. 501 6 82 77 77 | www.arkansas.com

ZIELE IN DER UMGEBUNG

Das nostalgische alte Kurbad *Hot Springs* (heiße Quellen im Hot Springs National Park) am Rand der Onachita Mountains (202 A2) (*m H6*) lohnt ebenso einen Besuch wie die *Ozark Mountains* nördlich der Stadt; eine Ferienregion mit kristallklaren Seen zum Kanufahren, mit Wanderwegen und gewachsener Folklore (auch Countrymusik), die im *Ozark Folk Center (www.ozarkfolkcenter.com)* des Städtchens *Mountain View* (202 A2) (*H6*) liebevoll inszeniert wird.

OKLAHOMA CITY

(200 C2) (*G5*) **Die Hauptstadt Oklahomas mit 1,4 Mio. Ew. entstand genau am 22. April 1889: Damals wurde das Indianerterritorium zur Besiedlung freigegeben.**

Binnen weniger Stunden hatten 10 000 Siedler ihre Zelte aufgeschlagen. 1928 stellte sich heraus, dass die durch die Rinderzucht aufblühende Stadt buchstäblich auf einem See aus Öl stand – und noch heute arbeiten über 1000 Ölpumpen im Stadtgebiet. Zu den Sehenswürdigkeiten zählen der Wildwestvergnügungspark *Frontier City,* das *Museum of Art*, der botanische Garten *Myriad Gardens* und das *State Capitol.*

Unbedingt einplanen sollten Sie einen Besuch im *National Cowboy Museum (tgl. 9–17 Uhr | Eintritt 12,50 $ | 1700 NE. 63rd St.)*, einem der besten Westernmuseen der USA mit der berühmten, eindrucksvollen Monumentalskulptur „End of the Trail" von James Earle Fraser, vielen Gemälden und Pionierrelikten.

AUSKUNFT

OKLAHOMA TOURISM DEPARTMENT *Capitol Bldg., NE. 23rd St./Lincoln Blvd. | Tel. 800 6 52 65 52 | www.travelok.com*

ZIEL IN DER UMGEBUNG

INDIANERLAND

Trotz aller Versuche, sie zu verdrängen, leben bis heute zahlreiche Indianerstämme in Oklahoma. In *Tahlequah* (201 D2) (*G5*), rund 200 km

Erschöpft und am „Ende des Wegs" – Symbol für das Schicksal der Indianer

östlich von Oklahoma City, zeigt das **INSIDER TIPP** *Cherokee Heritage Center* *(www.cherokeenationtravel.com)* die alte Lebensweise dieses Stamms. Nördlich von Oklahoma City leben Stämme der Pawnee und der Ponca, südwestlich solche der Komantschen, der Kiowa und der Apachen.

Obwohl San Antonio die achtgrößte Stadt der USA ist, hat die Stadt einen zu Fuß erkundbaren Stadtkern. Beliebteste Flaniermeile ist der malerische, von vielerlei Läden und Restaurants gesäumte ⭐ *Riverwalk* am Ufer des San Antonio River, auf dem Gondeln fahren und auch einige zu Restaurants umgebau-

Der lauschige Riverwalk in San Antonio wirkt durch die abendliche Illumination richtig gemütlich

SAN ANTONIO

(200 C4) (⌖ F7) Die schönste Stadt in Texas (2,4 Mio. Ew.) mit viel Flair und spanisch-mexikanischer Kultur, mit farbenfrohen Märkten, moderner Architektur und einer liebevoll restaurierten Altstadt.

Die Spanier bauten um 1720 die ersten Missionen, die Deutschen im 19. Jh. den gut erhaltenen *King William District* und die Amerikaner zur Weltausstellung 1968 die *Hemisfair Plaza,* ein Museums- und Kulturzentrum.

te Boote schwimmen. Sehr schön zum Bummeln ist auch der historische *Market Square (Santa Rosa St./Commercial St.)* am Westrand der City – ein buntes Gewirr von Obstständen, mexikanischen Imbissbuden und witzigen Kunsthandwerksläden.

SEHENSWERTES

ALAMO

Die Missionskirche von 1744 war 1836 Schauplatz einer berühmten Schlacht des texanischen Unabhängigkeitskriegs. Sie gilt als Nationalheiligtum, weil damals 189 Texaner zwei Wochen lang bis zu ihrem Tod der Belagerung durch über

3000 mexikanische Soldaten standhielten. Der Film „The Alamo" von und mit John Wayne setzte den Verteidigern 1960 ein Denkmal. Ein etwas realistischeres Bild zeigt der gleichnamige, 2004 gedrehte Film von John Lee Hancock. *Tgl. 9–17.30 Uhr | Eintritt frei | Alamo Plaza*

MISSIONEN

Südlich der Innenstadt liegen entlang des *Mission Trail* vier weitere spanische Missionen, jede ausgebaut wie eine mittelalterliche Wehrkirche. Besonders eindrucksvoll ist die *San Jose Mission* aus dem Jahr 1720. *Tgl. 9–17 Uhr | Eintritt frei | 6701 San Jose Dr. | zusätzl. Ausstellungen im Mission Visitor Centre*

WITTE MUSEUM

Das beste Museum zur texanischen Naturgeschichte mit Ausstellungen, die prähistorische Indianerkulturen beleuchten. Nebenan: ein Museum über die legendäre Polizeitruppe der Texas Rangers. *Mo–Sa 10–17, Di bis 20, So 12–17 Uhr | Eintritt 10 $ | 3801 Broadway | www.wittemuseum.org*

BOUDRO'S

Am Riverwalk gelegen. Es gibt eine gelungene Mischung aus Gerichten des Südwestens und aus solchen vom Golf von Mexiko. Auch „Dinner-Cruises" auf dem San Antonio River werden angeboten. *421 E. Commerce St. | Tel. 210 2 24 84 84 | €€*

O'BRIEN HISTORIC HOTEL

Gutes Mittelklassehotel, schön renoviert und nah zum Riverwalk. *39 Zi. | 116 Navarro St. | Tel. 210 5 27 11 11 | www.obrienhotel.com | €€*

SAN ANTONIO VISITORS BUREAU

203 S. St. Mary's St. | Tel. 210 2 07 67 00 | www.visitsanantonio.com

NEW BRAUNFELS (200 C4) (*♫ F7*)

In den bewaldeten Hügeln gleich nördlich von San Antonio siedelten im 19. Jh. vor allem Deutsche. Orte wie Fredericksburg und New Braunfels belegen dies deutlich: Biergärten, Fachwerkhäuser, deutsche Namen und *lots of wurst*. Anfang November wird sogar ein Wurstfest *(www.wurstfest.com)* gefeiert.

SOUTH PADRE ISLAND (200 C5–6) (*♫ G8*)

170 km weiße Sandstrände, kleine Fischerhäfen und Naturparks auf der lang gestreckten Insel im äußersten Süden von Texas. Das *Aransas National Wildlife Refuge* ist die Winterheimat der fast ausgestorbenen Schreikraniche und 300 weiterer Vogelarten.

TULSA

(201 D2) (*♫ G5*) **Die zweitgrößte Stadt (980 000 Ew.) in Oklahoma verdankt ihr Bestehen den Ölvorkommen tief unter der Prärie, die 1901 entdeckt wurden.** Ihre Pioniertage ehrt die moderne, durch das Öl zu Reichtum gekommene Metropole mit dem hervorragenden *Thomas Gilcrease Museum (Di–So 10–17 Uhr | Eintritt 8 $ | 1400 N. Gilcrease Museum Rd.)*, das eine der besten Ausstellungen zur Westernkunst besitzt.

Rings um die Stadt liegen Reservate der Cherokee-, Choctaw- und Osage-Indianer, in denen im Sommer häufig *Powwows* (Tanzfeste) und große Rodeos stattfinden.

ROCKY MOUNTAINS

3000 km zieht sich der Hauptstrang der nordamerikanischen Kordilleren, die Wasserscheide Amerikas, von New Mexico bis Kanada. Westlich fließt alles in den Colorado oder den Columbia River, östlich strömt alles in den Missouri. Es gibt 53 Gipfel, die mehr als 14 000 Fuß, d. h. 4260 m hoch sind. Die Rockies entstanden vor gut 30–60 Millionen Jahren, erste Siedler waren die Indianer. Weiße wagten sich erst ab etwa 1820 in das Gebirge, der Goldrausch von 1859/60 brachte allerdings Tausende hierher. Die Nationalparks der Rockies sind legendär: der wasserreiche Yellowstone, die Seen und Wiesen des Glacier, die 2000 m hohen Felswände des Grand Teton, die Felslandschaft des Rocky Mountain National Parks. Auf andere Weise legendär sind die – wenigen – Ortschaften: Aspen als elegantes Ski-Dorado; die hoch gelegene Metropole Denver, die ein Luftkurort sein könnte; Laramie und Cheyenne, wo die historischen Schlachten gegen die Indianer nachhallen.

Vier Bundesstaaten umfasst das Gebirge: Colorado, Wyoming, Montana und Idaho. Außerdem rechnet man den Norden von Utah mit Salt Lake City dazu. Jeder Staat hat seinen eigenen Charakter. Colorado mit den höchsten Gipfeln ist gut zu erreichen. Der Flughafen Denver ist – bezogen auf seine Ausdehnung – der größte auf der Welt. Wyoming ist, abgesehen vom Yellowstone und vom Grand Teton, ein einziges Strauchfeld, der am dünnsten besiedelte Staat der USA. In Montana ist die Gebirgslandschaft fast lieblich, vol-

Bild: Uralte Planwagen zu Füßen der Rockies

ler Bäche und Seen. In Idaho gedeihen die berühmten Kartoffeln nur im Süden, der nördliche Teil ist rau und wild. Weitergehende Informationen finden Sie im Marco Polo Band „USA West".

ASPEN & VAIL

(193 F5) *(🗺 E4)* **Die beiden etwa 50 km auseinanderliegenden Orte im Herzen von Colorado gelten als berühmteste Skiziele der Rocky Mountains.**

Der so legendäre trockene Pulverschnee lockt amerikanische Stars und Millionäre ebenso an wie europäische Wedelfans. Das elegante Aspen (6000 Ew.) hat sich längst vom Bergbaustädtchen zum Top-Skiresort gewandelt – hierher strömen superreichen Skibegeisterten aus aller Welt. Sehenswert: das großartige neue *Aspen Art Museum* des Designers Shigeru Ban.

Vail (5000 Ew.) ist ein moderner, im alpenländischen Stil erbauter Skiort, mit vielen Restaurants und teuren Boutiquen,

Auf den Spuren der ersten Siedler: Reittour im Canyonland bei Grand Junction

dabei weniger prätentiös als Aspen. Im Sommer bieten beide Orte zahlreiche Festivals, und Gäste können auf Wander- und Biketrails die Bergwelt genießen.

ZIEL IN DER UMGEBUNG

GRAND JUNCTION (193 F5) *(🕮 E4)*
Die in einem weiten, fruchtbaren Tal gelegene Farmerstadt (150 000 Ew.), 200 km westlich von Aspen, ist der beste Ausgangspunkt für Touren in die spektakuläre Canyonlandschaft des *Colorado National Monument* (sehr beliebt für Fahrradtouren) am Westrand des Orts und zum *Black Canyon of the Gunnison National Park* rund 120 km südlich.

BOISE

(193 D4) *(🕮 C3)* **Die kleine Hauptstadt (680 000 Ew.) des „Kartoffelstaats" Idaho liegt in einem grünen Tal im ansonsten fast wüstenhaft trockenen Südwesten des Staats.**
Eine Stadt mit Parks und einer hübsch renovierten Altstadt, mit guten Restaurants

und – als der größten Attraktion – dem zu einem Museum umfunktionierten ehemaligen Staatsgefängnis *Old Idaho State Penitentiary,* in dem von 1870 bis 1973 Bankräuber, Viehdiebe und Revolverhelden einsaßen. Ein gutes Innenstadtlokal ist das *Red Feather (246 N. 8th St. | Tel. 208 4 29 63 40 | €€).*

ZIELE IN DER UMGEBUNG

HELLS CANYON (192 C3) *(🕮 C2–3)*
Rund 150 km nördlich von Boise tut sich an der Grenze zu Oregon die gewaltige Schlucht des Hells Canyon auf. Der *Snake River* hat sich dort auf einer Länge von fast 100 km rund 2400 m tief in das vulkanische Gestein gegraben: ein Abgrund, tiefer als der Grand Canyon. Bootstouren von Lewiston und von Oxbow, Oregon, aus. *Hells Canyon Adventures | Oxbow | Tel. 541 7 85 33 52 | www.hellscanyonadventures.com*

SUN VALLEY (193 E4) *(🕮 D3)*
Das bekannteste Skigebiet Idahos, rund 200 km östlich von Boise, verdient auch im Sommer einen Besuch. Ganz in der

Nähe, westlich von Idaho Falls, liegt das sehenswerte INSIDER TIPP *Craters of the Moon National Monument*, eine imposante Urwelt aus Lavafelsen und Aschebergen.

CHEYENNE

(194 A4) *(ⓜ E4)* **Trotz seiner nur 100 000 Ew. ist das 1867 als Bahnstation an der Union Pacific Railroad gegründete Cheyenne die größte Stadt Wyomings.**

Seiner Rolle als Hauptstadt des „Cowboy State" wird es wohl gerecht – mit Saloons und typischen alten Westernfassaden. Das ausgezeichnete *Cheyenne Frontier Days Old West Museum* zeigt die Geschichte der Stadt und des alljährlich Ende Juli stattfindenden ältesten Rodeos der USA, der *Cheyenne Frontier Days.* Alles für den echten Cowboy gibt es bei *The Wrangler (1518 Capitol Ave.)*: Stetson-Hüte, Stiefel, silberne Gürtelschnallen.

CODY

(193 E3) *(ⓜ E3)* **In bergumrahmter Lage und nahe dem Osteingang des Yellowstone National Park liegt das 1898 von „Buffalo Bill" Cody gegründete Westernstädtchen (9000 Ew.).**

Es ist heute ein beliebtes Touristenziel, und während des Sommers können Sie dort jeden Abend ein Rodeo erleben.

SEHENSWERTES

BUFFALO BILL CENTER OF THE WEST ★
Das größte Westernmuseum der Rockies mit Ausstellungen u. a. zu den Prärieindianern und natürlich zu Colonel William Frederick Cody (1846–1917), der als Buffalo Bill in die Geschichte einging. Den

Spitznamen verdankt Cody seinen Talenten als Bisonjäger. *Mai–Sept. tgl. 8–18, im Herbst 8–17 Uhr | Eintritt 19 $ | 720 Sheridan Ave. | centerofthewest.org*

ESSEN & TRINKEN

IRMA HOTEL
Das 1902 vom alten Mr. Bill errichtete Hotel hat 15 historische Zimmer in seinem Hauptgebäude sowie 58 billigere, motelartige im Anbau. Steaks und Prime Ribs sind die Spezialitäten des ganz im historischen Stil möblierten Restaurants im Hotel. Sehenswert: der *Silver Saddle Salon* – die Kirschholzbar war ein Geschenk von Königin Victoria. *1192 Sheridan Ave. | Tel. 307 5 87 42 21 | www. irmahotel.com | €€*

ÜBERNACHTEN

ABSAROKA MOUNTAIN LODGE
Gemütliche Ranch 30 km westlich von Cody. Ausritte und Angeln werden organisiert. *16 Zi. | 1231 E. Yellowstone*

★ **Buffalo Bill Center of the West**
Alles über den berühmt-berüchtigten Bisonjäger → S. 113

★ **Mesa Verde National Park**
Prähistorische Dörfer, in Felsklippen versteckt → S. 116

★ **Going-to-the-Sun Road**
Die schönste Panoramastraße der Rockies → S. 117

★ **Yellowstone National Park**
Der berühmteste der amerikanischen Nationalparks: Geysire, Bären und Bisons → S. 119

MARCO POLO HIGHLIGHTS

Hwy. | Wapiti | Tel. 307 5 87 39 63 | www. absarokamtlodge.com | €

BUFFALO BILL VILLAGE
Rustikales Motel mit Campingplatz nahe am Zentrum. *83 Zi.* | *1701 Sheridan Ave.* | *Tel. 800 5 27 55 44* | *www. blairhotels.com* | €–€€

Center (Führungen) und die *ProRodeo Hall of Fame,* ein modernes Museum zur Cowboygeschichte. Die Brauereikneipe *Phantom Canyon Brewing Co. (2 E. Pikes Peak Ave. | Tel. 719 6 35 28 00 | €–€€)* in einem historischen Bau in der Altstadt serviert Rippchen, Lamm und andere Westernkost.

Das Hamilton Building des Denver Art Museum wurde von Daniel Libeskind entworfen

COLORADO SPRINGS

(194 A5) *(ℳ E4–5)* **Trotz ihrer Größe von heute rund 690 000 Ew. hat sich die 1871 als Kurort gegründete Stadt viel von ihrem Erholungswert erhalten.** Die herrliche Lage am sonnigen Ostrand der Rocky Mountains, Naturparks wie der *Garden of the Gods* mit seinen bizarren roten Felsformationen, hübsche Westernstädtchen in der Umgebung wie *Manitou Springs* und gepflegte Golfplätze machen die Stadt zum beliebten Urlaubsziel. Attraktionen sind das *US Olympic Training*

ZIEL IN DER UMGEBUNG

PIKES PEAK ☀ (194 A5) *(ℳ E4)*
Der 4300 m hohe Gipfel ist wohl einer der berühmtesten Berge Amerikas – touristisch erschlossen mit Zahnradbahn ab *Manitou Springs* und einer kurvenreichen Panoramastraße zur Bergspitze. An der Westflanke des Bergs liegt am Highway 67, 44 km von Colorado Springs, der restaurierte alte Goldgräberort *Cripple Creek*.

DENVER

(194 A5) *(ℳ E4)* **Ihren Anfängen als wilde Goldgräberstadt ist die Haupt-**

stadt Colorados mit rund 2,8 Mio. Ew. im Großraum längst entwachsen.

Die „Mile High City" – so genannt, weil sie auf 1600 m Höhe an der Ostflanke der Rocky Mountains liegt – lebt heute von Hightech-Industrie, Transport- und Energiewirtschaft und gilt mit ihrem sonnigen, trockenen Klima, den nahen Bergen und zahlreichen Parks als eine der lebenswertesten Metropolen der USA. Beliebteste Flaniermeile ist im Herzen der Stadt die *16th Street Mall*, eine Fußgängerzone mit Läden und Cafés. Am Südostende der Mall liegt der *Civic Center Park* mit dem von einer goldenen Kuppel gekrönten � *State Capitol*.

SEHENSWERTES

DENVER ART MUSEUM
Moderne Kunst und Sammlungen indianischer Kunst. Der neue Anbau wurde von Daniel Libeskind entworfen. *Di–So 10–17, Fr bis 20 Uhr | Eintritt 13 $ | 100 W. 14th Ave.*

MUSEUM OF NATURE & SCIENCE
Naturgeschichte der Rocky Mountains: Geologie, das Zeitalter der Dinosaurier und die heutige Flora und Fauna. *Tgl. 9–17 Uhr | Eintritt 15 $ | im City Park | 2001 Colorado Blvd.*

ESSEN & TRINKEN

TAMAYO
Moderner Mexikaner mit schöner Terrasse. Hip zur Happy Hour. *1400 Larimer St. | Tel. 720 9 46 14 33 | €–€€*

VESTA DIPPING GRILL 🌀
Steaks, Ente und Rehfleisch mit zwei Dutzend leckeren Saucen. Zum Konzept gehören viele Regionalprodukte und sogar Allergikerküche. *1822 Blake St. | Tel. 303 2 96 19 70 | €€*

AM ABEND
Beliebt sind vor allem die Bars rund um den *Larimer Square* oder Minibrauereien wie die *Wynkoop Brewing Company (1634 18th St)*.

ÜBERNACHTEN

BROWN PALACE
Das Grandhotel ist das historische Wahrzeichen und erstes Haus am Platz. Großartige Lobby, exzellenter Service, zentrale Lage. *241 Zi. | 321 17th St. | Tel. 303 2 97 31 11 | www.brownpalace.com | €€€*

LOW BUDG€T

Die heißen Quellen von Thermopolis wurden 1896 von den Indianern den Weißen übergeben – mit der Auflage, dass das Baden hier „für alle Zeiten und für alle Menschen" kostenlos bleiben soll. Und so ist es im *Hot Springs Park* von *Thermopolis, WY*, bis heute.

Auf zum Biertest: In Micro-Breweries können Sie mit einem „Sampler" für ein paar Dollar Bier in Kölsch-Gläsern verkosten. Zum Beispiel in der *Freedom's Edge Brewing Company* in *Cheyenne, WY (1509 Pioneer Ave. | Tel. 307 5 14 53 14).*

Selbst in den noblen Skiorten finden junge Skifans (in den USA: „Ski-Bums") günstige Hostels. Schlafsaal-Preise *(dorms)* liegen bei 40 $, Doppelzimmer bei 100 $; zum Beispiel im *Chateau Apres (1299 Norfolk Ave. | Park City | Tel. 435 6 49 93 72 | www.chateauapres.com).*

INSIDER TIPP CURTIS HOTEL
Fröhliches Designhotel, gestylt mit Popkultur der 1960er-Jahre. Gutes Restaurant. *336 Zi. | 1405 Curtis St. | Tel. 303 5710300 | www.thecurtis.com | €€–€€€*

AUSKUNFT

DENVER VISITORS BUREAU
1575 California St. | Suite 300 | Tel. 303 8921505 | www.denver.org

ZIELE IN DER UMGEBUNG

GOLDEN (194 A5) *(E4)*
Das historische Städtchen 20 km westlich ist Ausgangspunkt für Tagestouren in die *Denver Mountain Parks.* Am Gipfel des *Lookout Mountain* liegt Buffalo Bills Grab mit angeschlossenem Museum.

ROCKY MOUNTAIN NP
(194 A5) *(E4)*
Gut 100 km nordwestlich von Denver warten 1080 km² grandiose Bergszenerie im Herzen der Rockies. Schönste Panoramastraße des Nationalparks ist die 80 km lange *Trail Ridge Road* (US 34) über die kontinentale Wasserscheide. Visitor Center und Unterkünfte im alten Erholungsort *Estes Park.*

DURANGO

(193 F6) *(E5)* **Die schön gelegene Bergwerksstadt (15 000 Ew.) aus der Zeit des Silberbooms um 1880 ist heute ein beliebter, weil kühler Sommererholungsort auf gut 2000 m Höhe.**
Viktorianische Fassaden wie die des aufwendig renovierten *Strater Hotel,* Steaklokale, Coffeeshops und Westernbars säumen die Straßen. Ringsum ragen die Gipfel der *San Juan Mountains* auf, in die Panoramastraßen und Allradpisten zu Westernorten wie *Silverton, Ouray* und *Telluride* führen. Vor allem Mountainbiker genießen die vielen Trails der Region.

TOUR

DURANGO & SILVERTON RAILROAD
Eine historische Schmalspurbahn dampft im Sommer in die Berge bis zum Westernstädtchen Silverton *(ganztägige Fahrten ab 89 $ | 479 Main Ave. | Tel. 970 2472733 | www.durangotrain.com)*. Abenteuerlustige können die Fahrt auch mit Rafting oder einer Zipline-Tour kombinieren *(Info unter www.soaringcolorado.com)*.

ESSEN & TRINKEN

STEAMWORKS BREWING CO.
Große Braukneipe mit kräftig gewürzter Southwest-Küche und Spezialitäten wie INSIDER TIPP Kölsch-Bier. Auch gute Colorado-Weine im Angebot. *801 E. 2nd Ave. | Tel. 970 2599200 | €*

ÜBERNACHTEN

ROCHESTER HOTEL
Ökologisch korrekt renoviertes Hotel von 1892 mit Westernflair, ruhig gelegen in einer Seitenstraße. *15 Zi. | 726 E. 2nd Ave. | Tel. 970 3851920 | €€*

ZIEL IN DER UMGEBUNG

MESA VERDE NP ★
(193 F6) *(D–E5)*
In den Schluchten am Südhang eines großen Tafelbergs rund 50 km westlich von Durango finden sich die eindrucksvollsten Zeugnisse früher indianischer Kulturen. Ab etwa 500 n. Chr. lebten dort die Anasazi, die ihre steinernen Dörfer in die von der Erosion ausgehöhl-

ten Felswände bauten, bis sie aus unge-
klärten Gründen die Siedlung im 14. Jh.
aufgaben. Mehr als 30 Ruinen blieben
in den Schluchten des Parks erhalten.
Tickets (4 $) für Führungen etwa in den
217 Räume umfassenden *Cliff Palace* sind
erhältlich in den Visitor Centers am Park-
eingang und in Cortez.

GLACIER NP

(193 D1–2) (*M D1–2*) **Der ca. 4100 km²
große Nationalpark im Norden Monta-
nas ist zusammen mit dem in Kanada
angrenzenden Waterton Lakes National
Park eins der größten Schutzgebiete der
Rocky Mountains.**
Besonders eindrucksvoll sind dabei eine
Autofahrt auf der ⭐ *Going-to-the-Sun
Road (Juli–Sept. geöffnet)* oder eine
Bootsfahrt auf einem der großen Glet-
scherseen, dem *Lake McDonald* oder
dem *Lake St. Mary.* Das schönste Wander-
revier liegt im Tal von **INSIDER TIPP** ▶ *Many
Glaciers*.

ZIEL IN DER UMGEBUNG

HELENA (193 E2) (*M D2*)
Rund 190 km südöstlich des Nationalparks liegt die Boomtown des Goldrauschs von 1864, die sich zur gepflegten Hauptstadt (28 000 Ew.) Montanas
gemausert hat. Es gibt alte viktorianische
Häuser und ein *Historical Society Museum,* das eine große Sammlung des Wes-
ternkünstlers Charles M. Russell besitzt.

SALT LAKE CITY

(193 E5) (*M D4*) **Die Hauptstadt Utahs
(1,2 Mio. Ew.) liegt am Ostrand des**

Vor 800 Jahren in den Fels gehauen: der
Cliff Palace im Mesa Verde National Park

**Great Salt Lake vor der Kulisse der
3500 m hohen Wasatch Mountains.**
Trotz vieler moderner Industrien – Elektronik, Textilverarbeitung und Energiewirtschaft – ist Salt Lake City vor allem als
religiöses Zentrum der Mormonen, bekannt. Nach Verfolgungen im Osten der
USA zogen die mormonischen Pioniere
1847 nach Westen, gründeten im Tal des
Salt Lake einen Gottesstaat und machten
die Wüste fruchtbar. Viele Denkmäler
erinnern an die historische Wanderung.
Ganz andere Attraktionen hat die Stadt
im Winter: Bis in die besten Skigebiete
Utahs, z. B. *Alta, Snowbird* oder *Park City,*
wo 2002 die Olympischen Winterspiele
stattfanden, sind es nur 30 Minuten.

SEHENSWERTES

NATURAL HISTORY MUSEUM

Neueste Umwelttechnologie, spektakuläre Architektur und ein großartiger Blick über die City – drinnen warten Dinosaurier und Ureinwohner. *Tgl. 10–17 Uhr | Eintritt 13 $ | 301 Wakara Way | nhmu.utah.edu*

TEMPLE SQUARE

Der Nabel der religiösen Welt der Mormonen. Fast alle Attraktionen von Salt Lake City liegen um diesen Platz in der Stadtmitte. Der sechstürmige, 1853–93 erbaute *Mormon Temple* ist für Nichtmormonen geschlossen. Zu besichtigen sind jedoch die *Tabernacle-Konzerthalle* mit einer der größten Orgeln der Welt, das *Haus von Brigham Young*, dem legendären Mormonenführer, und das prächtig restaurierte *Joseph Smith Memorial Building. Kostenlose Führung im Memorial Building (auch deutsch) Mo–Sa 9–21 Uhr | Chorkonzerte im Sommer und* Dezember im Conference Center, sonst im Tabernacle Do 20, So 9.30 Uhr

THIS IS THE PLACE STATE PARK

Ein Museumsdorf und Ausstellungen veranschaulichen den Zug der Pioniere nach Westen. *Tgl. 10–17 Uhr, Museumsdorf nur im Sommer geöffnet | Eintritt 13 $ | Emigration Canyon*

ÜBERNACHTEN

PEERY

Liebevoll renoviertes Haus im Zentrum, das sich bei Wasser- und Stromverbrauch an ökologische Standards hält. Gutes Restaurant. *73 Zi. | 110 W. Broadway 300 S. | Tel. 801 5214300 | www.peeryhotel.com | €–€€*

AUSKUNFT

UTAH TRAVEL COUNCIL

Council Hall/Capitol Hill | 300 N. State St. | Tel. 801 5381900 | www.visitutah.

„Joyful Moment" heißt die Skulptur auf dem Temple Square in der Mormonenstadt Salt Lake City

com. Infobüros gegenüber vom Capitol u. im Salt Palace | 90 South West Temple

ZIEL IN DER UMGEBUNG

INSIDER TIPP **TIMPANOGOS CAVE**

(193 E5) (*D4*)

In der großen Höhle an der Nordflanke des 3581 m hohen *Mount Timpanogos,* 50 km südöstlich von Salt Lake City, kann man grandiose Tropfsteinformationen bewundern. *www.nps.gov/tica*

YELLOW-STONE NP

KARTE IM HINTEREN UMSCHLAG (193 E3) (*D–E3*) ⭐ **Das berühmte Schutzgebiet (8992 km²) im waldreichen Nordwesten Wyomings wurde 1872 gegründet und ist der älteste Nationalpark der USA.**

Ein geologisches Wunderland mit mehr als 200 Geysiren, farbenprächtigen Schluchten und dampfenden Schwefelquellen. Dazu kommt eine reiche Tierwelt: Bisons, Elche, Wapitis, Schneeziegen, Gabelantilopen, Maultierhirsche und Dickhornschafe, Schwarzbären, Grizzlys, Wölfe, Luchse und Pumas – um nur die großen Säugetiere zu nennen. Mehrere *Museen* und *Visitor Centers (Old Faithful, Grant Village, Canyon Village, Norris Basin, Mammoth Hot Springs)* erläutern die Geologie und Tierwelt des Parks, Lehrpfade erschließen die interessantesten Punkte.

ÜBERNACHTEN

INSIDER TIPP **CHICO HOT SPRINGS**

Sehr schöne alte Lodge mit neuen Anbauten, heißen Quellen, hervorragendem Restaurant und einem urigen Saloon, in dem oft Livebands spielen. *90 Zi. | im Paradise Valley, etwa eine halbe Fahrstunde nördlich des Parks an der US 89 | Pray, MT | Tel. 406 3 33 49 33 | www.chicohotsprings.com | €–€€*

YELLOWSTONE LODGES

Alle Hotels im Park, wie z. B. das historische *Old Faithful Inn* oder das *Lake Hotel,* werden von Xanterra verwaltet. Achtung: Für den Sommer mehrere Monate im Voraus reservieren! *Xanterra Resorts | P.O. Box 165 | Yellowstone Park | WY 82190 | Tel. 307 3 44 73 11 | www.yellowstonenationalparklodges.com | €€–€€€*

AUSKUNFT

YELLOWSTONE NATIONAL PARK

P. O. Box 168 | Yellowstone National Park | WY 82190 | Tel. 307 3 44 73 81 | www.nps.gov/yell

ZIEL IN DER UMGEBUNG

JACKSON (193 E4) (*D3*)

Das Städtchen (9000 Ew.) im Jackson Hole, einem üppig grünen, weiten Tal, 100 km südlich des Parks, pflegt sein Cowboy-Image: Brettergehsteige und Holzfassaden säumen die Straßen, Cowboybars und Ranches für Gäste locken Besucher an, die vor allem wegen der grandiosen Berglandschaft des nahen *Grand Teton National Park* mit seinen guten Wanderwegen kommen. Mehrere Gesellschaften in Jackson bieten ● gemütliche Schlauchbootfahrten auf dem *Snake River* an, etwa *Dave Hansen River Trips (Tel. 307 7 33 62 95)* oder *Snake River Kayak & Canoe (Tel. 307 7 33 24 71 | auch Kanuvermietung).* Ein modernes Kettenmotel am Ortseingang ist die *Lodge at Jackson Hole (154 Zi. | Hwy. 191 | Tel. 307 7 39 97 03 | www.lodgeatjh.com | €€–€€€).*

DER SÜDWESTEN

Auf den ersten Blick mag die Reise durch die wüstenhaften Staaten New Mexico, Arizona und Utah eintönig erscheinen, auf den zweiten erkennt man ein ganzes Meer von Farben und Formationen.

Vom gleißenden Mittagslicht bis zum Sonnenuntergang wechselt die Wüste ständig ihre Farbe – von Weiß über Gelb und Ocker zu tiefem Rot. Ein Naturschauspiel, für das man sich Zeit nehmen muss. Dazu gibt es hier die extremsten Gegensätze der Staaten. Kein Naturspektakel ist beeindruckender als das des Grand Canyon. Urplötzlich tut sich in einer Hochebene ein gewaltiger Riss auf. Steigt man hinab, durchquert man etliche Klima- und Vegetationszonen. Oben Wald, und unten führt der Fluss inmitten knisternder Dürre enorme Wassermengen.

Doch der Colorado River kann gar nicht genug Wasser bringen, denn die Städte des Südwestens verbrauchen das Elixier in schier noch größeren Mengen. Die beiden Metropolen Arizonas, Phoenix und Tucson, sind dank großer Aquädukte und tiefer Brunnen wahre Oasen in der Wüste. Oasen mit Millionen Menschen, mit Swimmingpools, reichlich gewässerten Golfplätzen und Blütenpracht in den Gärten. Kunstwelten in der Wüste.

In Utah leben die fleißigen Mormonen, die Alkohol und Nikotin entsagen und die eifrig missionieren. Sie leben auf fruchtbarem Land hart am Rand des unfruchtbarsten aller Seen, des großen Salzsees, über dem oft schneebedeckte Berge aufragen. Salt Lake City gehört daher vom Charakter her noch zu den Rocky Mountains.

Cowboys, Canyons & Kakteen: Die steinerne Urlandschaft des Colorado Plateaus birgt die schönsten Naturwunder Amerikas

In New Mexico stößt man auf vielleicht noch stärkere Kontraste: üppige, von unterirdischen Quellen gespeiste Täler, ringsum sonnendurchglühte Wüsten. Ursprünglich war auch all dies Indianerland, später stand es unter mexikanischem Einfluss: Man suchte dort nach Silber – und fand es auch. Das Farbenspiel der Wüsten wird unterbrochen von Pueblos, von den Bretterbuden aufgelassener Minen oder dem staubigen Grün einzelner Kakteen. Das ist die Mischung, die den Wilden Westen ausmachte.

Detaillierte Informationen finden Sie in den Marco Polo Bänden „USA Südwest" und „USA West".

ALAMO-GORDO

(199 F3) (🗺 E6) Die Stadt (30 000 Ew.) am Fuß der über 3000 m aufragenden Sacramento Mountains im Süden von New Mexico wurde am 16. Juli 1945

Neun Tage dauert die Balloon Fiesta in Albuquerque, und etwa 750 Ballons nehmen teil

weltweit bekannt – als Geburtsstätte des Atomzeitalters.

In der nordwestlich gelegenen *White Sands Missile Range* wurde damals an der „Trinity Site" die erste Atombombe gezündet. Bis heute lebt die Stadt von der Weltraumindustrie, und etwas weiter westlich in der White Sands-Wüste baut derzeit der Milliardär Richard Branson trotz einiger Rückschläge den *Spaceport America* für touristische Flüge ins All. Ausstellungen und Filmvorführungen illustrieren im *Museum of Space History* die Geschichte der Raketenforschung.

ZIEL IN DER UMGEBUNG

WHITE SANDS NATIONAL MONUMENT
(199 F3) (*ɯ E6*)

20 km westlich von Alamogordo dehnt sich auf rund 600 km² eine bizarre Wüstenregion aus: blendend weiße Wanderdünen aus feinem Gipssand, manche über 20 m hoch. Vom *Visitor Center (tgl.*

7–20 Uhr) führt eine 26 km lange Stichstraße in dieses Naturschutzgebiet.

ALBUQUER-QUE

(199 E2) *(ɯ E5)* **Die größte Stadt New Mexicos (900 000 Ew.) zieht sich mit ausufernden Vorstädten in einem Hochtal am Fuß der Sandia Mountains hin.**
Sehenswert sind vor allem das *New Mexico Museum of Natural History* und das von Indianern geführte *Indian Pueblo Cultural Center* – ==INSIDER TIPP== Tanzvorführungen am Wochenende – sowie *Old Town,* die historische Keimzelle der Stadt am Ufer des Rio Grande. In den alten Adobebauten (Häusern aus Lehmziegeln) um die Plaza finden Sie gute Restaurants und Galerien mit Indianerschmuck. Im Oktober findet die berühmte *Balloon Fiesta* mit bunten Heißluftballons statt.

ESSEN & TRINKEN

66 DINER
Klassisch gestylter Diner an der originalen Route 66. *1405 Central Ave. NE. | Tel. 505 247 14 21 | €*

SADIE'S
Beste neumexikanische Küche und die schärfste Chilisauce im Land. *6230 4th St. | Tel. 505 3 45 53 39 | €–€€*

AUSKUNFT

ALBUQUERQUE CONVENTION & VISITORS BUREAU
20 1st Plaza NW. | Tel. 800 2 84 22 82 | www.visitalbuquerque.org

ZIELE IN DER UMGEBUNG

PUEBLOS (199 E–F2) (*ш E5*)
Nördlich von Albuquerque liegen entlang des Rio Grande alte indianische Pueblos wie *San Felipe*, *Zia*, *Cochiti* und *Santo Domingo,* deren Bewohner vor allem für ihre Töpferarbeiten bekannt sind. Doch es gibt noch eine weitere Attraktion: Erkundigen Sie sich beim Visitors Bureau in Albuquerque oder Santa Fe nach den *Festtagen,* an denen in den Pueblos farbenprächtige Tanzveranstaltungen stattfinden.

BRYCE CANYON NP

(199 D1–2) (*ш D4–5*) ★ Neben dem Grand Canyon ist dieser Nationalpark in Utah der schönste und beliebteste im Südwesten.
Eine märchenhafte Welt aus roten und weißen Felszinnen, -nadeln und -spitzen, zerklüfteten Steilhängen, steinernen Burgen und Schlössern tut sich dort auf. Vom *Visitor Center (www.nps.gov/brca)* führt eine ca. 30 km lange Panoramastraße den Rand des Canyons entlang. ☀ Die schönsten Aussichtspunkte sind *Bryce Point, Sunrise* und *Sunset Point*. Gute Wanderwege gibt es auch.

ÜBERNACHTEN

BRYCE CANYON LODGE
114 Zimmer in der Lodge und in gemütlichen historischen Blockhütten im Park. *Hwy. 63 | Tel. 435 8 34 87 00 | www.brycecanyonforever.com | €€*

RUBY'S INN
Großes Motel mit Campingplatz am Park-Nordeingang. Restaurant. *368 Zi. |*

MARCO POLO HIGHLIGHTS

★ **Bryce Canyon National Park**
Farbige Wunderwelt aus Stein
→ S. 123

★ **Grand Canyon National Park**
Atemberaubend: die größte Schlucht der Welt → S. 124

★ **Las Vegas Boulevard**
Der legendäre Strip in der Wüste von Nevada → S. 126

★ **Monument Valley**
Rote Monolithen im Tal der Westernfilme → S. 129

★ **Santa Fe**
New Mexicos charmante Hauptstadt → S. 130

★ **Arizona-Sonora Desert Museum**
Wüstenmuseum der Spitzenklasse in Tucson → S. 133

Bryce Canyon | Tel. 435 8 34 53 41 | www. rubysinn.com | €–€€

ZIEL IN DER UMGEBUNGG

ZION NP (193 D2) *(∅ D5)*

Der 595 km² große Nationalpark, der seinen Namen von den mormonischen Pionieren bekam, liegt rund zwei Fahrstunden südlich des Bryce Canyon. Kernstück ist die 700 m tiefe, sehr enge Schlucht des *Virgin River.* Über die letzten 13 Mio. Jahre hat der Fluss aus den weißgrauen Kalksteinschichten und dem tiefroten Sandstein spektakuläre Steilwände geschliffen. Besonders schön ist eine Fahrt (kostenlose Elektrobusse im Sommer) auf dem *Scenic Drive* im Herbst, wenn sich die Blätter der Pappeln leuchtend gelb färben. Es gibt gute Wanderwege, wie z. B. den ca. 8 km langen INSIDER TIPP *Angels Landing Trail,* der zu ☙ Aussichtspunkten hoch über dem Tal führt.

LOW BUDG€T

Holen Sie sich vor der Fahrt in die Wüste in einem Supermarkt für ein paar Dollar eine kleine Kühlbox. Das Eis dazu gibt es für 2 $ im Supermarkt oder an der nächsten Tankstelle – und schon sind Ihre Getränke für unterwegs immer gut gekühlt.

Billige Burger, Zwiebelringe und Fritten und dazu wunderbare Nostalgie der Fifites bieten die Retrolokale von *Sonic Drive-In.* Diese kleine Kette ist vor allem in der „Four Corners Region" verbreitet, etwa in *Flagstaff: 2626 N. 4th St. | www.sonicdrivein. com*

Auskünfte erteilt das *Visitor Center* am Parkeingang in *Springdale.* Ein modernes Hotel ist die *Cable Mountain Lodge (50 Zi. | 147 Zion Park Blvd. | Springdale | Tel. 435 7 72 33 66 | cablemountainlodge. com | €€–€€€)* mit Pool und Picknickplatz am Fluss.

CARLSBAD CAVERNS NP

(199 F3) *(∅ E6)* ● **Tief im Kalkgestein der Guadalupe Mountains liegen die schönsten Tropfsteinhöhlen der Neuen Welt, geschützt als Nationalpark.**

Allein der *Big Room*, die größte Höhle, misst 550 m in der Länge und ist bis zu 77 m hoch. Auf befestigten Wegen können Sie durch 5 km des Höhlensystems wandern. Ähnlich spektakulär sind Hunderttausende Fledermäuse, die in einem Seitenraum der Höhle nisten und an Sommerabenden INSIDER TIPP wie eine riesige schwarze Wolke aus dem Höhleneingang quellen.

GRAND CANYON NP

KARTE IM HINTEREN UMSCHLAG
(198–199 C–D2) *(∅ C–D5)*

⭐ **Die größte Schlucht der Welt ist zugleich Nationalpark und die berühmteste Sehenswürdigkeit des Südwestens.**

1600 m tief stürzen die roten und ockerfarbenen Steilwände hinab zum *Colorado River,* der den Canyon innerhalb der letzten 2–5 Mio. Jahre schuf. Beinahe 450 km lang ist die Schlucht, bis zu 30 km breit, und das Alter der freigelegten Gesteinsschichten reicht bis zu 2 Mrd. Jahre zurück. Ein atemberaubender Blick

Kondition und Körperbeherrschung sind Voraussetzung fürs Rafting auf dem Colorado River

in die Erdgeschichte. Der 2100 m über dem Meeresspiegel liegende *South Rim,* der Südrand, ist ganzjährig geöffnet. Dort gibt es die meisten ● ☼ Aussichtspunkte, gute Spazierwege und das *Grand Canyon Village* mit Hotels, Läden und Museen (kostenloser Transport mit Shuttlebussen). Weniger überlaufen ist der im Winter geschlossene *North Rim.* Beliebter Ausgangspunkt für Touren zum National Park ist die 120 km entfernte Stadt *Flagstaff* (140 000 Ew.) mit ihren vielen preisgünstigen Motels und dem ausgezeichneten *Museum of Northern Arizona (Mo–Sa 10–17, So 12–17 Uhr | Eintritt 12 $ | 5 km nördlich an der US 180 | www.musnaz.org).* Gleich außerhalb der Stadt liegen die Ruinenstädte von *Wupatki* und *Walnut Canyon.*

TOUREN

BOOTSTOUREN

Mehrtägige Schlauchbootfahrten auf dem Colorado werden von einigen Gesellschaften angeboten. Buchung am besten lange vorab im Reisebüro. Auskunft im *Visitor Center* und auf *www. rivers-oceans.com*

CANYONWANDERUNGEN

Für eine Wanderung auf dem *South Kaibab* (11 km einfach) oder dem *Bright Angel Trail* (15 km) hinab zum Ufer des Colorado River sollten Sie sich einen kühlen Tag aussuchen. Wandern Sie möglichst nicht im Hochsommer, denn unten im Canyon kann die Temperatur bei 50 Grad liegen! Auf jeden Fall an genügend Wasser und hinreichenden Sonnenschutz denken.

INSIDER TIPP ▶ RADTOUREN

Der *West Rim Drive* am Südrand des Canyons ist für PKWs gesperrt und ideal für eine Radtour. Bei *Bright Angel Bicycles (Tel. 928 6 79 09 92 | www.bikegrandcan yon.com)* an der Visitor Plaza am Mather Point können Sie von April bis November Räder mieten.

ÜBERNACHTEN

GRAND CANYON NATIONAL PARK LODGES

Zentrale Buchung (auf jeden Fall schon Monate im Voraus reservieren!) der fünf Hotels und Lodges, die am Südrand des Canyons liegen, über *Xanterra Resorts | 6312 S. Fiddlers Green Circle | Suite 600 | Greenwood Village | CO 80011 | Tel. 303 2 97 27 57 | www.grandcanyonlodges.com | €€–€€€*

AUSKUNFT

NATIONAL PARK SERVICE

Information, Wanderkarten und Anmeldung für mehrtägige Wanderungen in den Canyon. *P. O. Box 129 | Grand Canyon | AZ 86023 | Tel. 928 6 38 78 88 | www.nps.gov/grca*

ZIELE IN DER UMGEBUNG

GRAND CANYON SKYWALK ☼
(198 C2) (*ᗩ C5*)

Ein weiterer Zugang exisitiert bei Grand Canyon West im Reservat der Hualapai, wo die gläserne Rampe des *Skywalks* 15 m über die Kante der Schlucht hinausführt. Ein Spektakel, das allerdings inklusive Reservatsgebühren und Steuern mit rund 80 $ nicht billig ist und zudem gut fünf Stunden Autofahrt vom Grand Canyon Village entfernt liegt (zwei Stunden von Las Vegas).

Im Reservat werden zudem von *Peach Springs* aus für ca. 420 $ pro Person ganztägige Raft-Fahrten auf dem Colorado River angeboten mit Rücktransport per Sightseeing-Helikopter. Das ist zwar ebenfalls nicht ganz billig, aber die einzige Möglichkeit, für nur einen Tag im Grand Canyon eine Raftingtour zu unternehmen. *Tel. 928 7 69 26 36 | www.grandcanyonwest.com*

LAKE POWELL (199 D1–2) (*ᗩ D5*)

Stromaufwärts vom Grand Canyon staut der 216 m hohe *Glen Canyon Dam* bei *Page* den Colorado River zu einem gewaltigen Stausee, dem zweitgrößten der USA. Das Labyrinth von Buchten und Canyons ist ein Paradies für Wassersportler (Motor- und Hausbootvermietung).

LAS VEGAS

(198 C2) (*ᗩ C5*) **Wie eine bizarre Oase ragt die Spielerstadt (2,1 Mio. Ew.) aus der Wüste von Nevada. Seit 1931 das Glücksspiel legalisiert wurde, lebt Las Vegas vom Profit der Kasinohotels.**

Fabelhafte Shows und Revuen, glitzerndes Neonlicht, preisgünstiges Essen – alles dient dazu, die Spieler anzulocken. Wer auch zwischenmenschlich sein Glück findet, kann in kürzester Zeit heiraten. Oder – falls nötig – sich scheiden lassen. Die romantische Hochzeitsnacht allerdings wird in Las Vegas wohl entfallen, denn spektakuläre Shows, Restaurants und Glitzerbars locken zum Nightlife. Die Kasinos leisten sich große Entertainer oder Popstars und richten glamouröse Pariser Revuen oder Zirkusshows aus.

Ausführliche Informationen im Marco Polo Band „Las Vegas".

SEHENSWERTES

KASINOS UND HOTELS

Es gibt zwei Zentren mit Kasinos: die schon seit den 1940er-Jahren bestehende *Downtown* um die überdachte *Fremont Street* (abends große Lightshow mit 2,1 Mio. Glühbirnen!) und den berühmten ⭐ ● *Las Vegas Boulevard*, den „Strip", an dem sich die prunkvollen Kasinohotels reihen. Die spektakulärsten sind von Nord nach Süd: das venezianisch gestylte *Venetian*, das *Paris* samt

DER SÜDWESTEN

Eiffelturm, das cool-moderne *Planet Hollywood Casino*, das *Bellagio* mit großartigen  Wassershows in der Lagune vor dem Hotel, das ultraschicke, *Cosmopolitan* (mit riesigem Swarovski-Leuchter und sehr guten Restaurants) und nebenan das fast 10 Mrd. Dollar teure *City Center*, das für Las Vegas-Verhältnisse verblüffend energieeffizient gebaut wurde. Sehenswert: die „Auto Collection" im *Imperial Palace* mit herrlichen Oldtimern. Weiter südlich folgen das noble *Caesars Palace* mit der aufwendig gestalteten Ladenpassage *Forum Shops,* das *New York New York* mit einem INSIDER TIPP Outdoor-Park und der Skyline von Manhattan sowie das wie eine ägyptische Pyramide gebaute *Luxor.*

SPRINGS PRESERVE

Alles über die Wüste in einem gut gemachten Ökomuseum – inklusive der eindrucksvollen „Blitz-Überflutung" eines nachgebauten Canyons bei einem Gewitter. *Tgl. 10–18 Uhr | Eintritt 19 $ (auch gültig fürs Nevada State Museum nebenan) | 333 S. Valley View Blvd. | www. springspreserve.org*

ESSEN & TRINKEN

Preiswerte opulente Buffets finden Sie in fast allen Kasinos. Besonders zu empfehlen sind die die Bufetts im *Bellagio,* im INSIDER TIPP *Rio Suite Hotel* und im *Luxor.* Die Coffeeshops der Hotels servieren meist rund um die Uhr.

AM ABEND

Große Revuen und Konzerte berühmter Künstler können Sie in Las Vegas so günstig erleben wie nirgendwo sonst in den USA. Es gibt meist eine (etwas teurere) Dinnervorstellung gegen 20 Uhr und eine Cocktailshow um 23 Uhr.

Venedig in Vegas: das Kasinohotel Venetian samt Gondeln und Campanile

ÜBERNACHTEN

Von Sonntag bis Donnerstag gibt es oft sehr günstige Sondertarife. Bloß nicht am Wochenende ohne Reservierung auftauchen.

LUXOR LAS VEGAS

Einfache Mittelklasse in der Pyramide. *4407 Zi. | 3900 Las Vegas Blvd. S. | Tel. 702 2 62 44 44 | www.luxor.com | €–€€*

MANDALAY BAY

Moderne Anlage am Südende des Strip mit tropischem Dekor. Poollandschaft mit Sandstrand. *3309 Zi. | 3950 Las Ve-*

Arches National Park: Blick durchs „Südfenster" auf den „Türmchenbogen"

gas Blvd. S. | Tel. 877 6 32 77 00 | www.
mandalaybay.com | €€–€€€

VENETIAN

Schlafen im Dogenpalast: alle 4027 Zimmer in Suitegröße. Zur Erholung nach dem Gambling lockt eine große Poolanlage auf dem Dach mit dem ● Wellnesscenter Canyon Ranch Spa Club. 3355 Las Vegas Blvd. S. | Tel. 702 4 14 10 00 | www.
venetian.com | €€–€€€

AUSKUNFT

LAS VEGAS VISITORS AUTHORITY
3150 S. Paradise Rd. | Tel. 702 8 92 75 75 | de.lasvegas.com

ZIEL IN DER UMGEBUNG

HOOVER DAM (198 C2) (⌂ C5)
Im Black Canyon, rund 40 km südöstlich von Las Vegas, versperrt der gewaltige Betonwall des Damms den Lauf des Colorado River und staut ihn zum Lake Mead. Die elegante Krümmung der Mauer und seine Art-déco-Gestaltung bilden einen prächtigen Kontrapunkt zur Landschaft. Der 221,4 m hohe Hoover Dam wurde 1931–1935 erbaut. Ursprünglich sollte er vor Überflutung schützen. Heute versorgt er Städte wie Las Vegas und sogar einen Teil Südkaliforniens mit Strom. Visitor Center (Führungen) | Eintritt 15 $

MOAB

(199 E1) (⌂ D4) In den letzten Jahren hat sich das 5000-Seelen-Städtchen am Oberlauf des Colorado River zu einem Mekka der Sportler und Naturliebhaber entwickelt.

Jedes Jahr kommen mehr Besucher, um auf Wandertouren oder Schlauchbootfahrten, bei Mountainbike-Exkursionen oder Jeepsafaris die herrliche Canyonwelt rings um den Ort zu genießen. Wenige Kilometer westlich von Moab beginnt die fast unerschlossene Wildnis des Canyonlands National Park, dessen Schluchten dem Grand Canyon kaum nachstehen. Der schönste Blick über die Felslandschaft bietet sich vom

INSIDER TIPP *Dead Horse Point* im gleichnamigen State Park. Westlich des eigentlichen Parks liegt der *Horseshoe Canyon* mit 2000 Jahre alten indianischen Felszeichnungen.

TOUREN

CANYON VOYAGES ADVENTURE CO
Rafting- und Kajaktouren auf dem Colorado, geführte Wanderungen, Jeeptouren. *211 N. Main St. | Tel. 435 2 59 60 07 | www.canyonvoyages.com*

AUSKUNFT

MOAB INFORMATION CENTER
Center St./Main St. | Tel. 435 2 59 88 25 | www.discovermoab.com

ZIEL IN DER UMGEBUNG

ARCHES NP (199 D–E1) (⌖ D4)
Nur 10 km nördlich von Moab beginnt dieser Nationalpark: ein Hochplateau über dem Colorado River, auf dem der Wüstenwind Dutzende von Felsbögen in den flammend roten Sandstein geschliffen hat. Vom *Visitor Center* führt eine Stichstraße zu den Bögen der *Windows Section* und weiter bis zum **INSIDER TIPP** *Devils Garden*, wo zahlreiche Bögen die Trails säumen. Besonders schön: eine Wanderung zum *Delicate Arch,* die Sie wegen des Lichts möglichst am späten Nachmittag machen sollten.

MONUMENT VALLEY

(199 D2) *(⌖ D5)* ⭐ **Zahllose Westernfilme und Reklamespots machten die mächtigen, bis zu 300 m hohen Monolithen und Tafelberge des Wüstentals direkt an der Grenze zwischen Utah und Arizona weltberühmt.**

Einen großartigen Ausblick hat man von der malerischen Strecke des Hwy. 163, aber um dem Naturdenkmal wirklich nahe zu kommen, sollten Sie den *Monument Valley Navajo Tribal Park* besuchen. Das Valley liegt im Navajo-Reservat, weit verstreut leben einige indianische Familien noch in den traditionellen Hogans. Die bekanntesten Formationen sind die beiden *Mitten Buttes,* wie aufrecht stehende Fäustlinge geformte Sandsteinfelsen – am besten vom *Visitor Center*

PREISWERTE MOTELS

Elegante Cityhotels und luxuriöse Resorts sind nicht immer und für jeden bezahlbar. Da kommen die Economy Motels gerade recht: Überall an den Ausfallstraßen der Städte und an den Ausfahrten der Highways sieht man ihre bunten Neonschilder locken. Das Zimmer kostet in Ketten wie Motel 6, Super 8, La Quinta, Red Roof Inn oder Americas Best Value Inn zwischen 60 und 120 $, und die Billigherbergen sind zwar einfach, aber durchaus verlässlich. Sogar die großen Hotelketten haben diesen Trend erkannt und mittlerweile eigene Günstigketten wie Marriott Fairfield gegründet (Zimmerpreis 100–150 $). Man kann bereits vorab im Internet reservieren und auch vor Ort von einem Motel aus das nächste der Kette buchen.

des Parks aus zu sehen. Dort beginnen auch Jeepführungen und von Indianern begleitete Ausritte durchs Tal.

Mit einem herrlichen Blick wohnen Sie in der ☼ *Goulding's Lodge (62 Zi. | Reservierung erforderlich, Tel. 435 7 27 32 31 | www.gouldings.com | €€)*.

PHOENIX

(199 D3) *(∅ C6)* **Bei durchschnittlichen Tagestemperaturen von mehr als 40 Grad im Sommer ist es kein Wunder, dass sich die heutige Hauptstadt Arizonas erst mit der Erfindung der Klimaanlage zur Stadt entwickeln konnte.**

Mittlerweile leben hier mehr als 4,5 Mio. Menschen. Endlose Vorstädte prägen heute das Bild der Stadt im weiten Tal des Salt River. Interessant ist der elegante Vorort *Scottsdale*, in dem sonnenhungrige Winterurlauber zahlreiche Ferienhotels und Golfplätze finden.

SEHENSWERTES

HEARD MUSEUM
Wohl das beste Museum zu den indianischen Kulturen des Südwestens: Geschichte, Kunst, Kunsthandwerk. *Tgl. 9.30–17, So ab 11 Uhr | Eintritt 18 $ | 2301 N. Central Ave. | www.heard.org*

ESSEN & TRINKEN

KONA GRILL
Asiatisch-amerikanische Ethno-Küche in einem schicken In-Lokal der Scottsdale Fashion Mall. *7014 E. Camelback Rd. | €€*

ÜBERNACHTEN

ALOFT HOTEL
Schickes kleines Kettenmotel nahe zur Innenstadt von Scottsdale mit Pool.

126 Zi. | 4415 N. Civic Center Plaza | Scottsdale | Tel. 480 2 53 37 00 | www.aloftscottsdale.com | €–€€

FAIRMONT SCOTTSDALE PRINCESS
Eine luxuriöse Wüstenoase mit Sportanlagen und ausgezeichneten Restaurants. Zwei 18-Loch-Golfplätze. *649 Zi. | 7575 E. Princess Dr. | Scottsdale | Tel. 480 5 85 48 48 | www.fairmont.com | €€€*

AUSKUNFT

PHOENIX VISITORS BUREAU
125 N. 2nd St. | Tel. 877 2 25 57 49 | www.visitphoenix.com

SANTA FE

(199 F2) *(∅ E5)* ★ **Das 1609 von den Spaniern gegründete Santa Fe gilt als älteste Hauptstadt eines US-Staats. Zunächst war es Zentrum der spanischen Kolonialmacht, später Handelsknoten am Ende des in vielen Westernfilmen gefeierten Santa-Fe-Trails.**

In den letzten beiden Jahrzehnten ist die Stadt (150 000 Ew.) zu einem Synonym für entspannte Eleganz geworden. Es gibt eine Menge Lehmziegelarchitektur und geschnitzte Holzmöbel und Türportale, dazu Kunst, so weit das Auge reicht: Santa Fe ist ein Mekka der Aussteiger und Künstler. Mit über 200 Galerien hat sich die Stadt nach New York zum wohl bedeutendsten Kunstzentrum der USA entwickelt. Mittelpunkt der im indianisch-mexikanischen Adobestil erbauten Altstadt ist die *Plaza*.

SEHENSWERTES

MUSEUM OF NEW MEXICO
In vier großen Museen hortet New Mexico die Schätze seiner verschiedenen

Kulturen: Der *Palace of the Governors* an der Plaza ist der Geschichte gewidmet, nebenan zeigt das *Museum of Fine Arts* moderne Kunst des Südwestens. Am Camino Lejo südlich der Stadt liegen das *Museum of Indian Arts and Culture* und das *Museum of International Folk*

EINKAUFEN

Vom geschnitzten heulenden Kojoten bis zur bildenden Kunst: Rings um die *Plaza* finden Sie Kunsthandwerks- und Souvenirläden, die oft auch guten Indianerschmuck führen. **INSIDER TIPP** Von den

Bis zu 30! Reifen sind möglich: Weltmeisterschaft im Hoop Dance im Heard Museum von Phoenix

Art mit einer der größten Sammlungen von Volkskunst aus aller Welt. *Alle Di–So 10–17 Uhr | Eintritt 12 $ | Jahrespass für alle Museen 30 $ | www.museumof newmexico.org*

Indianern selbst kaufen können Sie unter den Arkaden des *Palace of the Governors*. Die besten Kunstgalerien befinden sich an der *Canyon Road*.

ÜBERNACHTEN

INN OF THE ANASAZI

Elegantes kleines Hotel in der Altstadt. 58 Zimmer, möbliert im Southwest-Stil und mit offenem Kamin. *113 Washington Ave. | Tel. 505 9 88 30 30 | www. rosewoodhotels.com | €€€*

ESSEN & TRINKEN

SANTACAFE

Schickes Trendlokal mit perfekt zubereiteter neumexikanischer Küche. Schöner Innenhof. *231 Washington Ave. | Tel. 505 9 84 17 88 | €€–€€€*

TOMASITA'S SANTA FE STATION

Typisch mexikanische Kost im alten Bahnhof. *500 S. Guadalupe St. | Tel. 505 9 83 57 21 | €–€€*

LA QUINTA INN

Gepflegtes Kettenmotel am Rand der Stadt. *130 Zi. | 4298 Cerrillos Rd. | Tel. 505 4 71 11 42 | www.lq.com | €–€€*

Taos: Das Wandgemälde „El Santero" ist den Malern von Heiligenbildern gewidmet

kolonie mit so berühmten Mitgliedern wie dem Schriftsteller D. H. Lawrence und der Malerin Georgia O'Keeffe: Diese abgeschieden gelegene kleine Stadt besitzt einen großen Ruf.

Der Ort (5000 Ew.) am Fuß der Sangre de Christo Mountains hat sich durch eine reizvolle Verbindung der Kulturen zu einem der beliebtesten Erholungsorte in New Mexico entwickelt – ein exzentrischer Ort voller Bohemiens und Aussteiger. Um die zentrale *Plaza* reihen sich alte Adobebauten, in den Seitenstraßen gibt es Künstlerwerkstätten und Kunsthandwerksläden. Sehenswert sind das *Millicent Rogers Museum* mit Indianerkunst und das *Kit Carson Home,* das Haus des berühmten Scouts. Nordöstlich liegt das Wintersportgebiet des *Taos Ski Valley.*

AUSKUNFT

SANTA FE VISITORS BUREAU
201 W. Marcy St. | Tel. 800 7 77 24 89 | www.santafe.org

ZIEL IN DER UMGEBUNG

BANDELIER NATIONAL MONUMENT
(199 F2) *(⬚ E5)*
80 km nordwestlich von Santa Fe lebten bis ins 16. Jh. Indianer in Höhlenwohnungen (Pueblos) in den Felswänden. Im Park gibt es fast 130 km² geschützter Canyons, die prima zu erwandern sind. Mit Campingplatz *(Tel. 505 6 72 38 61).*

TAOS

(199 F2) *(⬚ E5)* **Indianisches Pueblo, spanischer Kolonialposten, Künstler-**

SEHENSWERTES

TAOS PUEBLO
Gegen 1450 errichtet und seither ununterbrochen bewohnt, ist dies der größte erhaltene mehrstöckige Pueblo in den USA und eines der am besten bewahrten Beispiele traditioneller Lehmbauweise. Ein Muss für jeden, der New Mexiko besucht. Mit Tanzritualen an den Festtagen. *Tgl. 8–16.30 Uhr | am Nordrand von Taos | Eintritt 16 $ | www.taospueblo.com*

ESSEN & TRINKEN

INSIDER TIPP TRADING POST CAFÉ
Schmackhafte Italo-Southwest Cuisine mit Pfiff. *4178 Paseo del Pueblo Sur (Hwy. 68) | Ranchos de Taos | Tel. 575 7 58 50 89 | €€*

ÜBERNACHTEN

INN ON LA LOMA PLAZA
12 gemütliche Zimmer in einer restaurierten Hacienda nahe der Plaza. *315*

Ranchitos Rd. | Tel. 575 7 58 17 17 | www.
vacationtaos.com | €€

TUCSON

(199 D3) (*M D6*) **Der Missionar Eusebio
Kino gründete um 1700 die erste spanische Missionsstation im Land der Pima-
und Tohono-O'odham-Indianer.**
Er hätte sich wohl nicht träumen lassen,
dass einmal 1 Mio. Menschen in dem
Wüstental im Süden Arizonas leben
würden. Eine Universität, die Elektronik-
industrie und vor allem das gesunde, trockene Klima haben Tucson zu Wachstum
verholfen. Ferienhotels, der restaurierte
Altstadtbezirk *El Presidio* und die faszi-
nierenden *Kakteenwälder* rings um die
Stadt locken vor allem im Winter viele
Urlauber an. Die Wildwesttage der Stadt
lassen sich sehr stimmungsvoll in den
Old Tucson Studios (www.oldtucson.com)
im Tucson Mountain Park und in der malerischen *Mission San Xavier del Bac* im
Reservat der Papago-Indianer auf der
Südseite der Stadt erleben.

SEHENSWERTES

ARIZONA-SONORA DESERT
MUSEUM ★
Die Wüste lebt: Nirgendwo ist das besser
zu sehen als in diesem Freilichtmuseum,
das Flora und Fauna der amerikanischen
Wüsten zeigt. *Tgl. 7.30–17, im Winter
8.30–17 Uhr | Eintritt 20,50 $ | im Tucson
Mountain Park | www.desertmuseum.org*

PIMA AIR AND SPACE MUSEUM
Fast 300 alte Flugzeuge dösen hier in der
trockenen Wüstenluft. Ringsum ein Flug-
zeugfriedhof mit Tausenden von alten
Bombern. *Tgl. 9–17 Uhr | Eintritt 15,50 $,
geführte Rundfahrt 7 $ | 6000 E. Valencia
Rd. | www.pimaair.org*

ÜBERNACHTEN

Preiswerte Motels liegen an den Auto-
bahnabfahrten westlich des Zentrums.
Etwas außerhalb finden Sie Ferienanla-
gen, die im Winter sehr teuer, im
Sommer aber oft sehr günstig sind, z. B.
*Loews Ventana Canyon Resort (Tel. 520
2 99 20 20 | www.loewshotels.com | €€).*

AUSKUNFT

TUCSON VISITORS BUREAU
*La Placita Village | 110 S. Church Ave. |
Suite 7199 | Tel. 800 6 38 83 50 | www.
visittucson.org*

ZIELE IN DER UMGEBUNG

SAGUARO NP (199 D3) (*M D6*)
Der in den Hügeln westlich und östlich
von Tucson liegende zweigeteilte Nationalpark schützt einen grandiosen Wald
uralter, bis zu 15 m hoher Saguaro-Kakteen (Blütezeit im Mai). An den *Visitor
Centers* beginnen Lehrpfade und Straßen
durch die ursprüngliche Wüstenland-
schaft. *Visitor Center tgl. 9–17 Uhr*

TOMBSTONE (199 D4) (*M D6*)
Einst eine berüchtigte Silberminenstadt.
Wyatt Earp lässt grüßen: Hier fand 1881
die berühmte Schießerei am OK Corral
statt. Heute ist der Ort 100 km südöstlich von Tucson ein National Historic
Landmark, das Unmengen von Touristen
besuchen. Wer will, kann hier Fahrten
mit der Postkutsche und inszenierte
Schießereien erleben. Oder in einem
alten Saloon ein Bier trinken. Authen-
tischer ist aber das Bergbaustädtchen
INSIDER TIPP *Bisbee* 40 km weiter südlich: eine der bezauberndsten und am
besten erhaltenen historischen Ortschaften Arizonas, gelegen in den steilen Hän-
gen des Tombstone Canyons.

PAZIFIKSTAATEN

Vom Computerboom bis zum Auto-design, von Rollerblades bis zu Snow-boards: Der Bundesstaat Kalifornien setzt die Trends in den USA.

Als Bundesstaat mit der meisten Bevöl-kerung (39 Mio. Ew.) hat Kalifornien eine formidable Wirtschaftskraft – für sich allein genommen, wäre es die fünftgrößte Wirtschaftsmacht der Welt. Es ist faszinierend zu sehen, wie der Wille der Einwanderer, von den Pionieren der Goldrauschzeit bis zu den mexikanischen Immigranten heute, das Land formt.

Kalifornien ist reich an Naturschätzen und -schönheiten, aber diese Natur kann auch widrig sein. Bei Erdbeben zum Bei-spiel oder bei Dürre im so hochgelobt sonnigen Klima. Südkalifornien müsste eigentlich Wüste sein, nicht ein unend-liches Aneinander von Palmenhainen und Swimmingpools. Die Kraft, die es braucht, um das Wasser aus Nordkalifor-nien über die Tehachapi-Kette in die von Menschenhand geschaffene Superoase Los Angeles zu heben, ist immens. Das Pumpwerk Edmonston verschlingt so viel Energie wie San Francisco, jährlich 11 000 Megawatt – da ist es kein Wunder, dass der Strom manchmal knapp wird, es sogar zu Komplettausfällen kommt.

Doch birgt Kalifornien nicht nur Kunst-stücke in Wüstenbewässerung. Nördlich der Tehachapi-Kette liegt ein regelrechter Garten Eden. Scheinbar alles kann dort wachsen: Das Central Valley ist der Gar-ten Amerikas, aus dem die Köche San Franciscos rund ums Jahr Gemüse und exotisches Obst in bester Qualität be-

Gelobtes Land im Westen: Bunte Metropolen, wilde Küsten, tiefe Wälder – der goldene Westen ist nach wie vor ein Traumziel

ziehen. San Francisco, „The City", sagen ihre Bewohner, als gäbe es keine andere. Südlich von ihr der aufregende Küstenabschnitt Big Sur, östlich die spektakulären Berge des Yosemite National Park, nördlich die gigantischen Redwoods, vor ihr die Bay und mittendrin sie selber auf ihren 40 Hügeln.

Ausführliche Informationen finden Sie im Marco Polo Band „Kalifornien".

Der Sprung nach Oregon und in den Staat Washington bringt einen in eine andere Welt. Portland und Seattle, lebenswerte, sympathische Metropolen, wirken völlig anders als etwa Los Angeles. Die waldreichen Küsten des Nordwestens sind einsamer und wilder. Das Land hinter der Küste? Dort oben machen sich manche einen Spaß daraus, vormittags auf den Nachbargipfeln des Vulkans Mount St. Helens Ski zu fahren und nachmittags im Columbia River zu surfen. Bis hinauf an die kanadische Grenze findet sich immer wieder die Triade der US-Bundesstaaten am Pazifik: hohe Gipfel, fruchtbare Täler und ausgedörrte Wüsteneien.

Jetzt sollten Sie Wasser dabei haben: willkommen am heißesten Punkt der Erde im Death Valley

BEND

(192 B3) *(⌕ B2)* **Rings um den Erholungsort (180 000 Ew.) am Ostrand der Cascade Mountains in Zentral-Oregon wartet unberührte Natur.**

Im Westen ist es die Seenlandschaft entlang des 🌿 **INSIDER TIPP** ▶ *Cascade Lakes Highways*, im Osten die Krater des *Newberry National Volcanic Monument.* Mit Skigebieten, Bike-Trails, Reitställen und Rafting-Firmen ist der Ort ein Zentrum für den Aktivurlaub. Ein Besuch lohnt sich im *High Desert Museum (tgl. 9–17, im Winter bis 16 Uhr | Eintritt 15 $ | an der US 97, 10 km südlich | www. highdesertmuseum.org)* mit seinen hervorragenden Ausstellungen zur Pionier- und Naturgeschichte des Nordwestens.

ÜBERNACHTEN

INN OF THE 7TH MOUNTAIN
Apartmenthotel am Rand der Berge. Tennis, Golf. *146 Zi. | 18575 S. Century Dr. | Tel. 541 3 82 87 11 | www.seventh mountain.com | €€€*

ZIEL IN DER UMGEBUNG

CRATER LAKE NP ⭐ **(192 B4)** *(⌕ B3)*
Hoch in den *Cascade Mountains* im Süden Oregons, 160 km südlich von Bend, leuchtet der vor fast 7000 Jahren durch einen gewaltigen Vulkanausbruch entstandene Kratersee. Eine 50 km lange 🌿 Ringstraße mit vielen Aussichtspunkten umrundet den steil abfallenden Kraterrand. Im Sommer werden Bootsfahrten auf dem See angeboten.

DEATH VALLEY

(198 C2) *(⌕ C5)* **Das unter den Pionieren einst berüchtigte „Tal des Todes" liegt an der Ostgrenze Kaliforniens in der Mojave-Wüste, umrahmt von über 3000 m hohen Bergen.**

Das 200 km lange Tal senkt sich bei *Badwater* bis 86 m unter den Meeresspiegel. Es ist der niedrigste Punkt der USA und der heißeste Fleck der Erde – bis 57 Grad wurden hier gemessen. ☀ Aussichtspunkte wie *Zabriskie Point* und *Dante's View* bieten herrliche Ausblicke über Canyons und Salzseen. Der *Artists Drive* führt zu farbigen Felsformationen.

Im zentral gelegenen *Furnace Creek* gibt es einen Store, Restaurants, Unterkünfte, eine Tankstelle und ein *Visitor Center* (www.nps.gov/deva). Vorsicht: Im Hochsommer kann eine Fahrt durch das Tal zur Tortur werden! Nehmen Sie stets genug Wasser für sich selbst und das Auto mit.

EUREKA

(192 B5) *(ᗌ B3)* **Die alte Holzfällerstadt (27 000 Ew.) an der Humboldt Bay besitzt den größten Fischereihafen an der oft nebelverhangenen Nordküste Kaliforniens.**

Sehenswert sind die viktorianischen Villen von *Old Town,* z. B. die *Carson Mansion,* und die Holzwerkstatt **INSIDER TIPP** *Blue Ox Millworks*, die ganz auf traditionelle Handwerkstechniken und Originalequipment aus dem 19. Jh. setzt. Nördlich und südlich des Orts dehnen sich eindrucksvolle Redwood-Wälder. Die bis zu 115 m hohen Bäume gelten als die höchsten der Welt und kommen nur an der Küste Nordkaliforniens vor – so an der 50 km langen *Avenue of the Giants* (südlich von Eureka am Highway 101).

ZIEL IN DER UMGEBUNG

FERNDALE (192 B4) *(ᗌ B3)*
Nicht nur San Francisco besitzt viktorianische Häuser. Die Holzbarone bauten sich gerne reich verzierte Villen, wie sie in Ferndale (1300 Ew.), 30 km südlich von Eureka, wunderbar erhalten blieben. Im *Victorian Inn (400 Ocean Ave. | Tel. 707 7 86 49 50 | €€)* können Sie schlemmen und in der wunderbar plüschig-bunten *Gingerbread Mansion (11 Zi. | 400 Berding St. | Tel. 707 7 86 63 62 | www.thegingerbreadmansion.com | €€)* übernachten.

REDWOOD NP (192 B4) *(ᗌ B3)*
An der Küste nördlich von Eureka schützt dieser Nationalpark einige der letzten großen Redwood-Bestände, die noch nicht den Holzfällern zum Opfer gefallen sind. *Visitor Center* in *Orick.*

LAKE TAHOE

(198 B1) *(ᗌ B4)* **Als Paradies für Wassersportler, Wanderer und Skifahrer ist**

Lake Tahoe eins der beliebtesten Ziele in der Sierra Nevada.

Mit 35 km Länge gilt der 1900 m hoch gelegene, von Bergen umrahmte See, der teils in Kalifornien und teils in Nevada liegt, als größter Bergsee Nordamerikas. Am relativ unerschlossenen Ostufer liegen schöne Badestrände wie *Zephyr Cove,* das schmale Südufer ist dicht bebaut und lockt mit vielen Kasinos in *Stateline* Wochenendgäste an. Am dicht bewaldeten Westufer entzückt vor allem der Blick über die ⚜ *Emerald Bay,* während in den Bergen am Nordrand gute Skigebiete liegen, wie *Squaw Valley.*

ESSEN & TRINKEN

JAKE'S LAKE TAHOE ⚜

California-Cuisine mit Blick über den Yachthafen. *780 North Lake Blvd. | Tahoe City | Tel. 530 5 83 01 88 | €€*

ÜBERNACHTEN

BEST WESTERN STATION HOUSE INN

Gutes Motel nahe an See und Kasinos. *98 Zi. | 901 Park Ave. | South*

Lake Tahoe | Tel. 530 5 42 11 01 | www.stationhouseinn.com | €€

AUSKUNFT

LAKE TAHOE VISITORS AUTHORITY
169 Hwy. 50 | Stateline | Tel. 775 5 88 59 00 | www.visitinglaketahoe.com

LOS ANGELES

(198 B3) *(ᗡ B5)* **„L. A." ist die kulturelle und wirtschaftliche Metropole im Westen der USA. Eine Superstadt aus fünf Regierungsbezirken und 94 einzelnen Städten.**

Ein Siedlungsbrei mit rund 13,3 Mio. Ew., 1200 km zehnspurigen Autobahnen und einer Gesamtfläche größer als das Ruhrgebiet. In der Stadt senden 19 Fernseh- und fast 100 Radiostationen, stehen Flugzeugfabriken und Ölraffinerien und zahllose Computerfirmen. Doch Los Angeles, das 1781 als spanischer Kolonialposten in der weiten Küstenebene am Fuß der San Gabriel Mountains gegründet wurde, ist viel mehr als das, was diese Zahlen und Wirtschaftsdaten zum Ausdruck bringen. Der Name L. A. steht für das Lebensgefühl der *West Coast,* des Lands der Jogger und Surfer, der Hippies und Yuppies. Seit vor 100 Jahren die Filmindustrie von der Ostküste in die Sonne Kaliforniens zog, wurde Hollywood zur Traumfabrik für Millionen Menschen. Ausführliche Informationen enthält der Marco Polo Band „Los Angeles".

SEHENSWERTES

BEVERLY HILLS

Die noble Wohnstadt der Stars und Produzenten westlich von Hollywood ist nach wie vor eins der besten Viertel. Der *Santa Monica Boulevard* teilt die Stadt:

CITY WOHIN ZUERST?

Hollywood mit dem Hollywood Boulevard ist der Nabel des touristischen L. A. Sunset Boulevard und Santa Monica Boulevard führen von hier westwärts nach Beverly Hills und Santa Monica. Südlich am Strand liegt Venice. Downtown L. A. liegt von Hollywood 30 Min. Fahrt südöstlich – per Auto auf dem Highway 101 oder per U-Bahn, die auch zu den Universal Studios im Norden fährt. Parkhäuser am Hollywood Boulevard; U-Bahn-Station: Hollywood/Highland

---

Nördlich liegen die eleganten Villen, südlich erstreckt sich das Geschäftsviertel mit dem berühmten, superteuren *Rodeo Drive*, einer drei Blocks lange Flaniermeile für Prada- und Gucci-Liebhaber.

10–17.30, Fr/Sa bis 21 Uhr | Eintritt frei | Parkgebühr 15 $ | 1200 Sepulveda Blvd. | Anfahrt über die I-405
Die berühmte Antikensammlung des Museums ist in der Getty Villa am Pazifik

Einkaufsmeile vom Allerfeinsten: der Rodeo Drive im Geschäftsviertel von Los Angeles

DOWNTOWN
In der von einem Autobahnring umkränzten Innenstadt wachsen neuerdings verstärkt postmoderne Wolkenkratzer und Avantgardebauten wie das *Museum of Contemporary Art* oder nebenan das in eine komplizierte Wabenstruktur gehüllte, erst 2015 eröffnete Museum für zeitgenössische Kunst *The Broad (Eintritt frei | 221 S. Grand Ave.)*. Dort stehen auch das *Music Center* mit dem spektakulären Neubau der *Disney Concert Hall* von Frank Gehry und das aus vielen Filmen bekannte *Rathaus* von L. A.

GETTY CENTER ●
Das reichste Kunstmuseum der Welt residiert in einem spektakulären Neubau mit sehr schönen Gartenanlagen. *Di–So*

untergebracht. *Mi–Mo 10–17 Uhr | 17985 Pacific Coast Hwy. | Pacific Palisades | www.getty.edu*

HOLLYWOOD
Die Studios sind längst in die Vororte gezogen, die Filmstadt lebt von ihrem Mythos. Zu sehen sind noch das *Mann's Chinese Theatre* mit den Hand- und Fußabdrücken der Stars im Innenhof, nebenan das *Dolby Theatre (tgl. Führungen)*, in dem die Oscars vergeben werden, und die in den Gehsteig des *Hollywood Boulevard* eingelassenen Sterne mit den Namen von Filmgrößen, der *Walk of Fame*.

SANTA MONICA
Der Strandvorort zeigt Kaliforniens schönste Seiten: An der Main Street

drängen sich Galerien und Restaurants, die Fußgängerzone *Third Street Promenade* ist am Nachmittag und Abend eine der beliebtesten Flaniermeilen in ganz L.A. Dazu ein Strand mit schönem Radweg, auf den Sandsteinklippen darüber

VENICE BEACH ⭐ 🔵

Die Strandpromenade südlich von Santa Monica ist – vor allem an den Wochenenden – eine Bühne der Rollschuhartisten, Beachboys, schicken Girls und Bodybuilder, die im Freiluftstudio *Muscle Beach*

Promenade mit Extrafahrbahn für Inliner und Radler: der Ocean Front Walk in Venice Beach

spaziert man unter Palmen im *Z1 Palisades Park* entlang der 🌿 *Ocean Avenue* und schaut weit über den Pazifik und die Santa Monica Mountains.

UNIVERSAL STUDIOS HOLLYWOOD

Das legendäre Filmstudio („Indiana Jones", „Terminator", „Fluch der Karibik") bietet auf einer geführten Tramfahrt einen Blick hinter die Kulissen. Und dazu einen Vergnügungspark mit Stuntshows, Achterbahnen und Filmattraktionen. Dazu gibt es eine eigene Harry-Potter-Welt sowie einen Nightlifebezirk, den *Universal City Walk. Tgl. 10–18, im Sommer 9–20 Uhr | Eintritt 95 $ | Freeway 101/3900 Lankershim Blvd. | www.universalstudioshollywood.com*

Arnold Schwarzenegger nacheifern, der einstmals auch hier trainierte. Am Südende liegt die *Marina del Rey,* einer der größten Yachthäfen am Pazifik.

ESSEN & TRINKEN

BORDER GRILL

Feurige kalifornisch-mexikanische Küche und eine gute Bar. *1445 4th St. | Tel. 310 4 51 16 55 | €*

THE FARM 🟢

Beliebtes Bistro mit Terrasse, feine neuamerikanische Küche mit vielen Biozutaten – wie von der Farm eben. *439 N. Beverly Dr. | Beverly Hills | Tel. 310 2 73 55 78 | €€*

INSIDER TIPP 🔸 **MEL'S DRIVE-IN**

Klassischer 24-Stunden-Diner im 1950er-Jahre-Look mitten in Hollywood. *8585 Sunset Blvd. | West Hollywood | Tel. 310 8 54 72 01 | €–€€*

URTH CAFÉ 🟢

Gemütliches Kaffeehaus mit Bio-Kaffee und guten Desserts. *8565 Melrose Ave. | Tel. 310 6 59 06 28 | €*. Ableger in Beverly Hills und Santa Monica

EINKAUFEN

Die großen Malls sind ein Erlebnis: der *Santa Monica Place (3rd St./Broadway)* etwa, das *Beverly Center (8500 Beverly Blvd.)* oder das schicke Center *The Grove (W. 3rd. St./Fairfax Ave.)* mit dem *Farmer's Market*. Zum Bummeln sind die von Boutiquen und verrückten Läden gesäumte *Melrose Avenue* in West Hollywood, die *Third Street* in Santa Monica und die *Main Street* in Venice zu empfehlen.

AM ABEND

Zentrum des Nachtlebens ist West Hollywood. Szenetreffs sind dort zum Beispiel *The Viper Room (8852 Sunset Blvd.)* oder der Dance-Club *Playhouse Hollywood (6506 Hollywood Blvd.)*. Rockmusik live können Sie im *Roxy on Sunset (9009 Sunset Blvd.)* hören, Reggae, Hip-Hop und Funk im *Zanzibar (1301 5th St. | Santa Monica | www.zanzibarlive.com)*.

ÜBERNACHTEN

HOTEL ERWIN

Designhotel direkt am Venice Beach. Besonders schick: die Dachterrassen-Bar. *119 Zi. | 1697 Pacific Ave. | Venice Beach | Tel. 310 4 52 11 11 | www.jdvhotels.com | €€–€€€*

SHUTTERS ON THE BEACH

Luxus im Stil der 1920er-Jahre. Am Strand. *198 Zi. | 1 Pico Blvd. | Santa Monica | Tel. 310 4 58 00 30 | www.shuttersonthebeach.com | €€€*

AUSKUNFT

L.A. INC. VISITORS BUREAU

Info-Center: 6801 Hollywood Blvd. und 2727 Main St., Santa Monica | Tel. 323 4 67 64 12 | www.discoverlosangeles.com

ZIELE IN DER UMGEBUNG

DISNEYLAND (198 B3) (*M B5*)

1955 eröffnete Walt Disney in *Anaheim* seinen ersten Vergnügungspark. Bis heute hat das 30 ha große Reich von Mickey Mouse nichts von seinem Zauber verloren. Der Park ist in sieben Themenlandschaften gegliedert. Nebenan wurde sogar ein weiterer Park gebaut: *Disney's California Adventure*. *Im Sommer tgl. ab 8 Uhr | Eintritt 95–120 $ | 1313 Harbor Blvd. | www.disneyland.com*

PALM SPRINGS (198 C3) (*M C5*)

Zwei Stunden Fahrt östlich von L. A. liegt am Rand der Wüste dieser Thermalkurort (46 000 Ew.) mit seinen heißen Quellen – das Ferienparadies der Hollywoodprominenz, die vor allem im Winter kommt. Seit Promis und hippe Leute den reizvollen Retro-Chic der Stadt entdeckt haben, ist Palm Springs wieder in aller Munde. Am Ortsrand führt die Seilbahn 🔆 *Aerial Tramway* fast 2000 m hinauf zu Wanderwegen in den *San Jacinto Mountains*. Östlich liegt der *Joshua Tree National Park*, benannt nach einer dort vorkommenden Yuccapalmenart.

SANTA BARBARA (198 B3) (*M B5*)

Die schönste Beachtown (92 000 Ew.) an der kalifornischen Riviera, zwei Fahrstunden von Los Angeles: Yachthäfen, Palmenalleen und lange Strände, blühende Gärten und eine junge, ökobewusste Szene dank der Universität am Nordrand der Stadt, die 1786 von Spaniern gegründet wurde, deren Baustil die Stadt bis heute liebevoll pflegt.

Ideal für einen Überblick ist die ❊ Turmterrasse des spanisch gestylten *County Court House (1100 Anacapa St.)*. Danach ein Bummel entlang der *State Street* und eine Radtour zu *Stearns Wharf,* Hafen und Strand. Nicht verpassen: die für kalifornische Verhältnisse uralte *Mission Santa Barbara (2201 Laguna St.),* 1786 gegründet.

Etwas Besonderes sind die ● vierstündigen Fahrten mit einem großen Katamaran von *Condor Express (Fahrt 99 $ | 301 W. Cabrillo Blvd. | Tel. 805 8 82 00 88 | condorexpress.com)* im Channel vor Santa Barbara. Zu sehen sind Wale, Robben und Delfine, die hier manchmal zu Hunderten (sog. *superpods*) vorkommen. Auskunft: *Visitors Center (1 Garden St. | Tel. 805 9 65 30 21 | www.santabarbara. com)*.

MONTEREY PENINSULA

(198 A2) (⌂ B4) **Die große, zypressenbestandene Halbinsel südlich von San Francisco ist eine der schönsten und teuersten Gegenden Kaliforniens.** Am ❊ 17-Mile-Drive (gebührenpflichtig), der um die Halbinsel führt, reihen sich Golfplätze, elegante Countryclubs und immer neue atemberaubende Ausblicke auf die Küste aneinander.

Monterey (32 000 Ew.) war bis 1850 die spanisch-mexikanische Hauptstadt Kaliforniens und birgt noch zahlreiche Adobegebäude aus der spanischen Zeit. Im Ort liegt auch die aus John Steinbecks Roman bekannte „Straße der Ölsardinen". Dieses alte Viertel der Konservenfabriken ist heute ein Touristenziel mit vielen Läden, Restaurants und dem ★ ◎ *Monterey Bay Aquarium (www. montereybayaquarium.org)*, das eindrucksvoll die reiche Unterwasserwelt vor der Küste zeigt und maßgeblich zum

ORCAS, GRAU- & BUCKELWALE

Von März bis Mai kann man sie beobachten, vom Schiff oder vom Ufer aus: Herden von Walen, die entlang der Pazifikküste nordwärts pflügen. Vorbei an San Diego, an Point Reyes bei San Francisco, entlang der Felsenküste Oregons und der Olympic Peninsula. Etwa 20 000 Grauwale unternehmen alljährlich eine 8000 km lange Wanderung von den Lagunen Baja Californias hinauf in die Beringsee vor Sibirien. Auf derselben Route sind rund 3000 Buckelwale zu beobachten, die den Sommer vor Südalaska verbringen. Keine anderen Säugetiere wandern über solche Distanzen. Doch die Wale müssen, denn nur im kalten Norden finden sie ausreichend Nahrung, und nur im warmen Süden können sie ihre Jungen zur Welt bringen. Von vielen Häfen am Pazifik werden im Frühjahr Whale-Watching-Touren angeboten. Und im Sommer geht man auch nicht leer aus: Um die San Juan Islands vor Seattle leben ganzjährig mehrere Gruppen von Orcas *(www.sanjuansafaris.com)*.

Ein Buckelwal katapultiert sich spielerisch aus dem Wasser – trotz eines Gewichts von bis zu 30 t

Thema nachhaltige Fischerei forscht, wie die Ausstellungen zeigen.

Am Südende der Halbinsel liegt die alte Künstlerkolonie **INSIDER TIPP** *Carmel*, heute ein gepflegtes Städtchen mit herrlichem Strand und vielen Kunstgalerien.

ZIEL IN DER UMGEBUNG

PACIFIC COAST HIGHWAY 1 ★
(198 A1) (ⓜ B4–5)

Der sehr kurvenreiche und schmale Highway 1 von *Monterey* über *Big Sur* nach Süden bis *San Luis Obispo* zählt zu den schönsten Küstenstraßen der Welt. Bis heute ist die dramatische Steilküste mit ihren malerischen Buchten und umtosten Klippen kaum erschlossen. Nur in der Nähe des Orts *Big Sur,* wo früher der Schriftsteller Henry Miller lebte, wohnen auch heute einige – zumeist betuchte – Aussteiger. Und ganz im Süden bei *San Simeon* baute sich der Zeitungszar William Randolph Hearst ein monumenta-les Schloss in die Berge, das heute samt seinen europäischen Kunstschätzen als *Museum* zu besichtigen ist. Halten Sie am Meer die Augen offen: Oft können Sie Seeotter oder See-Elefanten an den Stränden entdecken. Noch eine Warnung: Im Sommer liegt die Küste oft in dichtem Nebel!

NEWPORT

(192 B3) (ⓜ B2) **Die Hafenstadt an der Küste Oregons mit 9500 Ew. ist seit über 100 Jahren ein beliebtes Seebad mit schöner kolonialer Architektur.**

Es gibt zahlreiche Attraktionen für Kinder, gute Hotels und eine hübsche viktorianische Altstadt um den *Bay Boulevard* am Hafen. Die Welt unter Wasser wird hervorragend präsentiert im *Oregon Coast Aquarium (tgl. 10–18, im Winter 10–17 Uhr | Eintritt 23 $ | 2820 SE. Ferry Slip Rd. | www.aquarium.org)*.

ZIELE IN DER UMGEBUNG

FLORENCE (192 B3) (*M B2*)

Die Attraktion des 7000-Ew.-Orts, 80 km südlich von Newport, ist ein 75 km langer Dünenstreifen. Bis zu 100 m hoch türmen sich die Sanddünen am Pazifik. Ein Paradies für Strandwanderer und Offroadfans, die in *dune buggies* über den Sand flitzen – Touren sind zu buchen bei *Sandland Adventures (Hwy. 101 | Tel. 541 9 97 80 87 | www.sandland.com)*. Nördlich beginnt die dramatische Steilküste Oregons, an der das *Heceta Head Lighthouse* besonders fotogen ist. Kurz danach führt am *Cape Perpetua* ein Fußweg vom Highway 101 zu einem ☀ Traumblick über die Küste. Ein guter Restauranttipp für Florence ist das ◐ *Waterfront Depot (1252 Bay St. | Tel. 541 9 02 91 00 | €–€€)* im alten Bahnhof am Fluss. Auf der Karte stehen Bio-Fleisch und Fisch aus nachhaltigem Fang.

SEA LION CAVES (192 B3) (*M B2*)

Die einzige Seelöwenkolonie – ca. 200 Stellersche Seelöwen – auf dem Festland von Nordamerikas Westküste liegt gut geschützt in einer riesigen Höhle, 60 km südlich von Newport. *Tgl. 8.30 Uhr bis Sonnenuntergang | Eintritt 14 $ | www.sealioncaves.com*

OLYMPIC NP

(192 B2) (*M B1*) **Alpine Blumenwiesen im Sommer und die wildromantische, oft sturmumtoste Felsküste am Pazifik sind die schönsten Attraktionen des 3735 km² großen Nationalparks auf der Olympic Peninsula Washingtons.**

Der beliebteste der amerikanischen Nationalparks im Nordwesten ist bekannt für seine Wanderwege durch die Natur, die dramatische Landschaft und sein vielfältiges Ökosystem. So gedeiht im Tal des Hoh River an der Westflanke des 2428 m hohen *Mount Olympus* dank des extrem feuchten Klimas ein einzigartiger, moos- und farnüberwucherter Regenwald, der ★ ● *Hoh Rain Forest,* der oft bis an die zerklüftete Pazifikküste reicht. Kurze Stichstraßen führen aus dem Landesinneren hinaus ans Meer – etwa an den treibholzübersäten **INSIDER TIPP** *Ruby Beach* oder zum Makah-Indianerdorf *Neah Bay.* ☀ *Hurricane Ridge* im Nordteil des Parks bietet herrliche Bergpanoramen und viele Wanderwege. Das Städtchen *Forks* am Westrand des Parks wurde jüngst bekannt als Heimat der Vampire in der Roman- und Filmreihe „Twilight".

ÜBERNACHTEN

INSIDER TIPP QUILEUTE OCEANSIDE RESORT

Die Quileute-Indianer bieten in ihrem Reservat direkt am wild umtosten Pazifikstrand eine gute Auswahl von einfachen Motelzimmern, luxuriöse Hütten und Camping an. *45 Zi. | 330 Ocean Front Dr. | La Push | Tel. 360 3 74 52 67 | www.quileuteoceanside.com | €–€€€*

AUSKUNFT

NORTH OLYMPIC PENINSULA VISITORS BUREAU

Infocenter: Hwy. 104/Hwy. 18 | Port Ludlow | Tel. 360 4 52 85 52 | www.olympicpeninsula.org)

PORTLAND

(192 B3) (*M B2*) ◐ **Dank einer vorbildlichen Stadtplanung gilt die Metropole Oregons (2,4 Mio. Ew.) mit ihren unzähligen Grünflächen als höchst lebenswerte Stadt.**

Umweltschutz und grüne Praktiken werden hier so konsequent umgesetzt wie in keiner anderen Stadt der USA. Die Stadt liegt vor der imposanten Kulisse des 3426 m hohen *Mount Hood* an der Mündung des Willamette in den Columbia River. Ihren Beinamen „Stadt der Rosen" verdankt sie den herrlichen Gärten im *Washington Park* und durch das *Rose Festival,* die Blumenparade Anfang Juni.

PAPA HAYDN

Treff im Szeneviertel *Nob Hill.* Fisch, Steaks und tolle Desserts. *701 NW. 23rd Ave. | Tel. 503 2 28 73 17 | €€*

EINKAUFEN

Ein Besuch lohnt sich in der Innenstadt um den *Pioneer Courthouse Square* und die *Old Town.* Von März bis Dezember ist

Portland ist bekannt für seine vielen Parks: Herbststimmung im Japanischen Garten

ESSEN & TRINKEN

INSIDER TIPP ▶ ALDER FOOD TRUCK POD
Portlands Fressbuden-Szene ist legendär: Thai, koreanisch, georgisch oder Super-Hotdogs – alles wird geboten. Gut 600 Food Trucks gibt es in der Stadt, mittags sammeln sie sich an Plätzen wie hier: *SW. Alder St./10th St.*

JAKE'S FAMOUS CRAWFISH

Beliebtes traditionelles Restaurant. Fisch und Krebse sind hier besonders delikat. *401 SW. 12th Ave. | Tel. 503 2 26 14 19 | €€€*

am Wochenende Künstlermarkt unter der *Burnside Bridge.*

AUSKUNFT

PORTLAND OREGON VISITORS ASSOCIATION

701 SW. 6th Ave. | Tel. 503 2 75 83 55 | www.travelportland.com

ZIELE IN DER UMGEBUNG

ASTORIA (192 B3) (*Ⓜ B2*)

Die 1810 vom Pelzhändler John Jacob Astor gegründete Hafenstadt (10 000 Ew., rund 2 Stunden Fahrzeit von Portland) an der Mündung des Columbia River ist die älteste weiße Siedlung im Nordwesten. Sehenswert: das restaurierte *Fort Clatsop* aus der Pelzhändlerzeit und das *Columbia River Maritime Museum* mit Ausstellungen über die Seefahrtsgeschichte im Nordpazifik.

COLUMBIA RIVER GORGE
(192 B3) (*ⓂB–C2*)

40 km östlich von Portland bricht an der Grenze zwischen Oregon und Washington der Columbia River in einer gut 100 km langen Schlucht durch die *Cascade Mountains.* Zahlreiche Wasserfälle tosen aus den Bergen herab, darunter die 189 m hohen *Multnomah Falls.* ❄️ Die schönsten Aussichten bietet eine Fahrt auf dem *Columbia Gorge Scenic Highway* (US 30) am Südufer. Das sympathische Städtchen *Hood River* – es besteht vornehmlich aus Rad-, Surf- und Skiläden, Cafés und einigen Hotels – ist ein **INSIDER TIPP** Mekka der Windsurfer.

MOUNT ST. HELENS NATIONAL VOLCANIC MONUMENT
(192 B3) (*ⓂB2*)

Am 18. Mai 1980 brach der rund 100 km nördlich von Portland gelegene Vulkan in einer gewaltigen Eruption aus. Das meterhoch unter Asche verschüttete Umland des Bergs, in das langsam wieder Leben zurückkehrt, wurde zu einem 445 km^2 großen Schutzgebiet erklärt. *Mehrere Visitor Centers am Hwy. 504; auch Helikopterflüge über den Vulkan*

SACRAMENTO

(192 B5) (*ⓂB4*) **Die Hauptstadt Kaliforniens im Herzen des Central Valley ist trotz ihrer 2,2 Mio. Ew. dem Wesen nach eine behäbige Farmerstadt geblieben.**

Dabei war ihre Jugend recht bewegt: Der Schweizer Johann Sutter – später als Romanfigur zum „Kaiser von Kalifornien" stilisiert – gründete hier 1839 die erste Siedlung. Wenig später entdeckte sein Vorarbeiter James Marshall in der Sierra Nevada Gold. 1854 wurde Sacramento dann Hauptstadt des neuen US-Staats. Von der Zeit des Goldrauschs zeugt noch das hübsch restaurierte *Old Sacramento.* Sehenswert sind außerdem das rekonstruierte *Sutter's Fort* und das *California State Railroad Museum.*

AUSKUNFT

SACRAMENTO VISITORS BUREAU
Visitor Center in Old Town | 1002 2nd St. | Tel. 800 2 92 23 34 | www.visitsacra mento.com

ZIEL IN DER UMGEBUNG

GOLD COUNTRY (192 C5–6) (*ⓂB4*)
Wie Perlen auf einer Schnur reihen sich am Highway 49 südöstlich von Sacramento die Städtchen aus der Goldrauschzeit auf: *Nevada City* und *Coloma,* wo James Marshall das erste Gold entdeckte, *Sutter Creek* mit hübschen viktorianischen Häusern und die Museumsstadt *Columbia.*

SAN DIEGO

(198 B3) (*ⓂB5*) **An der geschützten San Diego Bay lag die Wiege Kaliforniens. Dort gründeten die spanischen Padres ihre erste Mission.**

Später wurde die Stadt zum wichtigen Kriegshafen, doch erst in den 1980er-Jahren ist San Diego zur zweitgrößten Stadt (3,3 Mio. Ew.) Kaliforniens und zum beliebten Touristenziel aufgestiegen. Das sonnige, auch im Winter angenehm

Hinterm Kai der Marina von San Diego erheben sich das Marriot-Hotel und das Hilton (rechts)

warme Klima, zahlreiche Golfplätze und hübsche Strandvororte wie *La Jolla* oder *Coronado* locken Besucher an. Sehenswert sind der *Balboa Park* mit vielen Museen, die renovierte *Old Town* und das ❊ *Cabrillo National Monument.*

SEHENSWERTES

SAN DIEGO ZOO
Einer der besten Tiergärten der Welt: Gorillas und Orang-Utans, Tiger und Elefanten, Rhinos und Pandas. Vorbildlich ist die artgerechte Haltung der rund 4000 Tiere. *Tgl. 9–17 Uhr, im Sommer länger | Eintritt 50 $ | Balboa Parak | www.san diegozoo.org*

SEA WORLD
Das größte Ozeanarium der Welt mit toller Arktisausstellung, künstlichem Korallenriff, Delfin-, Orca- und Seelöwen-Shows. *Im Sommer tgl. 9–23, im Winter tgl. 10–17 Uhr | Eintritt 80 $ | Mission Bay*

USS MIDWAY
Recht martialisch, aber ein lebensgroßer, 300 m langer Flugzeugträger ist mitsamt Kampfflugzeugen tatsächlich sehr beeindruckend. Selbst wenn er im Ruhestand ist. *Tgl. 10–17 Uhr | Eintritt 20 $ | Navy Pier, 910 N. Harbour Dr. | www.midway.org*

ESSEN & TRINKEN

THE BLIND BURRO
Schickes Terrassenlokal im neu angesagten Viertel East Village östlich der 6th Avenue. Feine mexikanische Küche: zum Beispiel Quinoa-Salat mit Ziegenkäse oder Hummer-Tacos. *639 J St. | Tel. 619 7 95 78 80 | €€*

EINKAUFEN

Schön für einen Bummel ist die *Horton Plaza* in der Innenstadt, ein postmodernes, architektonisch eindrucksvolles Freiluft-Shoppingcenter.

ÜBERNACHTEN

GASLAMP PLAZA SUITES

Ein Hotel aus viktorianischer Zeit, renoviert und mitten im Trubel der Altstadt. *64 Zi. | 520 E. St. | Tel. 619 2 32 95 00 | www.gaslampplaza.com | €€*

HOTEL DEL CORONADO

Historisches Strandhotel. Drehort von Billy Wilders legendärem Film „Manche mögen's heiß" mit Marilyn Monroe. *679 Zi. | 1500 Orange Ave. | Tel. 619 4 35 66 11 | www.hoteldel.com | €€€*

SAN FRANCISCO

(198 A1) (*⌖ B4***) Schon beim Anflug bezaubert die herrliche Lage am Golden Gate auf einer hügeligen Halbinsel zwischen Pazifik und der San Francisco Bay.** An ihr ziehen sich Hafenanlagen entlang, mächtige Brücken verbinden die City mit dem Festland – darunter die berühmte, 1937 fertiggestellte ● *Golden Gate Bridge* mit einer Spannweite von 1280 m. Die Stadt hat es weit gebracht seit ihren

> **CITY** **WOHIN ZUERST?**
> Bester Startpunkt ist die **Hallidie Plaza** (Market St./Powell St.): Hier fahren die Cable Cars ab, drei Straßen nördlich liegt der Union Square und dahinter Chinatown, noch weiter die Fisherman's Wharf. Direkt südlich beginnt SoMa, nach Westen liegt die City Hall, nach Osten das Ferry Building an der Bay. Busse, U-Bahn und Straßenbahnen an der Market St. Großes Parkhaus an Mission St./4th St.

bescheidenen Anfängen 1776 als spanische Missionsstation. 776 000 Menschen (4,5 Mio. im Großraum) leben heute am Golden Gate, unzählige Einwanderer aus aller Welt und viele Zuzügler aus anderen Regionen Amerikas. Auch die unterschiedlichen Viertel faszinieren: An der *Montgomery Street* türmen sich die gläsernen Paläste der Hochfinanz. *Haight Ashbury* ist das alte Viertel der Hippiegeneration. Der *Castro District* gehört den Schwulen, *Fisherman's Wharf* den Touristen (Abfahrt für Hafenrundfahrten). Den besten Überblick verschaffen Sie sich vom ☼ *Telegraph Hill* oder von den gut 270 m hohen ☼ *Twin Peaks* aus. Ausführliche Informationen finden Sie im Marco Polo Band „San Francisco".

SEHENSWERTES

CABLE CARS

Eine Fahrt mit dem beliebtesten Wahrzeichen der Stadt ist Touristenpflicht. Öffentlicher Nahverkehr handfest erlebbar durch den *gripman,* den Bremser. Die ratternden, gut 100 Jahre alten Wagen verkehren auf drei Linien in der Innenstadt. *Fahrpreis 7 $,* günstiger kommt der Kauf der Tageskarte *Muni Passport* für alle Busse und Bahnen. Im sehr lohnenswerten *Cable Car Museum (Eintritt frei | 1201 Mason St.)* können Sie die beeindruckenden Antriebsräder der Kabel bestaunen.

CHINATOWN

Die acht Straßenzüge beiderseits der Grant Avenue sind das Herz der größten chinesischen Siedlung Amerikas. Beliebtester Platz fürs Souvenirfoto: Das bunt verzierte Chinator an *Grant St./Bush St.*

DOWNTOWN

Um *Union Square* und *Market Street* liegt das Geschäftsviertel der Innenstadt mit vielen Kaufhäusern und Boutiquen. Die große Kuppel westlich davon gehört zum klassizistischen *Rathaus*. Gegenüber: das ausgezeichnete **INSIDER TIPP** *Asian Art Museum (Di–So 10–17 Uhr | Eintritt 15 $ | 200 Larkin St.)* mit einer der größten Sammlungen der westlichen Welt.

lerien, Nachtclubs und Szeneläden. Sehenswert: das erst 2016 groß erweiterte *Museum of Modern Art (tgl. 10–17 (Do bis 21) Uhr | Eintritt 25 $ | 151 3rd St. | www. sfmoma.org)* mit Werken des abstrakten amerikanischen Expressionismus.

San Francisco: Ein Cable Car erklimmt die Hyde Street – im Hintergrund ist Alcatraz zu sehen

GOLDEN GATE PARK

Der 400 ha große Stadtpark ist über 100 Jahre alt und wartet mit dem hübschen *Japanese Tea Garden* und dem fotogenen *Flower Conservatory* auf. Die Museen im Park wurden jüngst in spektakulärer Architektur neu erbaut: Herzog & Meuron gestalteten das *M.H. de Young Museum* für Kunst (mit 🔭 Aussichtsturm), Renzo Piano schuf den ganz nach nachhaltigen Prinzipen entworfenen Bau der 🔴 🟢 **INSIDER TIPP** *California Academy of Sciences*, in der Regenwälder und Korallenriffe nachgestellt werden: großartig!

SOMA

Der frühere Lagerhallenbezirk südlich der Market Street birgt heute viele Kunstga-

TOUREN

BAY CITY BIKE

Halbtagestouren per Bike über die Golden Gate Bridge mit Rückkehr per Fähre von Sausalito. Auch Radvermietung. *Touren ab 55 $ | 2661 Taylor St. | Fisherman's Wharf | Tel. 415 3 46 24 53 | www.bay citybike.com*

FÄHRE NACH SAUSALITO ⭐ 🔭

Ein schöner Ausflug mit der Golden Gate Ferry über die San Francisco Bay mit Blick auf Stadt und Golden Gate. Ein weiteres Fahrtziel ist z. B. die ehemalige Gefängnisinsel Alcatraz. *Abfahrt vom Ferry Building am Beginn der Market St. | Fahrpreis 11,75 $ | www.goldengate.org*

Ein Hauch Toskana: Das Napa Valley ist eins der berühmtesten Weinbaugebiete der Welt

ESSEN & TRINKEN

MCCORMICK & KULETO'S

Großes Fischrestaurant mit einem fabelhaften Blick über die Bay. *Ghirardelli Square | Tel. 415 9 29 17 30 | €€*

INSIDER TIPP ▸ PUERTO ALLEGRE

Originale mexikanische Küche im Szeneviertel des Mission District. Gute Margaritas. *546 Valencia St. | Tel. 415 2 55 82 01 | €–€€*

EINKAUFEN

In den Kaufhäusern und Malls um Union Square und Market Street gibt es gute und günstige Kleidung. Souvenirs finden sie vor allem an der Fisherman's Wharf. Schön für einen Bummel ist der Gourmetmarkt im renovierten Ferry Building am Fuß der Market Street. Samstags ist hier *Farmer's Market* mit Ökobauern der Region und Biokost an vielen Buden.

AM ABEND

Neben den etablierten Bars und Clubs von *North Beach* hat sich in den letzten Jahren im *SoMa* eine neue Szene mit trendigen Diskos entwickelt. Guten Blues können Sie im *Saloon (1232 Grant Ave.)* hören.

ÜBERNACHTEN

HOTEL BIJOU

Sauber, günstig und zentral. *65 Zi. | 111 Mason St. | Tel. 415 7 711 12 00 | www.hotelbijou.com | €–€€*

ORCHARD GARDEN

Bis hin zur schadstofffreien Bettwäsche und den in der Restaurantküche verarbeiteten Produkten ökologisch durchdacht. Und die Lage am Union Square ist ideal. *86 Zi. | 466 Bush St. | Tel. 415 3 99 98 07 | www.theorchardgardenhotel.com | €€–€€€*

RITZ CARLTON

Alles vom Feinsten: Luxus in bester Lage zwischen Chinatown und Union Square. *336 Zi. | 600 Stockton St. | Tel. 415 2 96 74 65 | www.ritzcarlton.com | €€€*

AUSKUNFT

VISITOR INFORMATION CENTER

Hallidie Plaza, Market St./Powell St. | Tel. 415 3 91 20 00 | www.sanfrancisco.travel

ZIEL IN DER UMGEBUNG

NAPA VALLEY (198 A1) (*Ω B4*)

Knapp 100 km nordöstlich von San Francisco erstreckt sich das berühmteste Weinanbaugebiet Amerikas. Die meisten Kellereien liegen am Highway 29 und am Silverado Trail, den beiden Hauptstraßen durch das rund 50 km lange Tal.

Hier einige Tipps für die besseren Weingüter: in einem Seitental bei Napa die INSIDER TIPP *Hess Collection (4411 Redwood Rd.)* mit einem Museum moderner Kunst, bei Yountville das Champagnergut *Domaine Chandon (California Rd.)*, bei Rutherford die Kellereien *Robert Mondavi (gute Führungen | 7801 St. Helena Hwy.)* und *Inglenook Winery (1991 St. Helena Hwy.)*, das prachtvoll restaurierte Gut des Filmregisseurs Francis Ford Coppola sowie bei Calistoga das *Chateau Montelena (1429 Tubbs Lane)*, wo der erste Weltklassewein Kaliforniens produziert wurde.

SEATTLE

(192 B2) (*Ω C1–2*) **Jung und dynamisch ist Seattle – und herrlich gelegen. Die lebenswerte Stadt, bei ihrer Gründung 1851 nach einem indianischen Häuptling benannt, erstreckt sich zwischen dem Salzwasser des Puget Sound und dem Süßwassersee Lake Washington über zahlreiche Hügel.**

Mit rund 3,7 Mio. Ew. ist sie die größte Metropole an der Nordwestküste. Bekannt geworden ist Seattle vor allem als Sitz von Boeing, Amazon und Microsoft sowie als Geburtsort des Grunge-Rock.

SEHENSWERTES

Die moderne Innenstadt liegt am Ufer der Elliott Bay, einer Seitenbucht des Puget Sound. In den letzten Jahren wurde die Altstadt um den *Pioneer Square* renoviert. Von dort aus zogen vor über 100 Jahren die Abenteurer zum Goldrausch am Klondike nach Alaska. Ein *Visitor Center (Jackson St./2nd Ave. S.)* zeigt Ausstellungen und Filme über diese Zeit. Ebenfalls restauriert wurde das alte Hafenviertel um den *Pier 59.* Dort sind jetzt Restaurants, Läden, ein modernes Riesenrad und ein ausgezeichnetes *Aquarium* untergebracht. Stufen führen hinauf zum quirligen *Pike Place Market.*

SEATTLE ART MUSEUM
Das spektakuläre Kunstmuseum von Robert Venturi. Besonders sehenswert sind die Ausstellungen zur indianischen Kunst des Nordwestens. *Mi–So 10–17, Do/Fr bis 21 Uhr | Eintritt 20 $ | 100 University St. | www.seattleartmuseum.org*

SEATTLE CENTER
Auf dem ehemaligen Gelände der Weltausstellung von 1962 befinden sich heute ein Vergnügungspark, Restaurants und Museen wie das innovative INSIDER TIPP *Experience Music Project (im Sommer tgl. 10–19 Uhr | Eintritt 25 $ | www.empmuseum.org)* zur Geschichte der Rockmusik in Amerika. Dort steht auch das Wahrzeichen Seattles, die 184 m hohe *Space Needle*. Bezaubernd: der *Chihuly Garden* mit großartiger Glaskunst am Fuß des Turms.

ESSEN & TRINKEN

ELLIOTT'S OYSTER HOUSE
Solider Klassiker für frischen Fisch direkt am Hafen: Lachs, Heilbutt, Krebse – und natürlich Austern. *1201 Alaskan Way | Pier 56 | Tel. 206 6 23 43 40* | €€

LOLA
Bunte Mixtur aus griechischer und moderner Nordwest-Küche im Szeneviertel Belltown. *2000 4th Ave. | Tel. 206 4 41 14 30* | €€

ÜBERNACHTEN

EXECUTIVE HOTEL PACIFIC
Neu renoviertes, gemütliches Altstadthotel. *160 Zi. | 400 Spring St. | Tel. 206 6 23 39 00 | www.executivehotels.net* | €€

HOTEL MONACO
Schickes Designerhotel mit ebenso schickem, aber legerem Restaurant. *189 Zi. | 1101 4th Ave. | Tel. 206 6 21 17 70 | www.monaco-seattle.com* | €€–€€€

AUSKUNFT

SEATTLE'S CONVENTION & VISITORS BUREAU
701 Pike St. | Tel. 206 4 61 58 40 | www.visitseattle.org

ZIELE IN DER UMGEBUNG

FUTURE OF FLIGHT (192 B2) (*C1*)
In *Everett*, eine halbe Fahrstunde nördlich von Seattle, steht die größte Flugzeugmontagehalle der Welt: Dort werden die Langstreckenjets der Firma Boeing zusammengebaut. Auch interessant ist nebenan das INSIDER TIPP *Restoration Center*, in dem alte Flugzeuge repariert werden. *Führungen Mo–Fr stdl. 9–15 Uhr | Eintritt 20 $ | Reservierung nötig, Tel. 800 4 64 14 76 | www.futureofflight.org*

MOUNT RAINIER NP (192 B2) (*C2*)
4392 m ragt der eisbedeckte Vulkangipfel südöstlich der Stadt auf. Auf gut ausgebauten Straßen fährt man in etwa zwei Stunden über die Baumgrenze hinauf zu den Aussichtspunkten *Paradise* und *Sunrise.* Von dort führen Wanderwege zu Gletschern und idyllischen Bergseen.

Am Wegrand steht ein Weidenröschen: Wanderer im Mount Rainier National Park

YOSEMITE NP

KARTE IM HINTEREN UMSCHLAG
(198 B1) *(m B–C4)* ⭐ **Wer noch
nie in Yosemite war, hat das Erlebnis
seines Lebens vor sich. Amerikas dritt-
ältester Nationalpark ist von surrealer
Schönheit.**

Die mächtige Erscheinung des Felsens
El Capitan, die Gischt der Yosemite Falls
und andere Sehenswürdigkeiten sorgen
für volle Fotoalben. Doch es gibt auch
eine Kehrseite: Der Park zieht jedes Jahr
4 Mio. Menschen an! Im Sommer tobt
der touristische Rummel im Valley. Doch
lassen Sie sich davon nicht abschrecken,
der Park ist die Reise allemal wert: Er
bietet Ihnen 3080 km² grandiose Bergwelt am Grat der *High Sierra* mit bis zu
1000 m tiefen, einst von den Gletschern
ausgeschabten Tälern und zahlreichen
Wasserfällen wie z. B. dem 739 m hohen
Yosemite Falls. Abseits der Straßen wird
es auf dem gut ausgebauten Netz der
Wanderwege schnell ruhiger.

Im *Yosemite Valley,* dem Kernstück und
landschaftlichen Höhepunkt des Parks,
verkehren vom *Visitor Center* beim *Yosemite Village* aus ● kostenlose Elektrobusse zu Wasserfällen und zum Anfang
der Trails, z. B. zu den *Vernal Falls* in
einem von steilen Wänden umkränzten
Seitental. Ebenfalls sehr zu empfehlen:
eine Tagestour auf der ❄ *Tioga Pass
Road* zu den *Tioga Meadows* und eine
Fahrt zum ❄ *Glacier Point.* Im *Mariposa
Grove* am Südeingang des Parks können
Sie einen Hain bis zu 3000 Jahre alter
Mammutbäume erwandern.

Buchung fürs historische *Majestic Yosemite Hotel (€€€),* die einfachere *Yosemite Lodge (€€)* und das Zeltdorf *House-
keeping Camp (€)* bei Aramak *(Tel. 602
2 78 88 88 | www.travelyosemite.com).*

AUSKUNFT

YOSEMITE NATIONAL PARK
*P. O. Box 577 | Yosemite National Park |
CA 95389 | Tel. 209 3 72 02 00 | www.
nps.gov/yose*

ERLEBNISTOUREN

① DIE USA PERFEKT IM ÜBERBLICK

START: ❶ New York
ZIEL: ㉚ Los Angeles

37 Tage
reine Fahrzeit
110 Stunden

Strecke:
➡ 6800 km plus 1500 km Flug

KOSTEN: Miete Mittelklassewagen inkl. Benzin 2900 Euro, Inlandsflug 200–300 Euro/Pers., Übernachten 2700 Euro/Pers., Essen 1500 Euro/Pers., Aktivitäten und Eintritte 430 Euro/Pers.
MITNEHMEN: Wanderschuhe, Badesachen, Kleidung für jedes Wetter

ACHTUNG: Mietwagen im Reisebüro buchen – dann entfällt die recht hohe Rückführungsgebühr.
Die Tioga-Passstraße in den Yosemite ist nur Juni–Okt. geöffnet.
Im Hochsommer herrscht auf dem Pacific Coast Highway 1 oft Nebel.
Beste Reisezeit: Juni bis Oktober

Jeder Zipfel dieser Erde hat seine eigene Schönheit. Wenn Sie Lust haben, die einzigartigen Besonderheiten dieser Region zu entdecken, wenn Sie tolle Tipps für lohnende Stopps, atemberaubende Orte, ausgewählte Restaurants oder typische Aktivitäten bekommen wollen, dann sind diese maßgeschneiderten Erlebnistouren genau das Richtige für Sie. Machen Sie sich auf den Weg und folgen Sie den Spuren der MARCO POLO Autoren – ganz bequem und mit der digitalen Routenführung, die Sie sich über den QR-Code auf S. 2/3 oder die URL in der Fußzeile zu jeder Tour downloaden können.

Einmal quer durch den Kontinent: Von New York zu den Niagara-Fällen, entlang der Großen Seen, über die Pässe der Rocky Mountains, durch die roten Canyons des Südwestens, über die Hügel von San Francisco am Pazifik und zum Schluss noch auf dem Küsten-Highway, der schönsten Panoramaroute der Neuen Welt, nach Los Angeles. Die Eindrücke sind grandios und die Distanzen gewaltig, auch wenn ein Inlandsflug die Strecke etwas verkürzt. Aber keine Angst, Auto- und Wohnmobilfahren ist in Amerika sehr entspannt.

Zu Beginn zwei Tage in ❶ **New York** → S. 51: zum Staunen am Times Square, zum Gedenken am Ground Zero,

TAG 1–4

❶ **New York**

200 km

② Philadelphia 🏛 🛏

107 km

③ Lancaster 🛏

TAG 5–7

260 km

④ Ocean City
🚶 🏖 🌳 🏊

303 km

⑤ Williamsburg 🎭

82 km

⑥ Richmond 🎭 🛏

112 km

⑦ Charlottesville
🎭 🍸 🛏

TAG 8–11

zu einem Bummel im Central Park, einer Bootsfahrt um Manhattan und einem Musical-Abend am Broadway. Dann geht's los. **Zuerst durch den Lincoln Tunnel und über den New Jersey Turnpike (Maut) nach ②** Philadelphia → S. 57 mit seinen großartigen Kunstmuseen. Danach **über die US 30** ein Abstecher zu den noch ganz traditionell lebenden Amish bei **③** Lancaster → S. 59

Ab Lancaster fahren Sie **über Hwy. 272, I-95 und D-1 nach Süden** durch Delaware bis ans Meer bei **④** Ocean City, einem klassisch amerikanischen Ferienort mit Pier, Boardwalk, Burgerbuden und langen Stränden – schön für einen langen Spaziergang am Atlantik und einen Tag Badespaß. Auf einer gewaltigen Brücke **überquert die US 13 danach die Chesapeake Bay** zu den modernen Marinehäfen von Norfolk. Zurück in die Vergangenheit Amerikas **führt Sie die I-64:** Zuerst nach **⑤** Williamsburg → S. 80, einem Schmuckstück aus Kolonialtagen, dann weiter zu einer Nacht in **⑥** Richmond → S. 80, der alten Hauptstadt der Südstaaten, und zur Krönung der Historientour in die prächtige Uni-Stadt **⑦** Charlottesville → S. 80, die von Weingärten umrahmt ist. Nicht verpassen: eine Weinverkostung in der **Trump Winery** (tgl. 11–17 Uhr | 3550 Blenheim Rd.) – richtig, die Reben gehören tatsächlich dem 45. Präsidenten der USA.

Am Grat der Appalachen-Berge schlängelt sich die Route **auf dem Skyline Drive durch den Shenandoah National**

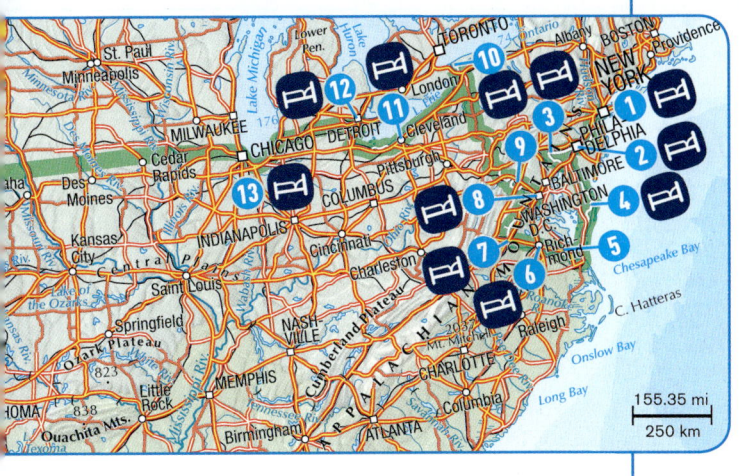

Park → S. 63 und über US 29/15 für zwei Nächte nach ⑧ **Washington, D.C.** → S. 61, die Kapitale mit ihren vielen Museen und schicken Cafés. Die wichtigsten Highlights sehen Sie auf einer dreistündigen Radtour mit **Bike & Roll** *(955 L'Enfant Plaza | www.bikeandrolldc.com)*. Auf der Weiterfahrt ein Stopp im historischen Örtchen ⑨ **Harper's Ferry** → S. 63, dann geht es auf I-70/99/80 und US 219 durch die waldreichen und weithin verblüffend einsamen Appalachen nordwärts. Bei Buffalo kommt kurz der Lake Erie ins Blickfeld, dann ist auch schon ⑩ **Niagara Falls** → S. 56 mit den berühmten Fällen erreicht, die abends bunt angestrahlt werden. Pflichtprogramm ist eine Bootstour in die schäumenden Strudel am Fuß der Fälle. Vorsicht beim Selfie – alles am Boot ist nass und rutschig! Und nachmittags müssen Sie zwei Stunden einen Einkaufsbummel in den **Fashion Outlets of Niagara** *(1900 Military Rd.)* machen.

Weiter gen Westen: auf der I-90 am Lake Erie entlang nach ⑪ **Cleveland** → S. 89 mit der Rock 'n' Roll Hall of Fame und – ein Tipp für Familien – den ältesten und schönsten Achterbahnen Amerikas im Vorort **Sandusky** → S. 90. Das nächste Ziel liegt etwas **nördlich an der I-75**: die Autostadt ⑫ **Detroit** → S. 90, wo Sie unbedingt einen halben Tag für das **Henry Ford Museum** einplanen müssen. Von dort geht es **auf der I-94 vorbei an Ann Arbor,** der alten Universitätsstadt, weiter zum Lake Michigan und nach ⑬ **Chicago** → S. 84. Zwei Tage Zeit brauchen Sie hier sicherlich: für eine Architektur-Bootstour auf

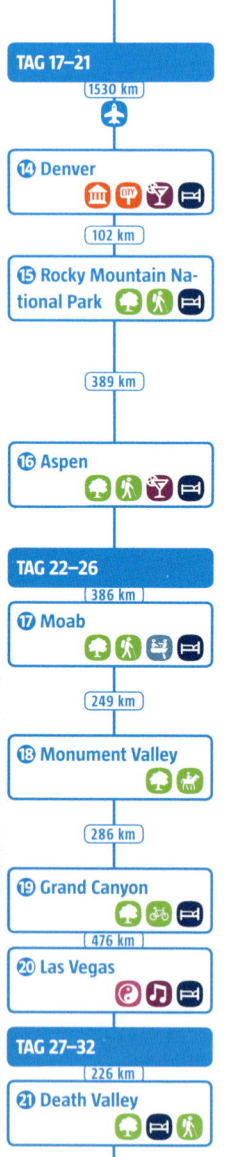

TAG 17–21

1530 km

⑭ **Denver**

102 km

⑮ **Rocky Mountain National Park**

389 km

⑯ **Aspen**

TAG 22–26

386 km

⑰ **Moab**

249 km

⑱ **Monument Valley**

286 km

⑲ **Grand Canyon**

476 km

⑳ **Las Vegas**

TAG 27–32

226 km

㉑ **Death Valley**

dem Chicago River und einen Blick vom Hancock Tower, für einen Besuch im Art Institute, einen Shoppingbummel an der Michigan Avenue und natürlich einen Besuch in einem Bluesclub.

Ab zum Chicago O'Hare Airport: zwei Stunden Flug, dann sind die Prärien überquert und ⑭ **Denver** → S. 114 ist erreicht. Nach einem Stopp im hervorragenden **Art Museum** steht eine INSIDER TIPP **Microbrew Tour** *(Fr–So | 3 Std. | www.denvermicrobrewtour.com)* mit Führung durch die Altstadt und zu mehreren Kleinbrauereien auf dem Programm. Nun kommen die Pässe der Rocky Mountains: **Zuerst führt die Route auf der US 36 über Boulder,** die hübsche Uni-Stadt, in den ⑮ **Rocky Mountain National Park** → S. 116, wo Sie im Urlaubsort **Estes Park** übernachten und am **Bierstadt Lake** einen Nachmittag wandern sollten. **Die Trail Ridge Road (US 34) klettert von dort auf 3713 m** über die kontinentale Wasserscheide. Am idyllischen Oberlauf des Colorado River geht es weiter **auf der US 40 und anschließend auf SR 91 und 82 über den Independence Pass** weiter in den mondänen Ferienort ⑯ **Aspen** → S. 111 für einen Tag zum Wandern und Genießen der Bergwelt – und der Saloons der alten Bergbaustadt.

Die I-70 bringt Sie schnell weiter in den Staat Utah, wo gleich die Einfahrt auf der SR 191 zum Schluchten-Erlebnis wird. ⑰ **Moab** → S. 128 ist das Herz des Canyonlands mit zwei atemberaubenden Nationalparks nahebei: Zwei Tage brauchen Sie hier, einen zum Wandern und Sightseeing und einen für eine Raft-Tour auf dem **Colorado River**. **Drei Stunden Fahrt auf US 191/163,** dann stehen Sie vor den mächtigen Monolithen des ⑱ **Monument Valley** → S. 129 – ganz großes Kino. Bei einem Ausritt ins Tal werden Sie sich wie John Wayne fühlen (Buchung am Visitor Center). Am nächsten Tag **führt die Route auf US 160, US 89 und die SR 64** durch das riesige Reservat der Navajo weiter zum berühmten ⑲ **Grand Canyon** → S. 124. Schön: eine Fahrradtour vom **Grand Canyon Village** zum Hermits Rest. Für Autofans kommt jedoch das Schönste erst danach: bei der Fahrt **auf der Route 66 von Seligman bis Kingman, ehe später an der US 93** die Neonlichter von ⑳ **Las Vegas** → S. 126 am Wüstenhorizont erscheinen.

Ein Tag in Las Vegas mit Erholung am Pool und Show am Abend, dann geht's weiter in die Wüste. Aber richtig: **über US 95, SR 373 und 190 ins** ㉑ **Death Valley** → S. 136, dort

übernachten und am nächsten Morgen nach einer Dünen-
wanderung bei **Stovepipe Wells weiter auf der US 395
nach Norden am Fuß der Sierra Nevada entlang bis Lee
Vining.** Von dort aus erklimmt die SR 120 den Tioga Pass
und bietet den von wilden Granitfelsen umrahmten Hinter-
eingang zum ㉒ **Yosemite National Park → S. 153,** wo Sie
am Nachmittag noch wandern und Aussichten auf El Capitan und die Yosemite Falls bewundern können. **Ein halber
Tag Fahrt noch über SR 120 und I-580,** dann ist der Pazifik erreicht: In ㉓ **San Francisco → S. 148** lassen sich gut
zwei Tage verbringen. Mit Cable-Car-Fahren, Bummeln in
Chinatown und einer Radtour von Fisherman's Wharf über
die Golden Gate Bridge.

Es geht zunächst **durch den Golden Gate Park zum Meer,
dort auf dem Grand Highway links und nun immer am
Pazifik entlang nach Süden auf dem Highway 1.** Erster
Stopp ist dann am Mittag: ㉔ **Santa Cruz,** ein typisch kali-
fornisches Strandstädtchen mit vielen Studenten und Sur-
fern, eleganten Villen auf den Klippen und einem alten
Leuchtturm. Schön für eine kleine Wanderung: Oberhalb
des Orts blieben **am Hwy. 17 im** `INSIDER TIPP` **Henry Co-
well State Park** über 2000 Jahre alte Redwoodbäume erhalten, unter denen schattige Lehrpfade hindurchführen.
Bei der Weiterfahrt auf dem Highway 1 säumen Artischo-

427 km	
㉒ Yosemite National Park	
310 km	
㉓ San Francisco	
TAG 33–34	
125 km	
㉔ Santa Cruz	
95 km	

Strand, Klippen und ein alter Leuchtturm: Santa Cruz in Kalifornien

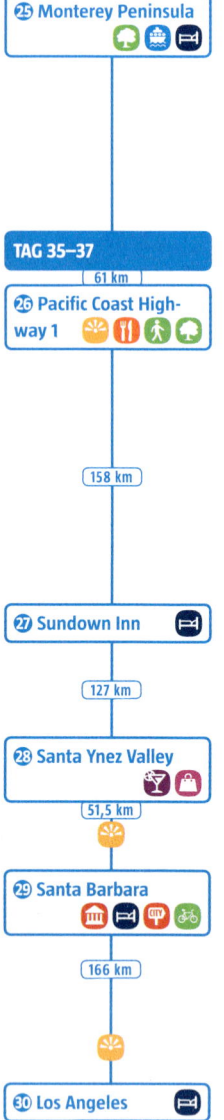

25 Monterey Peninsula

TAG 35–37

61 km

26 Pacific Coast Highway 1

158 km

27 Sundown Inn

127 km

28 Santa Ynez Valley

51,5 km

29 Santa Barbara

166 km

30 Los Angeles

ckenfarmen und Dünen voller Mittagsblumen den Weg zur **25** **Monterey Peninsula → S. 142**. Planen Sie hier einen Tag Aufenthalt: Zum Besuch des großen **Monterey Bay Aquariums → S. 142**, zu Abstechern nach **Pacific Grove** und **Carmel** und zu einer Bootstour zum Wale-Beobachten, z. B. mit **Monterey Bay Whale Watch** *(84 Fisherman's Wharf | gowhales.com)*. Übernachtung im **Arbor Inn** *(55 Zi. | 1058 Munras Ave. | www.arborinnmonterey.com | €€– €€€)*.

Heute folgt das schönste Stück des **26** **Pacific Coast Highway 1 → S. 143**: Hoch über dem Meer kurvt er bei Big Sur an den Hängen der steil ins Meer fallenden Santa Lucia Range südwärts. Nehmen Sie Ihren Lunch in einem der **Restaurant-Cafés** mit grandiosem Blick über die Küste ein. Danach immer neue Kurven, immer neue Aussichtspunkte entlang der kaum erschlossenen Küste. Erst bei San Simeon wird das Ufer wieder flacher. Gute Gelegenheit zum Bummel an einer der **Strandbuchten**, in denen oft Kolonien der riesigen <mark>INSIDER TIPP</mark> Seeelefanten zu beobachten sind. Ein hoher Vulkanfelsen markiert bei Morro Bay das Ende des einsamen Küstenabschnitts. Dort und an den Stränden weiter südlich herrscht Ferientrubel, und man findet reichlich Motels für die Nacht. Tipp: das klassische Motel **27** **Sundown Inn** *(17 Zi. | 640 Main St. | Morro Bay | www.sundowninn.com | €)*. **Über San Luis Obispo und Solvang**, das „dänische Dorf Kaliforniens", fahren Sie immer **weiter nach Süden, erst auf dem Hwy. 101 und dann auf dem Hwy. 154** durch das große Weinanbaugebiet des **28** **Santa Ynez Valley** mit seinen vielen Probierstuben wie etwa der provenzalisch anmutenden **Sunstone Winery** *(tgl. 11–17 Uhr | 125 Refugio Rd. | Santa Ynez)*. Vom Pass über die Santa Ynez Mountains aus ist dann das Tagesziel schon zu sehen: **29** **Santa Barbara → S. 141**, der wohl schönste Küstenort des Golden State, mit spanisch-mediterraner Architektur und kalifornisch-legerem Flair. Nicht verpassen sollten Sie die idyllisch gelegene **Mission Santa Barbara** *(tgl. 9–17 Uhr | Laguna/Los Olivos St.)* und am nächsten Morgen eine Radtour durch die Innenstadt und entlang der Strände. Die restliche Strecke bis **30** **Los Angeles → S. 138** ist in drei bis vier Stunden zu schaffen: **über die Autobahn 101 und dann ab Oxnard aussichtsreich entlang der Küste auf dem Highway 1.**

2 FLORIDA: VERGNÜGUNGSPARKS UND WEISSE STRÄNDE

START: ❶ Orlando
ZIEL: ❶ Orlando

14 Tage
reine Fahrzeit
21 Stunden

Strecke:
🚗 1700 km

KOSTEN: Miete Mittelklassewagen inkl. Benzin 630 Euro, Übernachten 1050 Euro/Pers., Essen 600 Euro/Pers., Aktivitäten und Eintritte 220 Euro/Pers., Delfinschwimmen 180 Euro/Pers.

MITNEHMEN: Badesachen, Sonnenschutz, Kühlbox (aus dem Supermarkt)

ACHTUNG: Je nach günstigstem Transatlantikflug können Sie die Rundreise auch in Miami, Fort Myers oder Tampa beginnen.

Diese ganzjährig machbare Rundfahrt eignet sich ideal für Erstbesucher in Amerika. Entlang des Wegs erleben Sie alle Facetten des American Way of Life: fantasievolle Themenparks, die turbulente Metropole Miami und die Alligatoren der Everglades, den Weltraumbahnhof Cape Canaveral, das tropische Flair der Keys und reichlich Sandstränden an mehr als 2000 km Küste.

Nach der Landung in ❶ **Orlando → S. 78**: Zwei Tage müssen Sie noch vor dem Start der Rundfahrt hier für die großen Vergnügungsparks einplanen, ein Tag etwa für das **Disneyworld Magic Kingdom** und die **Universal Studios**. Danach geht's los: **Die SR 528 führt stracks nach Osten** an die Atlantikküste, wo im ❷ **Kennedy Space Center** *(tgl. 9–19 Uhr)* von **Cape Canaveral** auf gut zweistündigen Bustouren Raketen, ein Space-Shuttle und die historischen Mondfahrzeuge zu bestaunen sind. Schön für eine erste Badepause und eine Nacht ganz in der Nähe: das Strandstädtchen ❸ **Cocoa Beach**, wo Sie in der **Boardwalk Bar** am langen Pier den Tag mit einem Drink beschließen können.

Am nächsten Morgen bringt Sie **die Autobahn I-95 schnell weiter südwärts nach** ❹ **Palm Beach**, dem berühmten Ferienort der amerikanischen High Society. Ein Bummel an der **Worth Avenue** mit ihren edlen Boutiquen und Bistros führt das Lebensgefühl der Millionärsszene vor Augen. Legerer gibt sich ❺ **Fort Lauderdale etwas weiter südlich an der I-95,** das mit gepflegten Villenvierteln und brei-

TAG 1–3
❶ Orlando

| 156 km |

❷ Kennedy Space Center

| 1,5 km |

❸ Cocoa Beach

TAG 4
| 219 km |
❹ Palm Beach

| 77,5 km |

❺ Fort Lauderdale

Damit man am Strand von Key West
nicht die Orientierung verliert ...

6 Miami Beach

TAG 5–6

TAG 7–8

111 km

7 Key Largo

ten Stränden sowie einer Vielzahl von mit Booten befahr-
baren Kanälen zu den beliebtesten Ferienorten Floridas
zählt. Zur Übernachtung fahren Sie weiter nach **6 Miami Beach → S. 71**, wo Sie sich am besten für drei Näch-
te einmieten.

So bleibt in der glamourösen Stadt reichlich Zeit zum Bummeln im Art-déco-Viertel am **Ocean Drive**, zum Baden an
den langen Sandstränden und zum Shopping im **Bayside
Marketplace**. Dazu noch ein Besuch im **Miami Seaquari-
um** *(tgl. 10–18 Uhr | Rickenbacker Cswy. | Virginia Key)*, wo
Sie bei der „Dolphin Odyssey" auch Delfine kennenlernen
und mit ihnen schwimmen dürfen.

Von Miami aus **nach Süden führt der legendäre Overseas
Highway (US 1)** über 42 Brücken rund 200 km weit ins
Meer hinaus auf die Inselkette der Florida Keys → S. 74. Auf
7 Key Largo, dem ersten großen Eiland, können Sie im
Pennekamp Coral Reef State Park *(tgl. 8–17 Uhr)* die Un-

terwasserwelt auf Boots- und Schnorcheltouren erleben. Zahlreiche kleine Häfen mit Bars und Fischrestaurants säumen die weitere Route. Ziel des Highways über das Wasser ist das tropisch-bunte **❽ Key West → S. 74**, das mit quirligem Nachtleben lockt. Mit dem Leihfahrrad erkunden Sie die Stadt am nächsten Tag und gönnen sich zum Sonnenuntergang eine INSIDERTIPP Katamaran-Bootstour mit **Sebago Key West** (keywestsebago.com)

Zurück auf dem Festland, bringt Sie der Tamiami Trail (US 41) quer durch die berühmten subtropischen Sümpfe der **❾ Everglades → S. 74** an die Westküste Floridas. Nicht fehlen darf hier eine Airboat-Tour z. B. mit **Wooten's Airboats** (tgl. 9–16.30 Uhr | Ochopee | www. wootenseverglades.com), bei der man rasant über die weiten Seegrasflächen zischt. In **❿ Naples** ist die Westküste Floridas erreicht, wo die warmen Wellen des Golfs von Mexiko ganz sanft an die weißen Strände plätschern. **Bleiben Sie nun auf Hwy. 41 und Estero Blvd. auf dem Weg nach Norden direkt an der Küste.** Ideal für zwei Tage zum Baden und Besichtigen sind **eine Fahrstunde weiter** die von üppiger grüner Vegetation umrankten Inseln **⓫ Sanibel**, wo Sie sich für die nächsten drei Nächte einmieten, und **⓬ Captiva**. Schön für ein romantisches Fischdinner: das **Keylime Bistro** (tgl. | 11509 Andy Rosse Lane | Captiva Island | keylimebistrocaptiva.com | €€). Nicht verpassen: nahebei in **⓭ Fort Myers** das **Edison Home** (tgl. 9–17.30 Uhr | 2350 McGregor Blvd.). Dort verbrachte der Erfinder der Glühbirne 40 Jahre lang seine Winter und legte einen faszinierenden botanischen Garten an.

Immer neue Strände und Badeorte säumen **die I-75 auf dem Weg nach Norden,** ehe es in **⓮ St. Petersburg** heißt, Abschied zu nehmen vom Meer. Aber ein letzter Tag am Strand muss sein – am besten am INSIDERTIPP **St. Pete Beach**. Der ganze Stolz der Stadt ist übrigens das wirklich hervorragende INSIDERTIPP **Salvador Dalí Museum** (tgl. 9–17.30 (Do bis 20) Uhr | 1 Dalí Blvd.). Am letzten Tag schließt sich **über die I-4 durch Tampa** der Kreis der Rundfahrt zurück nach **❶ Orlando → S. 78**

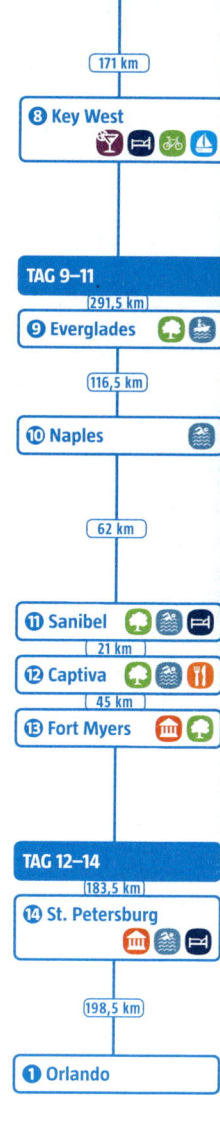

171 km

❽ Key West

TAG 9–11

291,5 km

❾ Everglades

116,5 km

❿ Naples

62 km

⓫ Sanibel

21 km

⓬ Captiva

45 km

⓭ Fort Myers

TAG 12–14

183,5 km

⓮ St. Petersburg

198,5 km

❶ Orlando

ROUTE 66: HIGHWAY DER SEHNSUCHT

3

START: ❶ Chicago
ZIEL: ㉓ Los Angeles

14 Tage
reine Fahrzeit
45 Stunden

Strecke:
➡ **3810 km**

KOSTEN: Miete Mittelklassewagen inkl. Benzin 1200 Euro, Übernachten 1050 Euro/Pers., Essen 600 Euro/Pers., Aktivitäten und Eintritte 23 Euro/Pers.

ACHTUNG: Mietwagen im Reisebüro buchen – dann entfällt die recht hohe Rückführungsgebühr.

„You get your kicks on Route 66", besang einst Nat King Cole die legendäre „Mother Road", die in den 1920er-Jahren angelegte erste Straße in den Westen der USA. Ein Highway von Chicago nach Los Angeles am Pazifik. Auf ihm zogen die verarmten Farmer aus Oklahoma westwärts nach Kalifornien, und in den 1950er-Jahren reisten auf ihm die ersten Touristen zum Grand Canyon. Heute ist die Reise auf den Spuren der Route 66 ein wunderbarer Nostalgietrip.

TAG 1–2
❶ Chicago

Nach einem Tag in ❶ **Chicago** → S. 84 zum Fahrzeugabholen und Selfie-Stopp vor der blitzenden Alu-Skulptur „Cloud Gate" im **Millennium Park** nehmen Sie die Autobahn I-55 **nach Süden** – zu mühsam wäre im Vorortgewirr die Suche

nach den Resten der Route 66. **Doch schon eine Fahrstunde südlich der Metropole liegen – gut ausgeschildert –** um Wilmington und Dwight im Norden sowie südlich von Springfield um Litchfield und Mount Olive noch einige Teilstücke des alten Highway. Auch altmodische Relikte der Route 66 blieben hier erhalten: etwa die alte **Tankstelle von Shea's** *(2075 Peoria Rd.)* und der klassische Diner **Cozy Drive-In** *(2935 S. 6th St. | €)* in ❷ **Springfield → S. 88**. Wenig später lohnt sich **von der I-55 ein Abstecher zu den** ❸ **Cahokia Mounds**, gewaltigen indianischen Tempelhügeln aus der Zeit zwischen etwa 700 und 1500, bevor Sie dann ❹ **St. Louis → S. 95** erreichen.

In St. Louis überquert die Route 66 als I-55 den Mississippi, danach folgt der Verlauf des alten Highway der heutigen I-44 hinaus in die unendlichen Prärien, quer durch das Herzland des Kontinents. Nächster Stopp: die Tropfsteinhöhlen der ❺ **Meramec Caverns** *(im Sommer tgl. 9–19.30)* nur 5 km südlich von ❻ **Stanton. Weiter westwärts lockt ein Abstecher auf der US 65 in die** ❼ **Ozark Mountains**, die Heimat der Hillbilly-Musik. Bei einem Pausentag in ❽ **Branson → S. 93** lässt sich auf Showbühnen wie dem **American Bandstand Theatre** *(www.explorebranson.com/shows)* die Country-Szene erleben.

Zurück auf der I-44 zieht sich der Highway nach Joplin, hinter dem wieder einige Teilstücke der alten Route 66 zu befahren sind. Boxenstopp in ❾ **Tulsa → S. 109**, das eben-

| 312 km |

❷ Springfield
| 160,5 km |
❸ Cahokia Mounds
| 8 km |
❹ St. Louis

TAG 3–4
| 110 km |
❺ Meramec Caverns
| 5,5 km |
❻ Stanton
| 325 km |
❼ Ozark Mountains
| 18 km |
❽ Branson

TAG 5–6
| 194 km |
❾ Tulsa
| 163,5 km |

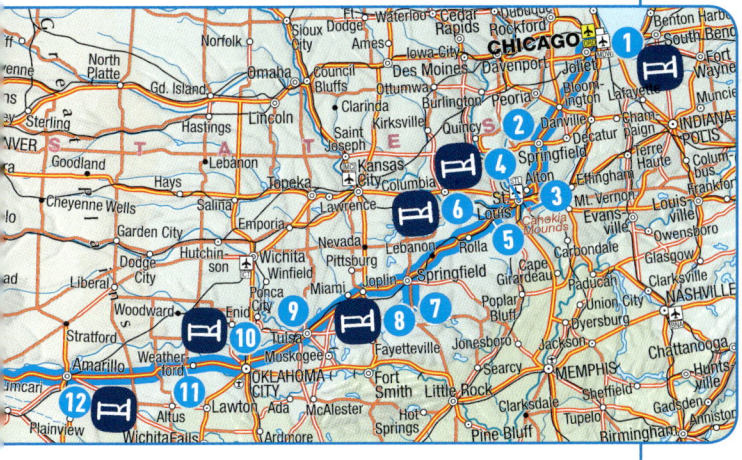

10 Oklahoma City 🍴 🛏

137 km

11 Route-66 Museum 🏛

281 km

12 Amarillo 🏛 🛏

TAG 7–9

483 km

13 Santa Fe 🏛 🛏

200 km

14 Indianerpueblo Acoma 🏰

45,5 km

15 Grants 🏛

98,5 km

16 Gallup 🏛 🛏

TAG 10–11

113 km

17 Petrified Forest National Park 🌳

186 km

18 Flagstaff 🛏

142 km

19 Grand Canyon National Park 🌳 🛏

95,5 km

20 Williams 📷 🍴

TAG 12–14

257 km

21 Oatman 🚶

46,5 km

22 Needles 🛏

427,5 km

23 Los Angeles 🛏 🌊

so wie das Tagesziel **10** **Oklahoma City → S. 107**, Hauptstadt des Staats, eine klassische, ölreiche Boomtown ist. Spätestens jetzt wird es Zeit für ein richtiges Steak: am besten im **Cattlemen's Steakhouse** *(tgl. | 1309 S. Agnew Ave. | www.cattlemensrestaurant.com | €€)*, das ganz stilecht neben den Stockyards, den riesigen Viehhöfen, liegt. **Von Oklahoma City aus verläuft die Route 66 nun immer parallel zur I-40 schnurstracks gen Westen** – über **Clinton** mit seinem sehr guten **11** **Route-66 Museum** *(tgl. 9–19 Uhr | 2229 W. Gary Blvd.)* in den Norden von Texas nach **12** **Amarillo → S. 99**. Gleich westlich der Stadt steht das oft fotografierte Route-66-Kunstwerk der **Cadillac Ranch** – eine Reihe hochkant gestellter Oldtimer.

Weiter durch die staubigen Wüsten und struppigen Bergketten von New Mexico: Von Santa Rosa aus lohnt **ein Abstecher von der I-40 auf der ursprünglichen Route 66** zu einem Pausentag nach **13** **Santa Fe → S. 130**, der kunstsinnigen Hauptstadt von New Mexico. **Auch westlich von Albuquerque → S. 122** wartet in der scheinbar öden Wüste noch allerlei Sehenswertes: etwa das auf hoher Klippe gelegene **14** **Indianerpueblo Acoma** und bei **15** **Grants** einige **alte Abschnitte der Route 66** mit verwitterten Tankstellen und neonbeschilderten Billigmotels. Mit ganz ähnlicher Highway-Nostalgie lockt das nächste Tagesziel: **16** **Gallup**, bekannt für indianische Kunstgalerien.

Jenseits der Grenze zu Arizona liegt der **17** **Petrified Forest National Park an der I-40** mit seinen zu Onyx versteinerten Bäumen. Nicht fehlen darf nach einer Nacht in **18** **Flagstaff → S. 125** ein Tagesabstecher nach Norden zum **19** **Grand Canyon National Park → S. 124**, den Sie **in zwei Stunden Fahrt auf der US 180 erreichen. Zurück an der I-40** lockt das Örtchen **20** **Williams** mit viel Route-66-Kitsch und knallbunten Diners wie dem **Cruiser's Route 66 Cafe** *(tgl. | 233 Hist. Route 66 | cruisers66.com | €)*.

Nun folgt eins der längsten und stimmungsvollsten Stücke der alten Route 66: **Von Seligman über Peach Springs nach Kingman und weiter nach **21** **Oatman** – ein halb verlassenes Bergwerksnest, in dem sogar noch wilde Esel auf den Straßen herumlaufen. Dann ist Kalifornien erreicht und Ihr Tagesziel **22** **Needles**. Das letzte, recht einsame Routenstück **führt parallel zur I-40** quer durch die Mojave-Wüste. Ab Barstow ist es dann nicht mehr weit **auf der I-15 bis **23** **Los Angeles → S. 138**, wo die Route 66 am Pier in **Santa Monica** am Pazifik endet und Sie noch einen Tag am Strand einplanen dürfen.

4

NEUENGLAND: DIE WIEGE AMERIKAS

START: ❶ Boston
ZIEL: ❶ Boston

10 Tage
reine Fahrzeit
24 Stunden

Strecke:
🧳 **1570 km**

KOSTEN: Miete Mittelklassewagen inkl. Benzin 420 Euro, Übernachten 680 Euro/Pers., Essen 440 Euro/Pers., Aktivitäten und Eintritte 135 Euro/Pers., Zahnradbahn 68 Euro/Pers.
MITNEHMEN: Wanderschuhe, Badesachen, wind- und wetterfeste Kleidung

ACHTUNG: im Indian Summer die Unterkünfte unbedingt vorab reservieren

Eine Rundfahrt zu den historischen Highlights der Neuen Welt, zu Walfängern und Pilgervätern. Dazu gibt es reichlich Strände, Kunst und Natur entlang des Wegs – und im Herbst zu Anfang Oktober strahlen die Laubwälder in den schönsten Farben des Indian Summer.

Startpunkt ist ❶ **Boston** → S. 39, wo Sie ein Tag mit Bummel auf dem **Freedom Trail** und Panoramablick vom Skywalk Observatory im **Prudential Center** (tgl. 10–22 Uhr) erwartet. Dann führt die Route zunächst **nach Süden auf I-93 und MA-3 bis Plymouth,** dem ersten Siedlungsort der Pilgerväter in Amerika, der heute als Museumsdorf ❷ **Plimoth Plantation** → S. 43 erhalten wird. Am Spätnachmittag geht es dann **weiter auf der US-6 nach Cape Cod → S. 43**, jener großen, von Dünen gesäumten Halbinsel, die weit in den Atlantik bis ❸ **Provincetown** hinausreicht. Ein Tag ist hier gut investiert: zu einer 3- bis 4-stündigen Tour zum Wale-Beobachten mit der **Dolphin Fleet** (MacMillan Pier | whalewatch.com.com) und einem Stadtbummel.

Zurück von Cape Cod geht es auf der I-195 und RI 114 nach New Bedford zum sehr guten ❹ **Walfangmuseum** → S. 45 und weiter nach ❺ **Newport, RI** → S. 46 mit seinen opulenten Strandvillen aus der Gatsby-Ära. Am nächsten Tag **bei der Weiterfahrt auf RI-138 und US-1** steht bei New Ha-

TAG 1–3

❶ Boston

72 km

❷ Plimoth Plantation

122,5 km

❸ Provincetown

TAG 4–6

160 km

❹ Walfangmuseum

50,5 km

❺ Newport

77,5 km

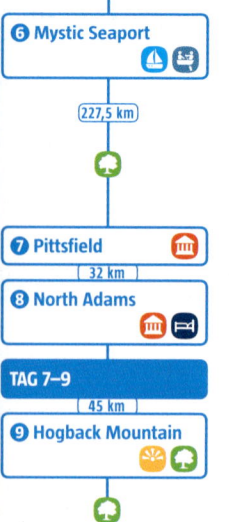

6 Mystic Seaport

227,5 km

7 Pittsfield

32 km

8 North Adams

TAG 7–9

45 km

9 Hogback Mountain

ven ein Besuch im **6 Mystic Seaport → S. 46** an, wo Sie ein Segel- oder Ruderboot für einen Törn mieten können. Dann ist's genug der Seefahrerei: **Auf I-95, CT-11/2 und I-91/90** führt die Route am Spätnachmittag nach Nordwesten ins Binnenland, in die Wälder der **Berkshire Hills → S. 38**. Die Städtchen und Straßen zwischen Stockbridge und North Adams sind das Herzland des Indian Summer in Massachusetts. Aber auch im Sommer ist ein Tag mit Shaker-Geschichte in **7 Pittsfield** und moderner Kunst in **8 North Adams** schnell vorbei.

Der nächste Panoramapunkt folgt **an der VT-9: 9 INSIDER TIPP Hogback Mountain** mit 100 km Sicht an klaren Tagen. Keine Häuser, keine Straßen – zur Blätterfärbung Anfang Oktober ein Meer aus feuerroten und goldgelben Bäumen bis zum Horizont. Danach kommt das schönste Stück Landstraße in Vermont: **der Highway 100 → S. 47**, der auf der Ostseite der Green Mountains durch idyllisches Farmland und Dörfer mit weißen Kirchen mäandert. **Über US-4, I-91 und VT-116/112 führt die Reise weiter über Woodstock → S. 47 nach New Hampshire bis ⑩ Lincoln.** Am nächsten Morgen laden dort die White Mountains zu einer Wanderung zur **⑪ „Artists Bluff"** im **Franconia Notch State Park** ein. Noch höher hinaus kommen Sie am **⑫ Mount Washington → S. 45**, auf dessen 1917 m hohen Gipfel ganz nostalgisch eine Dampf-Zahnradbahn hinaufführt. Über die **Outlet Malls** (gute Discountpreise) von **⑬ North Conway** geht es am Tag danach in den Bundesstaat Maine und hinaus zur Küste nach **⑭ Portland → S. 47**.

Einen Bummel im **Old Port**, dem alten Hafen von Portland, können Sie gut mit einer Bootstour zum Hummerfangen verbinden, zu buchen bei **Lucky Catch Cruises** *(170 Commercial St. | www.luckycatch.com)*. Es lohnt sich, danach von Portland aus statt auf der Autobahn südwärts zu fahren, **den kleinen Straßen am Wasser zu folgen – über Cape Elizabeth und Kennebunkport zu den ⑮ Stränden von Ogunquit** und in das hübsche alte Fischerstädtchen **⑯ Rockport → S. 43**. Von hier ist es dann nur noch **eine Stunde Fahrt zurück nach ① Boston → S. 39**.

267,5 km

⑩ Lincoln

18 km

⑪ „Artists Bluff"

77 km

⑫ Mount Washington

44,5 km

⑬ North Conway

98,5 km

⑭ Portland

TAG 10

94,5 km

⑮ Strände von Ogunquit

120,5 km

⑯ Rockport

62 km

① Boston

Im Bostoner Binnenhafen: Die Abendsonne taucht die Skyline in kupfernes Licht

SPORT & WELLNESS

Die eine Hälfte der Amerikaner sitzt nur im Auto und hat deutliche Gewichtsprobleme, die andere Hälfte aber ist sportversessen, als wäre es eine neue Religion. Fitnessstudios boomen, immer neue Golfplätze werden angelegt, überall sieht man Jogger, Walker, Biker schwitzen.

Die Trends kommen aus Kalifornien: Von dort haben schon oft neue Sportarten ihren Siegeszug um die Welt angetreten – Snowboarding z. B. oder Rollerblading. Quer durchs ganze Land findet Golf- und Tennisplätze, gute Hiking-Trails, Reitmöglichkeiten, Seen zum Baden und Wasserskifahren. Dass viele der schönsten Urlaubsregionen wie etwa die Canyons im Südwesten, die Rocky Mountains oder das Hinterland der Strände am Atlantik

nur dünn besiedelt sind, ist ein extra Bonus. Platz hat Nordamerika reichlich. Die Resorts sind perfekt auf aktive Urlauber eingestellt: Fitnessclub, Pool, Tennisplätze und oft sogar ein Golfplatz zählen zur Grundausstattung. Ringsum in den Wüsten, Canyons oder Bergen können Sie Radtouren und Wanderungen unternehmen oder zu Pferd in die Wildnis ziehen.

Zahlreiche *rental shops* nahe den Nationalparks und in den Städten vermieten Bikes und anderes Sportgerät. Tipps und Landkarten für die Region bekommen Sie gleich dazu. Organisierte Tagestouren wie Ausritte oder Schlauchbootfahrten können Sie meist kurzfristig vor Ort buchen. Mehrtägige Touren reservieren Sie besser vorab. Und überall haben die

---

Outdoor-Fun rund ums Jahr: Ob Golfen, Reiten, Rafting oder Mountainbiking – Amerika bietet viel Platz für den Aktivurlaub

Amerikaner den Wohlfühltrend zum Kult erhoben. So gut wie jedes Resorthotel hat auch ein Spa, das oft in sehenswertem Design in die Natur eingebettet ist. Spa-Infos: *www.spafinder.com*

GOLFEN

Golfen ist die liebste Beschäftigung der Amerikaner. Schon in den Schulen gibt es Golfkurse, und so manche Frührentner ziehen mit 50 nach Florida oder Arizona und spielen den Rest ihres Lebens nur noch Golf. Jeder noch so kleine Ort gönnt sich einen eigenen Platz. Ein Ferienziel wie Orlando besitzt 150 Golfanlagen, ein vergleichsweise kleiner Urlaubsort wie Palm Springs immerhin noch 80! Vor allem Staaten mit mildem Winterklima – Florida, Kalifornien, Arizona – sind beliebte Golfziele. Die Greenfees liegen meist zwischen 50 und 100 $, auf berühmten Plätzen aber, wie z. B. Troon North in Phoenix, kostet ein Spiel mehr als 300 $. Infos unter *www. golfguideweb.com* oder *www.golf.com*

HIKING

Die besten Wanderwege – gut ausge-schildert und gepflegt – finden Sie in den *National Parks*, *State Parks* und *National Forests.* Die Rangers in den Visitor Centers haben gutes Kartenmaterial und geben Tipps für die Trails.

Gut geeignet für Tagestouren sind die *Smoky Mountains* in Georgia und Parks wie *Yosemite*, *Bryce Canyon*, *Olympic* und der *Rocky Mountain National Park*. Zur Kakteenblüte im Frühjahr sind die

Ein Sport, bei dem man gelegentlich in Abgründe blickt: Canyoning

Parks *Joshua Tree* und *Big Bend* ideale Ziele. Um den Indian Summer zu erleben, sollten Sie in die *White Mountains* von Neuengland oder in den *Shenandoah National Park* reisen.

KANUFAHREN, RAFTING & CANYONING

Per Kanu wurde Nordamerika einst er-obert, und noch heute vermittelt eine Paddeltour viel Pionierflair. Besonders schön: der Norden von Minnesota. Doch auch an vielen Seen im Land kann man Kanus mieten (30–50 $ pro Tag). Wilder, aber nicht gefährlicher ist Rafting – in Schlauchbooten reitet man über die Stromschnellen der Flüsse. Die schönsten sind der *Colorado River* im Grand Canyon, der *Snake River* in Idaho, der *American River* in Kalifornien, der *Arkansas River* in Colorado sowie der *New River* in West Virginia. Viele gute Ideen für Raftingtrips auf einer großen Auswahl von Flüssen in den USA finden Sie unter *www.raftingamerica.com*. Ka-nuvermietung und geführte Touren im Everglades National Park bietet *North American Canoe Tours (107 Camellia St. | Everglades City | Tel. 239 6 95 32 99 | www. evergladesadventures.com)*.

Die engen Schluchten etwa auf dem Co-lorado Plateau bieten zudem ideale Mög-lichkeiten fürs Canyoning – dabei folgt man über Wasserfälle und Steilwände dem Flusslauf *(www.canyoneering.net)*. Mehrtägige Touren auf Colorado und Green River durch die Canyon-Region of-feriert *Sheri Griffith Expeditions (Moab | Tel. 800 3 32 24 39 | www.griffithexp.com)*.

MOUNTAINBIKING

Die Traumziele für alle Mountainbiker liegen im Westen: die Rockies und die Canyon-Regionen in Utah und Arizona.

Treffs der *fat-tire*-Fans sind Westernstädtchen wie *Crested Butte* oder *Durango* und natürlich das Biker-Paradies *Moab*, mit dem legendären *Slickrock Trail.* Neu angelegt wurde in den letzten Jahren der *Tahoe Rim Trail* – 250 km rund um den schönsten Bergsee der USA. Weitere Infos: *www.tahoerimtrail.org* und *flume trailtahoe.com*

Touren hoch in den Rockies bietet *Crested Butte Mountain Guides (Crested Butte | Tel. 970 3 49 54 30 | www. crestedbutteguides.com).* Mehrtägige Biketouren in den Nationalparks von Utah und Tagestouren um Moab bei *Rim Tours (1233 S. Hwy. 191 | Moab | Tel. 435 2 59 52 23 | www.rimtours.com).*

REITEN

Keine Reise in den Wilden Westen ist komplett ohne einen Ausritt mit Cowboy-Flair. Einfache *trail-rides,* gemütlich und ungefährlich, sind für zwei oder drei Stunden kurzfristig bei vielen Ranches am Weg zu buchen. Wer mehr will, kann für eine Woche auf einer *guest ranch* den Cowboys helfen oder einen mehrtägigen *packtrip* in die Wildnis buchen. Mit Schlafsack und Packpferd geht's dann wie zu Pionierzeiten in die Einsamkeit der Canyons. Preis: 150–300 $ pro Tag. Eine Gäste-Ranch kann als *dude ranch* recht komfortabel sein samt Pool und vielen Freizeitaktivitäten. Oder Sie buchen eine rustikalere *working ranch*, bei der das echte Cowboyleben im Vordergrund steht. Eine gute und bebilderte Auswahl bieten die Sites *www.duderanch.org* und *www.duderanches.com.*

SURFEN

Surfen bedeutet für die Amerikaner echtes Wellenreiten, nicht Windsurfen – und kein Sport verkörpert das Lebensgefühl Kaliforniens besser. So liegen denn die besten Surfstrände auch am Pazifik zwischen Los Angeles und San Diego. Boards können Sie überall ausleihen, und nach ein paar Stunden Schnupperkurs stehen Sie auf der ersten eigenen Welle. Windsurfen ist übrigens gut in Florida und am *Columbia River* in Oregon, dem „Gardasee Amerikas" für die Surfer, zu betreiben. Sehr beliebt ist *stand-up paddling* – auf dem Brett balancierend paddeln.

WINTERSPORT

Der legendäre *champagne powder* fällt nur in den Rocky Mountains vom Himmel. Die umliegenden Wüsten sorgen für extrem trockenen, puderfeinen Schnee – das Nonplusultra für alle Tiefschneefans. *Aspen* und *Vail* in Colorado sowie die Olympia-Abfahrten von *Park City* in Utah sind die berühmtesten Reviere der Rockies. Doch es gibt noch mehr: Amerikas ältesten Skiort etwa, *Sun Valley* in Idaho, das sehr steile *Jackson Hole* in Wyoming oder auch *Lake Tahoe* und *Mammoth Mountain* in Kalifornien. Tipp für Langläufer: Nationalparks wie *Bryce Canyon* und *Grand Teton/Yellowstone* spuren Loipen.

ZIPLINING

Die Wälder und die Canyons nicht nur auf Augenhöhe erleben, sondern aus ungewöhnlichen Perspektiven – und dazu kräftig Adrenalin verbrauchen: das ist das Konzept der *ziplines.* An mehrere Hundert Meter langen Stahlseilen saust man, sicher gehalten in einem Klettergurt, zwischen festen Plattformen über Schluchten und Flüsse. Dazu gibt es Kletter- und Seilgärten, in denen Hindernisstrecken zu überwinden sind. Alles gut abgesichert und mit hohem Spaßfaktor. Überblick verschafft *www.ziplinerider.com.*

MIT KINDERN UNTERWEGS

Ab einem Alter von drei bis vier Jahren lässt sich eine Reise in die USA mit Kindern gut machen. Ist erst einmal der Flug überstanden, läuft vor Ort alles problemlos: Beim Essen gibt es spezielle Kinderteller und -sitze. Bei der Übernachtung bieten Hotels – meist ohne Aufpreis – separate Kinderbetten an, viele Motels zudem auch ein Planschbecken. Babysitter werden in allen Ferienanlagen und Hotels vermittelt. Kindersitze im Auto sind nicht nur selbstverständlich, sondern sogar Pflicht und werden auf Anfrage von allen Mietfirmen gestellt. Tipp: Obwohl Kinder den Jetlag meist ganz gut verkraften, sollten Sie den Rückflug nicht unmittelbar vor Schulbeginn einplanen.

FERIEN IM WOHNMOBIL

Was bei Kids immer gut ankommt, ist eine Reise mit dem Wohnmobil: Das Fahrzeug schafft eine vertraute, gleichbleibende Umgebung, und das Campleben ist für Kinder ideal. Allerdings sollte man dann die Reiseroute darauf ausrichten, kürzere Tagesetappen wählen, mehrere Tage an einem Ort zubringen und immer wieder Erlebnisse wie Kanutouren, Angeln oder Ausritte einplanen. Die Erfahrung zeigt: Im Durchschnitt sind 100 Meilen/Tag für Kinder das Maximum.

IN DER NATUR

Mit Aussichtspunkten über Canyons und Wälder können die Kids meist nicht viel anfangen. Aber wenn ein (Wasch-)Bär über den Campingplatz läuft, wenn Papa und Mama mit ihnen eine Kanutour unternehmen oder einen Ausritt auf einer Ranch, dann sind garantiert alle begeistert. Angebote gibt es reichlich, und auch die Feste in Amerika – Rodeos, Paraden und farbenfrohe indianische Powwows – eignen sich gut für Kinder. Bei solchen Festen ist auch ein Besuch bei Sitting Bulls Nachfahren am besten – ansonsten sind die oft tristen Reservate für Kinder eher schockierend. Die Nationalparks bieten übrigens oft ein *Junior Ranger Program* an, bei dem Kinder die Arbeit der Ranger kennenlernen und selbst für einen Nachmittag mitmachen dürfen.

MUSEEN

Ob Kunstausstellung oder Stadtmuseum: Fast alle haben sie eigene Abteilungen oder spezielle Programme für Kinder, die meist sehr gut gestaltet sind. Der Clou aber sind Technikmuseen und die *Children's Museums:* Didaktisch hervorragend präsentiert man dort Phänomene wie Erdbeben und lädt zum Selbstexperimentieren ein.

Mickey Mouse & Sitting Bull: Themenparks, Kindermuseen und spektakuläre Achterbahnen – Amerika hat ein Herz für Kinder

EXPLORATORIUM (198 A1) (🗺 B4)
Das älteste und beste der amerikanischen Hands-on-Museen, in dem die Kinder alles anfassen und selber ausprobieren dürfen. Die Themen: Naturgesetze, optische Täuschungen und sogar ein Mini-Tornado. Schön gelegen am Ufer der Bay. *Sa–Do 10–17, Fr 10–21 Uhr | Eintritt 30 $, Kinder 25 $ (bis 12 J. 20 $) | Pier 15, Embarcadero | San Francisco | www.exploratorium.edu*

CEDAR POINT (196 B4) (🗺 K4)
Die größten und schnellsten Achterbahnen Amerikas rasen in der Nähe von Cleveland über die Schienen. Wasserpark nebenan. *Im Sommer 10–22 Uhr | Eintritt 65 $, Kinder unter 1,22 m 42 $ | Sandusky, Ohio | www.cedarpoint.com*

KNOTT'S BERRY FARM
(198 B3) (🗺 B5)
Wildweststadt, Mexicodorf, Wildwasserfahrt und spektakuläre Achterbahnen wie „Silver Bullet" „Pony Express" und „Montezooma's Revenge". Schön für kleinere Kinder: Camp Snoopy. Wasserpark nebenan. *Im Sommer tgl. 10–22 Uhr | Eintritt 72 $, Kinder bis 11 J. 62 $ | 8039 Beach Blvd. | Buena Park, Kalifornien | www.knotts.com*

STRATOSPHERE TOWER
(198 C2) (🗺 E5)
Für Teenies ultimative Mutproben: drei spektakuläre Achterbahnen auf einem 350 m hohen Turm. Für 120 $ dürfen sie beim „SkyJump" sogar über die Kante springen. *Tgl. 10–1 Uhr | Eintritt 20 $, Fahrten je 5 $ | 2000 Las Vegas Blvd. S. | Las Vegas | www.stratospherehotel.com*

THEMENPARKS
Das Traumziel aller Kids ist *Orlando.* Nicht nur Mickey Mouse und Donald Duck sind in den vier Disney-Themenparks dort zu Hause. Und: Es gibt noch gut 50 weitere solcher Spaß-Imperien im Land. Tipp: Schön für Achterbahn-Fans sind die Parks der Kette Six Flags *(www.sixflags.com).*

EVENTS, FESTE & MEHR

Neben den großen Feiertagen finden sich reichlich Gründe für Feste: Erkundigen Sie sich im örtlichen Visitors Bureau – irgendwo in der Nähe findet garantiert ein Festival statt. Staatliche Feiertage fallen in den USA meist auf einen Montag – so wird ein verlängertes Wochenende daraus. Zwei dieser *holiday weekends,* der Memorial Day und der Labor Day, markieren Anfang und Ende der Sommerreisezeit.

FESTE & FESTIVALS

FEBRUAR

Chinese New Year: Drachenparaden in den Chinatowns von San Francisco, New York und Los Angeles

Zum *Mardi Gras* (wörtlich „Fetter Dienstag") in der Woche vor Aschermittwoch steht New Orleans Kopf: Kostümparaden, Bälle, Straßenpartys und viel Alkohol. *www.mardigrasneworleans.com*

Daytona 500: 200 000 Autofans kommen nach Florida zum berühmten Stockcar-Rennen. *www.daytonainternational speedway.com*

MAI

Cinco de Mayo: Am Wochenende um den 5. Mai feiern die mexikanischen Einwanderer vor allem in Großstädten wie Los Angeles, Tucson, Denver oder Dallas mit Paraden, Fiestas und Mariachi-Bands.

Beim `INSIDER TIPP` *Kingman Fun Run* dröhnen Anfang des Monats die Motoren von 800 Oldtimern auf der historischen Route 66 im Norden Arizonas. *www.azrt66.com*

JUNI

Exzellente Bluesmusiker treten Anfang Juni beim *Chicago Blues Festival* auf. *www.chicagobluesfestival.us*

Tänzer aus über 100 Indianerstämmen treffen sich zum *Red Earth Festival* in Oklahoma City. *www.redearth.org*

San Francisco und New York: Mitte des Monats *Pride Weekend* der Schwulengemeinde mit Paraden in herrlich schrillen Kostümen; ähnliche Events in anderen Großstädten

JULI

Fourth of July: Überall im Land wird der Unabhängigkeitstag mit Feuerwerk und Paraden gefeiert.

Cheyenne, WY: Die *Cheyenne Frontier Days* sind das älteste Rodeo Amerikas. *www.cfdrodeo.com*

AUGUST

10 t Hummer werden zu Monatsbeginn alljährlich beim *Maine Lobster Festival* in Rockland, ME verspeist, dazu Kunstmarkt und Krönung der Meeresgöttin. *www.mainelobsterfestival.com*
Sturgis, SD: Hunderttausende von Harley-Fans treffen sich in der zweiten Augustwoche zur *Sturgis Rally* in den Black Hills. *www.sturgis.com*
Santa Fe, NM: Mitte des Monats *Indian Market,* der älteste Markt für Indianerkunst in den USA. *www.swaia.org*

SEPTEMBER

Am ersten Wochenende wird beim *Mountain Man Rendezvous* in Fort Bridger, WY die Trapperzeit originalgetreu nachgestellt. *fortbridger rendezvous.net*
London, KY, Heimatort von Kentucky Fried Chicken, veranstaltet Ende des Monats das *World Chicken Festival.*

OKTOBER

Die besten Countrybands spielen in Dallas beim Rummel des *State Fair of Texas*. *www.bigtex.com*
Halloween: Am 31. ziehen die Kinder verkleidet durch die Straßen, die Erwachsenen feiern Kostümpartys – besonders verrückt in New York, Hollywood und Key West.

DEZEMBER

Viele Orte schmücken sich mit Lichterketten und richten *Christmas Parades* aus. Besonders schön: Santa Fe, New York, die Dörfer in Vermont und Colorado, die Häfen von New England und Florida

FEIERTAGE

1. Jan.	New Year's Day
3. Mo im Jan.	Martin Luther King Jr. Day
3. Mo im Feb.	Presidents' Day (Washington's Birthday)
4. Mo im Mai	Memorial Day (Heldengedenktag)
4. Juli	Independence Day (Nationalfeiertag)
1. Mo im Sept.	Labor Day (Tag der Arbeit)
2. Mo im Okt.	Columbus Day (Native American Day)
11. Nov.	Veterans Day
4. Do im Nov.	Thanksgiving Day
25. Dez.	X-Mas/Christmas Day

LINKS, BLOGS, APPS & CO.

www.visittheusa.de Auf der offiziellen Tourismus-Website der USA finden Sie viele Reiseideen, Tipps und Videos zu den einzelnen Staaten und Aktivitäten. Schön: die interaktive Karte der USA mit Detailinfos zu Städten und Nationalparks

www.usatipps.de Allgemeine deutschsprachige Website mit vielen Reisetipps für Amerika. Nicht immer ganz aktuell, aber sehr detailreich und mit vielen weiterführenden Links

www.scenicbyways.info Das US-Verkehrsministerium sponsert diese Seite mit Routenvorschlägen zu besonders schönen Highways im ganzen Westen Amerikas. Viele Links zu Karten und einzelnen Routenabschnitten

www.greatlakes.de und **www.visitorlando.com** Die Fremdenverkehrsämter von Regionen, Städten und Staaten bieten oft sehr gute Websites – dies sind nur zwei Beipiele. Oft sogar auf Deutsch, mit Videos, Blogs und mobilen Apps zum Download. Ein Blick auf die Seite des jeweiligen Visitors Bureau lohnt sich für die Planung unbedingt

www.marcopolo.de/usa Alles auf einen Blick zu Ihrem Reiseziel: Interaktive Karten inklusive Planungsfunktion, Impressionen aus der Community, aktuelle News und Angebote ...

www.yelp.com Individuelle englischsprachige Bewertungen von örtlichen Mitgliedern für so ziemlich alles: Restaurants, Ärzte, Museen, Autowerkstätten, Hotels usw.

www.nytimes.com Die bekannteste Tageszeitung der USA unterhält wie viele andere Zeitungen zahlreiche Blogs und Infosparten über aktuelle Themen ihrer Stadt (in Englisch). Dazu Restaurantkritiken und Kulturtipps

www.miaminewtimes.com und **www.laweekly.com** Zwei der vielen Stadtmagazine aus den Metropolen: Stars, Restaurants, regionale Politik. Zahlrei-

Egal, ob für Ihre Reisevorbereitung oder vor Ort: Diese Adressen bereichern Ihren Urlaub. Da manche sehr lang sind, führt Sie der short.travel-Code direkt auf die beschriebenen Websites. Falls bei der Eingabe der Codes eine Fehlermeldung erscheint, könnte das an Ihren Einstellungen zum anonymen Surfen liegen

che Blogs zu Szene und Musik. Auch Konzerte und Vernissagen werden diskutiert (in Englisch)

www.usa-stammtisch.net Privates Forum in Deutsch mit vielen Themen über die ganzen USA. Fotos, Tipps, Erfahrungen, Hilfe bei der Reiseplanung

www.airbnb.com Buchungszentrale für Privatunterkünfte und Homestays in vielen größeren Orten der USAt

de.foursquare.com Social-Media-Netzwerk für Reisende, in dem man Tipps von anderen Mitgliedern abruft und austauscht

www.vrbo.com Ferienunterkünfte von privat. Oft sehr gepflegte Häuser, Apartments etc. für Aufenthalte von mehreren Tagen oder auch Wochen

VIDEOS

www.earthcam.com Große Auswahl an Live-Webcams aus vielen US-Städten und Regionen – vom Times Square bis zur Golden Gate Bridge

travelbydrone.com Eine Seite für Multikopter-Fans. Amerika aus der Luft ist das Thema Dutzender Videos von Dronenflügen über Städte, Naturparks usw.

short.travel/usa1 Ein Fünf-Minuten-Trip im Zeitraffer 20 000 km quer durch die USA mit guter Musik und Roadmovie-Feeling

APPS

Live Nation Ticketzentrale für Konzerttouren großer Stars und Hunderte von Clubs und Konzertbühnen in den Metropolen, aber auch in vielen kleinen Städten. Für iPhone und Android; mit Facebook-Präsenz

OpenTable Sehr nützliche und umfassende App für Restaurant-Reservierungen vor allem in größeren Städten. Reservierungen sind auch ganz kurzfristig möglich. In den App-Shops Versionen für I-Phone, Android und Blackberry

GateGuru I-Phone- und Android-App für Infos zu vielen Flughäfen der USA: Restaurants, Läden, kostenlose WLAN-Spots

All Stays Camp & RV Fast 30 000 Campingplätze …

PRAKTISCHE HINWEISE

ANREISE

Die großen Airlines fliegen in Amerika vor allem die wichtigen Knotenpunkte an: Dazu zählen New York, Atlanta, Chicago, San Francisco, Los Angeles. Dort muss man dann umsteigen, um weiter zu anderen Städten im Land zu fliegen. Die Flugzeit in den Osten der USA beträgt ca. 7–10 Stunden, in den Westen sind es 10–11 Stunden. Preise: je nach Saison und Ziel 600–1500 Euro in der günstigsten Klasse. Erkundigen Sie sich im Reisebüro nach Sondertarifen.

Vor der Landung muss im Flugzeug ein Formular für den Zoll *(customs)* und, soweit noch nicht elektronisch, auch eines für die Einreise *(immigration)* ausgefüllt werden. Wichtig: Bei Umsteigeflügen werden alle Einreiseformalitäten bereits am ersten Flughafen in den USA erledigt. Dazu holen Sie das Gepäck an der *Baggage Claim Area* ab, bringen es durch den Zoll und geben es dann am *Connecting Baggage Counter* für den Weiterflug ab. Nahe der Gepäckausgabe findet man an allen Flughäfen die *ground transportation:* Die Schalter der Mietwagenfirmen, Taxis und oft auch Shuttle-Busse, die entweder kostenlos als Zubringer zu Hotels fahren oder als Sammeltaxi für 15–30 $ je Fahrgast jede gewünschte Adresse im Stadtbereich ansteuern. In immer mehr Städten gibt es zudem S-Bahnen vom Flughafen in die City (z. B. Boston, Atlanta, Chicago, Denver, San Francisco, Seattle).

GRÜN & FAIR REISEN

Auf Reisen können auch Sie viel bewirken. Behalten Sie nicht nur die CO_2-Bilanz für Hin- und Rückreise im Hinterkopf *(www.atmosfair.de; de.myclimate.org)* – etwa indem Sie Ihre Route umweltgerecht planen *(www.routerank.com)* – , sondern achten Sie auch Natur und Kultur im Reiseland *(www.gate-tourismus. de; www.ecotrans.de)*. Gerade als Tourist ist es wichtig, auf Aspekte wie Naturschutz *(www.nabu.de; www. wwf.de)*, regionale Produkte, wenig Autofahren, Wassersparen und vieles mehr zu achten. Wenn Sie mehr über ökologischen Tourismus erfahren wollen: europaweit *www.oete.de*; weltweit *www.germanwatch.org*

AUSKUNFT

Das Fremdenverkehrsbüro der USA gibt auf seiner Website *www.visittheusa.de* viele Reisetipps. Auf der Website *www. vusa.travel* finden Sie eine Liste der in Deutschland vertretenen US-Bundesstaaten und Großstädte. Sie versenden auf Anfrage Landkarten und Infomaterial. Vor Ort helfen einem die staatlichen *Tourism Offices,* die *Visitor Centers* der größeren Städte und – in den kleinen Orten – die *Chambers of Commerce* weiter. Meist findet man an den Flughäfen und an den Staatsgrenzen entlang der Autobahnen gut ausgestattete *Welcome Centers,* die bei der Routenplanung und der Wahl der Unterkunft behilflich sind.

AUTO

Höchstgeschwindigkeit: auf Landstraßen meist 55 Meilen/h (88 km/h), in Orten

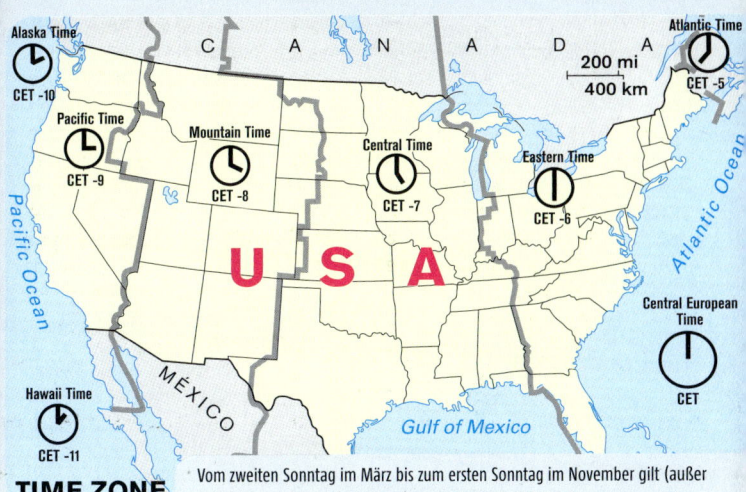

TIME ZONE Vom zweiten Sonntag im März bis zum ersten Sonntag im November gilt (außer in Hawaii und Arizona) die Sommerzeit, die Uhr wird eine Stunde vorgestellt

35 Meilen/h (50 km/h), auf Autobahnen 65–75 Meilen/h (105–120 km/h).

Die Verkehrsregeln gleichen denen in Europa. Ausnahmen: An Ampeln darf man auch bei Rot nach rechts abbiegen, auf Autobahnen auch rechts überholen. Schulbusse mit blinkender Warnanlage dürfen überhaupt nicht passiert werden – auch nicht aus der Gegenrichtung! Außerdem gibt es sogenannte *3-way-* oder *4-way-stops,* Kreuzungen mit Stoppschildern, an denen jedes Fahrzeug halten muss. Wer zuerst gehalten hat, darf auch zuerst wieder weiterfahren.

Der amerikanische Automobilclub AAA hilft auch Mitgliedern ausländischer Clubs (Mitgliedsausweis mitbringen!).

BUS & BAHN

Die Routennetze der Greyhound-Überlandbusse und Amtrak-Züge sind für Sightseeing-Rundfahrten viel zu weitmaschig, zumindest die größeren Orte lassen sich aber gut erreichen. Auskunft über die Netzkarten von Amtrak *(USA Railpass)* bei den Reisebüros oder online: *www.amtrak.com*

CAMPING

Die schönsten Campingplätze sind meist die öffentlichen: Sie sind naturnah an Seen und in Nationalparks gelegen, mit Feuerstelle, Holzbänken und Waschgelegenheiten einfach ausgestattet, die Übernachtung kostet ca. 10–30 $. Private, oft recht luxuriös ausgestattete Plätze mit heißen Duschen, Pool und Laden finden Sie am Rand der Städte und der Parks (Preise ca. 20–50 $).

Für viele Nationalparks müssen Sie bis zu fünf Monate vorab Campingplätze per Kreditkarte reservieren: *Tel. 001*

5188 85 36 39 | recreation.gov; Buchung von State Parks unter *www.reserveame-rica.com*.

Wildes Campen ist (außer in den Parks) nicht verboten, wird aber in besiedelten Gebieten nicht gerne gesehen. Ihr Wohnmobil sollten Sie mehrere Monate vorab von Deutschland aus buchen.

DIPLOMATISCHE VERTRETUNGEN

DEUTSCHE BOTSCHAFT
2300 M St. NW | Washington, D. C. | Tel. 202 2 98 40 00 | www.germany.info

ÖSTERREICHISCHE BOTSCHAFT
3524 International Court NW | Washington, D. C. | Tel. 202 8 95 67 00 | botschaft.austria.org

SCHWEIZER BOTSCHAFT
2900 Cathedral Ave. NW | Washington, D. C. | Tel. 202 7 45 79 00 | www.eda.admin.ch

WAS KOSTET WIE VIEL?

Benzin	2–2,50 Euro *für 1 gallon unleaded regular (3,78 l, normal bleifrei)*
Bier	3,60–6,50 Euro *für ein Glas in der Bar*
Hamburger	4–9 Euro *im Fast-Food-Lokal*
Radmiete	25–45 Euro *für ein Mountainbike pro Tag*
Jeans	30–45 Euro *für eine Levi's*
Eintritt	ca. 90 Euro *für einen Tag in Vergnügungsparks*

EINREISE

Deutsche, Österreicher und Schweizer benötigen für einen Aufenthalt bis zu 90 Tagen einen gültigen, maschinenlesbaren Reisepass mit biometrischen Daten. Neu ausgestellte Kinderpässe erfordern zudem ein Visum – besser ist es, für Kinder einen regulären Pass zu beantragen. Zudem muss man sich spätestens drei Tage vor Reisebeginn im Internet für die Einreise registrieren und 14 $ Gebühr per Kreditkarte bezahlen: *https://esta.cbp.dhs.gov/esta*. Diese Registrierungspflicht gilt für alle Reisenden, die ohne Visum für maximal 90 Tage in die USA einreisen wollen. Detaillierte Informationen zu Visa- und Einreisebestimmungen unter *german.germany.usembassy.gov*

GELD & WÄHRUNG

Währung ist der US-Dollar (= 100 Cents). Es gibt Banknoten *(bills)* zu 1, 2, 5, 10, 20, 50 und 100 Dollar ($) sowie Münzen *(coins)* zu 1 ¢ *(penny)*, 5 ¢ *(nickel)*, 10 ¢ *(dime)*, 25 ¢ *(quarter)* und – selten – 50 ¢ *(half dollar)*. Vorsicht: Alle Noten sind gleich groß, von gleicher grünlichgrauer Farbe und differieren ausschließlich im Wert.

Wichtigstes Zahlungsmittel: eine Kreditkarte (Mastercard, Visa). Damit können sie auch kleine Beträge an Tankstellen und in Läden bezahlen. Doch sollten Sie ein paar US-Dollar für die Ankunft mitnehmen. Weiteres Bargeld können sie zu fairem Wechselkurs mit EC-Karte und Geheimzahl an den meisten Bankautomaten ziehen. Reiseschecks in US-Dollar werden überall akzeptiert. US-Banken lösen zwar gegen Gebühr Reiseschecks ein, doch nur Großfilialen wechseln auch Bargeld. Europäische Währungen tauschen nur die Wechselstuben an Flughäfen und (oft zu schlechtem Kurs) größere Hotels.

GESUNDHEIT

Die ärztliche Versorgung in den USA ist sehr gut – und sehr teuer. Daher sollten Sie unbedingt eine Auslandskrankenversicherung abschließen. Medikamente gibt es in der *pharmacy* und im *drugstore*, die teils rund um die Uhr geöffnet sind.

INTERNET & WLAN

Amerika als Geburtsland des Internets ist bis in die hintersten Ecken gut vernetzt – häufig sogar mit Breitbandtechnik. Viele Hotels bieten Internet auf dem Zimmer oder in der Lobby, Kosten: 8–15 $/Tag. Für schnelles Surfen und zur Mail-Abfrage bieten sich Coffeeshops an, öffentliche Bibliotheken (Gebühr 1–2 $) oder Büroläden wie *Kinko's* (2–3 $/10 Min). Für den eigenen Laptop finden Sie in vielen Hotels und Städten WLAN, hier *Wifi* genannt *(wireless fidelity)*. Es gibt Zigtausende von Wifi-Hotspots, viele – auch kostenlos – in Kettenläden wie Starbucks oder McDonald's. Listen von Hotspots u. a. bei www.wififreespot.com

JUGENDHERBERGEN

Die Häuser der *American Youth Hostels (AYH)* kosten pro Nacht 20–50 $. Das Netz ist lange nicht so dicht wie in Europa, aber man findet in vielen größeren Städten und in manchen Nationalparks Herbergen. Verzeichnis im Buchhandel oder unter www.hiusa.org. Daneben gibt es zahlreiche weitere, privat und kommerziell geführte Hostels; Ortslisten unter www.hostels.com.

KLIMA & REISEZEIT

Entsprechend den gewaltigen Dimensionen des Lands herrschen ähnlich ausgeprägte Klimaunterschiede wie zwischen

WÄHRUNGSRECHNER

€	US$	US$	€
1	1,07	1	0,93
2	2,15	5	4,65
5	5,35	10	9,35
10	10,70	25	23,35
25	26,80	40	37,30
30	32,15	50	46,65
50	53,60	70	65,30
70	75,00	150	139,95
150	160,75	200	186,60

Nordafrika und Schweden. Generell ist die beste Reisezeit für die nördlichen Staaten der Sommer – dann haben allerdings auch die Amerikaner Schulferien. In den wüstenhaften Südwesten, nach Kalifornien und in die Südstaaten reist man am besten im Frühjahr und im Herbst. Da anders als in Europa eine Klimabarriere wie die Alpen fehlt, sind die Winter im Mittleren Westen und in den Rocky Mountains meist kälter als bei uns. Aber auch viel trockener – gute Voraussetzung für den legendären Pulverschnee in den Bergen von Utah und Colorado, der eine Skireise lohnt.

MASSANGABEN

– 1 inch = 2,54 cm
– 1 foot = 30,48 cm
– 1 mile = 1,6 km
– 1 acre = 0,4 ha
– 1 gallon = 3,79 l
– 1 pound = 453,6 g

Temperaturen lassen sich so umrechnen: Fahrenheit minus 32 mal 5 dividiert durch 9 ergibt Celsius. Das bedeutet: 0 °C = 32 °F, 10 °C = 50 °F, 20 °C = 68 °F, 30 °C = 86 °F, 40 °C = 104 °F.
Bekleidung: Bei Damen entspricht US-Größe 4 der deutschen Größe 34, 6 = 36,

8 = 38 usw.; bei Herren: 36 = 46, 38 = 48 usw.

MIETWAGEN

Zum Mieten eines Autos genügt der nationale Führerschein, bei kleineren Firmen wird manchmal auch der internationale Führerschein verlangt. Es ist meist günstiger, den Wagen vorab im Reisebüro oder bei Vermittlern wie Sunny Cars (www.sunnycars.de) zu reservieren. Dann sind Steuer und Versicherung inklusive. Auch sollten Sie den Wagen möglichst am selben Ort zurückgeben, da sonst hohe Rückführgebühren anfallen (nicht innerhalb Kaliforniens und Floridas).
Leihwagen sind vor allem in Florida und Kalifornien recht preisgünstig (ab 50 Euro/Tag bzw. 250 Euro/Woche), häufig sind die gefahrenen Kilometer inklusive (unlimited mileage). Bei der Anmietung vor Ort wird die Vollkaskoversicherung (loss/damage waiver) separat mit 17–25 Euro/Tag berechnet. Mindestmietalter: 21/25 Jahre je nach Bundesstaat.

NOTRUF

Fast überall in den USA gilt die gebührenfreie Notrufnummer „911". Im Zweifelsfall können Sie sich immer an den operator wenden: „0" wählen.

POST

Postämter haben Mo–Fr von 9–17 Uhr geöffnet, größere auch Sa von 9–12 Uhr. Das Porto für Luftpostbriefe und Postkarten nach Europa beträgt 1,15 $.

WETTER IN NEW YORK

	Jan.	Feb.	März	April	Mai	Juni	Juli	Aug.	Sept.	Okt.	Nov.	Dez.
Tagestemperaturen in °C	4	5	9	14	21	25	28	27	24	18	12	6
Nachttemperaturen in °C	-4	-4	0	5	11	17	19	19	16	10	4	-2
Sonnenschein Stunden/Tag	4	6	7	8	8	10	9	8	8	6	5	4
Niederschlag Tage/Monat	8	7	8	7	7	7	7	6	5	6	8	8
Wassertemperaturen in °C	3	2	4	8	13	18	22	23	21	17	11	6

STEUERN

In den meisten Staaten wird auf alle Einkäufe eine Verkaufssteuer zwischen 4 und 7 Prozent aufgeschlagen. Diese *sales tax* wird erst beim Kauf hinzugerechnet, ist also z. B. auf der Speisekarte oder auf dem Preisschild im Laden noch nicht berücksichtigt. Im Hotel wird teilweise eine Übernachtungssteuer von einigen Prozent aufgeschlagen.

STROM

Netzspannung 110 V, 60 Hz. Einen Steckdosenadapter für den (umschaltbaren!) Fön oder Rasierapparat sollten Sie mitbringen.

TELEFON & HANDY

Vorwahl nach Deutschland *011-49,* nach Österreich *011-43,* in die Schweiz *011-41,* danach die Ortsvorwahl ohne die Null, dann die Nummer.
Vorwahl in die USA: *001,* wobei bei Anrufen aus dem Ausland die „1", die der dreistelligen Ortskennziffer *(area code)* vorangeht und die der den deutschen Ortskennziffern vorangestellten „0" entspricht, entfällt. Ein Anruf in die USA besteht also aus dreizehn Ziffern. Beispiel: 001 222 333 44 55. Für Gespräche innerhalb der USA, egal ob Orts- oder Ferngespräche, wählt man elf Ziffern, beginnend mit der „1", gefolgt von der dreistelligen Ortskennzahl und der siebenstelligen Nummer. Dies gilt nicht nur für das Festnetz, sondern auch für Handynummern, die ebenfalls mit Ortskennzahlen beginnen und keine gesonderten Netznummern haben.
Ortsgespräche aus der Telefonzelle kosten 25–50 ¢, bei Ferngesprächen gibt nach dem Wählen eine Computerstimme die Gebühr an. Vorsicht: Im Hotel werden oft horrende Aufschläge berechnet. Bei allen Telefonproblemen hilft der *operator* („0") weiter, er vermittelt auch R-Gespräche *(collect calls)*. Eine andere Besonderheit sind die gebührenfreien Nummern mit der Vorwahl *800, 866, 877* oder *888,* über die man Hotels oder Mietwagen reserviert. 900-Vorwahlen sind gebührenpflichtig.
Tri- und Quadband-Handys aus Europa funktionieren auch in den USA, aber nur in dicht besiedelten Regionen und gegen Roaming-Aufpreis (bis 1,50 Euro/ Min.). Für eine längere Reise können Sie vor Ort bei GSM-Netzbetreibern *(z. B. AT&T, T-Mobile)* auch eine amerikanische Prepaid-Karte kaufen. Preiswert sind für Anrufe aus Telefonzellen oder vom Hotel aus die an Kiosken und in kleinen Märkten erhältlichen *Prepaid Phone Cards.*

ZOLL

Ende 2008 sind die Freimengen für Mitbringsel angehoben worden. Urlauber können jetzt Waren mit einem Gesamtwert von 430 Euro zollfrei einführen (Reisende unter 15 Jahren bis 175 Euro). Die Obergrenzen für Tabak und Spirituosen pro Erwachsenen bleiben bestehen: 1 l Alkohol über 22 Prozent; 200 Zigaretten oder 100 Zigarillos oder 50 Zigarren oder 250 g Tabak. Zusätzlich erlaubt: 4 l nicht schäumende Weine und 16 l Bier. Die Freimengen gelten wie bisher pro Person und dürfen nicht addiert werden. Reist ein Paar, dann sind beispielsweise zwei außerhalb der EU zum Preise von je 400 Euro gekaufte Digitalkameras zollfrei. Bringt das Paar dagegen nur eine Digitalkamera mit, die aber mehr als 430 Euro kostet, dann ist an der Grenze Zoll fällig. Pflanzen, Wurst, Obst und andere frische Lebensmittel dürfen nicht eingeführt werden. Weitere Informationen: *www.zoll.de*

SPRACHFÜHRER ENGLISCH

AUSSPRACHE

Zur Erleichterung der Aussprache sind alle Begriffe und Wendungen mit einer einfachen Umschrift in eckigen Klammern versehen. Folgende Zeichen sind Sonderzeichen:

ө   wie [s], gesprochen nur mit der Zungenspitze zwischen den Zähnen
ə   nur angedeutetes „e" wie am Ende von „Bitte", immer ohne Betonung
'   Betonung liegt auf der folgenden Silbe

AUF EINEN BLICK

ja/nein/vielleicht	yes [jess]/no [nou]/maybe ['meybih]
bitte/danke	please [plihs]/thank you ['ɵänkju]
Entschuldige!	Sorry! [ssorri]
Entschuldigen Sie!	Excuse me, please! [iks'kjuhs mih, plihs]
Darf ich ...?	May I ...? [mey ai?]
Wie bitte?	Pardon? ['pahdn?]
Ich möchte .../	I'd like to ... [aid laik tu ...]/
Haben Sie ...?	Do you have ...? [dju häf ...]
Wie viel kostet ...?	How much is ...? ['hau matsch is ...]
Das gefällt mir/nicht.	I love it. [ai laf it]/I don't like it. [ai dount laik it]
gut/schlecht	good [gud]/bad [bäd]
kaputt/funktioniert nicht	broken/doesn't work [broukən/dasnt wöək]
(zu) viel/wenig	(too) much [(tuh) matsch]/(too) little [(tuh) litl]
Hilfe!/Achtung!/Vorsicht!	Help!/Watch out!/Caution! [hälp][watsch aut][kahschn]
Krankenwagen/Notarzt	ambulance ['ämbjulənz]/paramedics [pärə'mediks]
Polizei/Feuerwehr	police [po'lihs]/fire department [faiə depahtment]
Gefahr/gefährlich	danger ['deyndschə]/dangerous ['deyndschərəs]

BEGRÜSSUNG & ABSCHIED

Gute(n) Morgen!/Tag!/Abend!/Nacht!	Good morning! [gud 'moəning]/day! [dey]/evening! ['ifning]/night! [nait]
Hallo!/Auf Wiedersehen!	Hi! [hai]/(Good) Bye! [(gud) bai]
Tschüss!	See you! [ssih juh]/Bye! [bai]
Ich heiße ...	I'm ... [aim ...]/My name is ... [mai 'näims ...]
Wie heißt du/heißen Sie?	What's your name? [wots joə 'näim]
Ich komme aus ...	I'm from ... [aim from ...]

Do you speak American English?

„Sprichst du Englisch?" Dieser Sprachführer hilft Ihnen, die wichtigsten Wörter und Sätze auf Englisch zu sagen

DATUMS- & ZEITANGABEN

Montag/Dienstag	Monday ['mandey]/Tuesday ['tjuhsdey]
Mittwoch/Donnerstag	Wednesday ['wensdey]/Thursday ['θöösdey]
Freitag/Samstag	Friday ['fraidey]/Saturday ['ssätədey]
Sonntag/Feiertag	Sunday ['ssandey]/holiday ['holidey]
heute/morgen/gestern	today [tə'dey]/tomorrow [tə'morou]/yesterday ['jestədey]
Stunde/Minute	hour ['auə]/minute ['minit]
Tag/Nacht/Woche	day [dey]/night [nait]/week [wihk]
Wie viel Uhr ist es?	What time is it? [wət 'taim is it]
Es ist drei Uhr.	It's three o'clock. [its ərih əklok]

UNTERWEGS

offen/geschlossen	open [oupən]/closed [klousd]
Eingang/Ausgang	entrance ['entrənts]/exit ['eksit]
Ankunft/Abflug	arrival [ə'raiwl]/departure [di'pahtschə]
Toiletten/Damen/Herren	restrooms ['restruhms]/ladies [leydihs]/men [men]
(kein) Trinkwasser	(no) drinking water [(nou) drinkin wohtə]
Wo ist ...?/Wo sind ...?	Where is ...? [weə is ...]/Where are ...? [weə ah ...]
links/rechts	left [läft]/right [rait]
geradeaus/zurück	straight ahead [sstreyt ə'hed]/back [bäk]
nah/weit	close [klous]/far [fah]
Taxi	Taxi [taksi]/cab [käb]
Bushaltestelle/Taxistand	bus stop [bass sstop]/cab stand [käb sständ]
Parkplatz/	parking lot ['pahkin lot]/
Parkhaus	parking garage ['pahkin ga'rahsch]
Stadtplan/Landkarte	city map ['ssiti mäp]/road map [roud mäp]
Bahnhof/Hafen	train station [treyn ssteyschn]/harbor ['hahbə]
Flughafen	airport ['eahpoət]
Fahrplan/Fahrschein	timetable [taimteybl]/ticket ['tiket]
Zuschlag	additional fare [ə'dischənəl fəah]
einfach/hin und zurück	one way [wan wey]/round trip [raund trip]
Ich möchte ... mieten.	I want to rent ... [ai wont tu rent ...]
ein Auto/ein Fahrrad	a car [ə kah]/a bike [ə baik]
ein Boot	a boat [ə bout]
ein Wohnmobil	a motorhome [ə 'moutəhoum]/RV (recreational vehicle) [ar'wih]
Tankstelle	gas station [gäss ssteyschn]
Benzin/Diesel	gas [gäss]/diesel [dihsl]
Panne/Werkstatt	breakdown ['breykdaun]/repair shop [ri'peə schop]

ESSEN & TRINKEN

Reservieren Sie uns bitte für heute Abend einen Tisch für vier Personen.	Would you please make a reservation for a table of four for tonight? [wud ju plihs meyk ə 'resəveyschən foə ə 'teybl əf 'foə foh tunait]
Die Speisekarte, bitte.	The menue, please. [ðe menju plihs]
Könnte ich ... haben?	Could I please have ...? [kud ai plihs häf ...]
Vegetarier(in)/Allergie	vegetarian [wedsche'tərian]/allergy ['älədschi]
Ich möchte zahlen, bitte.	Could I have the check, please? [kud ai häf ðə tschek plihs]

EINKAUFEN

Wo finde ich ...?	Where would I find ...? ['weə wud ai 'faind ...]
Ich möchte .../	I'd like ... [aid laik ...]/
Ich suche ...	I'm looking for ... [aim luking foə ...]
Apotheke/Drogerie	pharmacy ['fahməssi]/drugstore ['dragstoə]
Einkaufszentrum	shopping center ['schopping 'ssentə]
teuer/billig/Preis	expensive [iks'penssif]/cheap [tschihp]/price [praiss]
mehr/weniger	more [moə]/less [less]
aus biologischem Anbau	organically grown [or'gänikəli groun]

ÜBERNACHTEN

Ich habe ein Zimmer reserviert.	I've reserved a room. [aif ri'söəvd ə ruhm]
Haben Sie noch ein ...?	Do you still have a ...? [du ju sstil häf ə]
Einzelzimmer	single room [ssingl ruhm]
Doppelzimmer	room for two [ruhm foə tuh]
(Wohnmobil-)Stellplatz	stall [sstal]/space [sspeyss]
Frühstück/Halbpension	breakfast ['brekfəst]/half board ['hahf boərd]
Vollpension	full board [ful boərd]
zum Meer/zum See	oceanfront [ouschnfrant]/lakefront [leykfrant]
Dusche/Bad	shower [schauə]/bath [bäə]
Balkon/Terrasse	balcony ['bälkoni]/terrace ['terəss]
Schlüssel/Zimmerkarte	key [kih]/room access card [ruhm 'äksess kard]
Gepäck/Koffer/Tasche	luggage ['lagitsch]/suitcase ['ssuhtkeys]/bag [bäg]

BANKEN & GELD

Bank/Geldautomat	bank [bänk]/ATM [ey ti em]
Geheimzahl	pin code [pin koud]
Ich möchte ... Euro wechseln.	I'd like to change ... Euro. [aid laik tə tscheynsch ... jurou]
bar/Kreditkarte	cash [käsch]/credit card [kredit kard]
Banknote/Münze	bill [bil]/coin [koin]

GESUNDHEIT

Arzt/Zahnarzt/	doctor ['doktə]/dentist ['dentist]/
Kinderarzt	pediatrician [pedia'trischən]
Krankenhaus/	hospital ['hospitl]/
Notfallpraxis	emergency clinic [i'mertschənsi 'klinik]
Fieber/Schmerzen	feaver [fihvə]/pain [peyn]
Durchfall/Übelkeit	diarrhea [daiə'ria]/sickness ['ssikness]
Sonnenbrand/-stich	sunburn ['ssanbörn]/sunstroke ['ssanstrouk]
Rezept	prescription [prəs'kripschən]
Schmerzmittel/Tablette	pain killer [peyn kilə]/pill [pill]

TELEKOMMUNIKATION & MEDIEN

Briefmarke/Brief	stamp [sstämp]/letter ['lettə]
Postkarte	postcard ['poustkahd]
Ich brauche eine Telefon-karte für Ferngespräche.	I need a phone card for long distance calls. [ai nihd ə foun kahd for long disstants kahls]
Ich suche eine Prepaid-Karte für mein Handy.	I'm looking for a prepaid-card for my cell phone. [aim luking foə a foun kahd foə mai ssell foun]
Wo finde ich einen Internetzugang?	Is there internet access here somewhere? [is θea 'internet 'äksess hiə 'ssamweə]
Brauche ich eine spezielle Vorwahl?	Do I need a special area code? [duh ai nihd a 'speschəl ärea koud]
Steckdose/Adapter/Ladegerät	wall plug [wahl plag]/adapter [ə'däptə]/charger [tschatschə]
Computer/Batterie/Akku/WLAN	computer/battery/recharchable battery['bäteri] [re'tschahtschablə bäteri]/Wi-Fi ['waifai]

FREIZEIT, SPORT & STRAND

Strand	beach [bihtsch]
Sonnenschirm/Liegestuhl	sun shade [ssan scheyd]/beach chair [bihtsch tschea]
Fahrrad-/Mofa-Verleih	bike ['baik]/scooter rental ['skuhtə rentəl]
Vermietung	rental shop [rentəl schop]
Übungsstunde	lesson ['lessən]

ZAHLEN

1/2	a/one half [ə/wan 'hahf]		200	two hundred ['tuh 'handrəd]
1/4	a/one quarter [ə/wan 'kwohtə]		1000	(one) thousand [('wan) θausənd]
10	ten [tän]		2000	two thousand ['tuh θausənd]
20	twenty ['twänti]		5000	five thousand [faiw θausənd]
100	(one) hundred [('wan) 'handrəd]		10 000	ten thousand ['tän θausənd]

REISEATLAS

▬▬ Verlauf der Erlebnistour „Perfekt im Überblick"
▬▬ Verlauf der Erlebnistouren

**Der Gesamtverlauf aller Touren ist auch in
der herausnehmbaren Faltkarte eingetragen**

Bild: Mount Desert Island, Maine

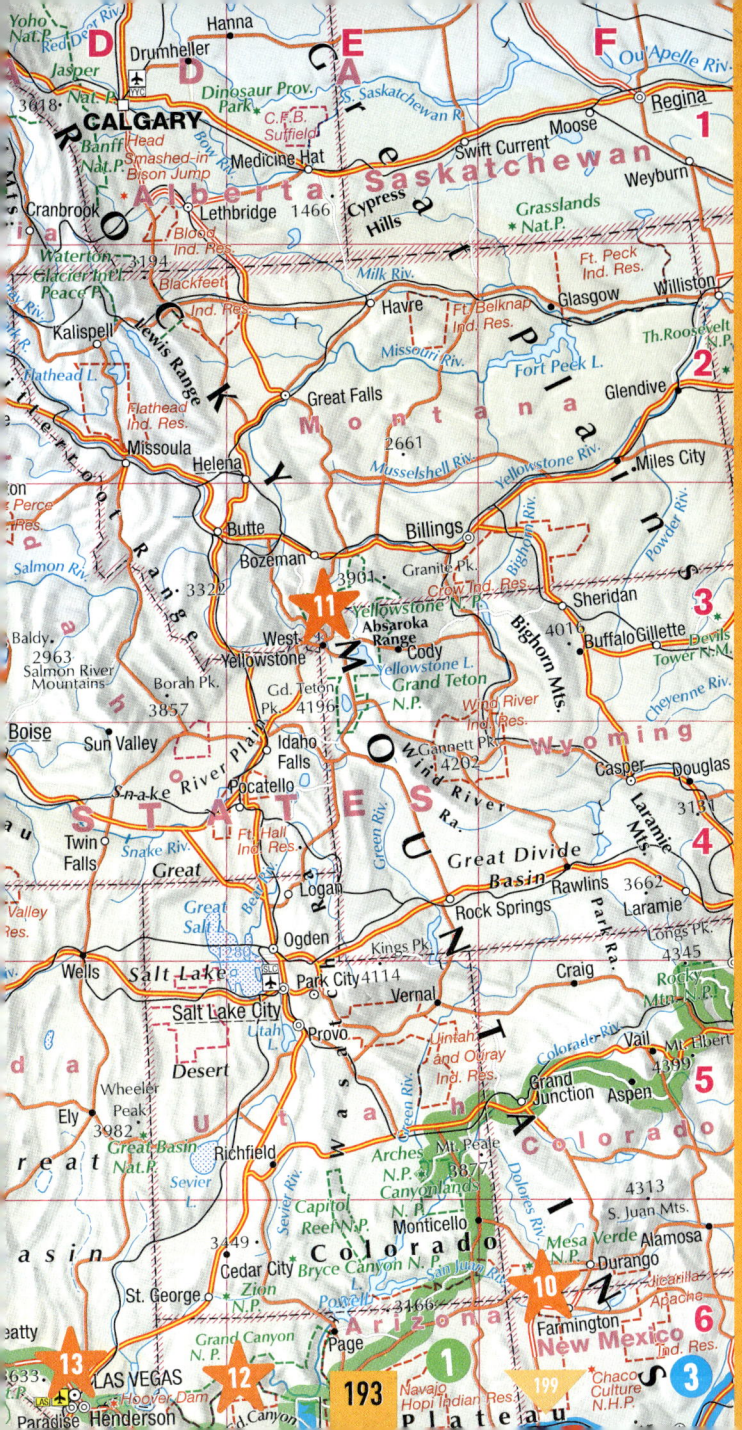

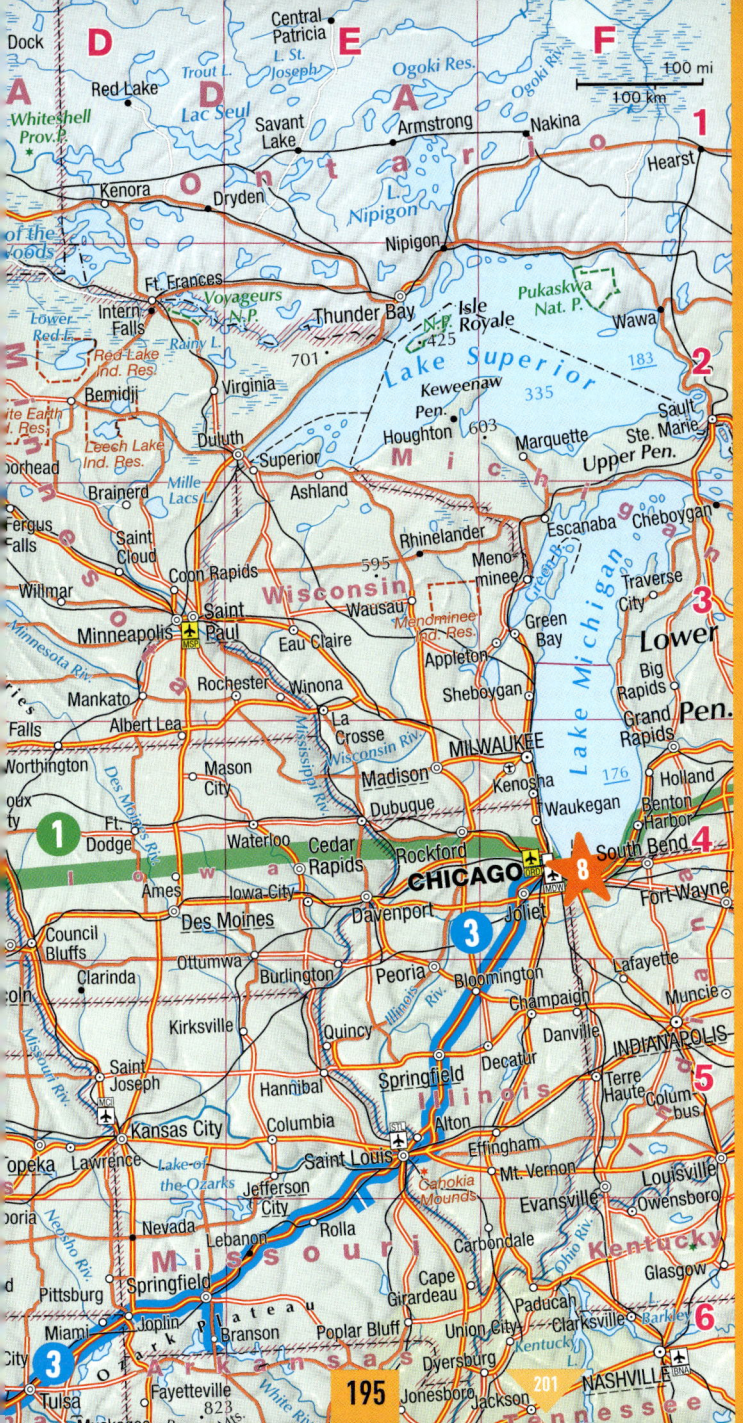

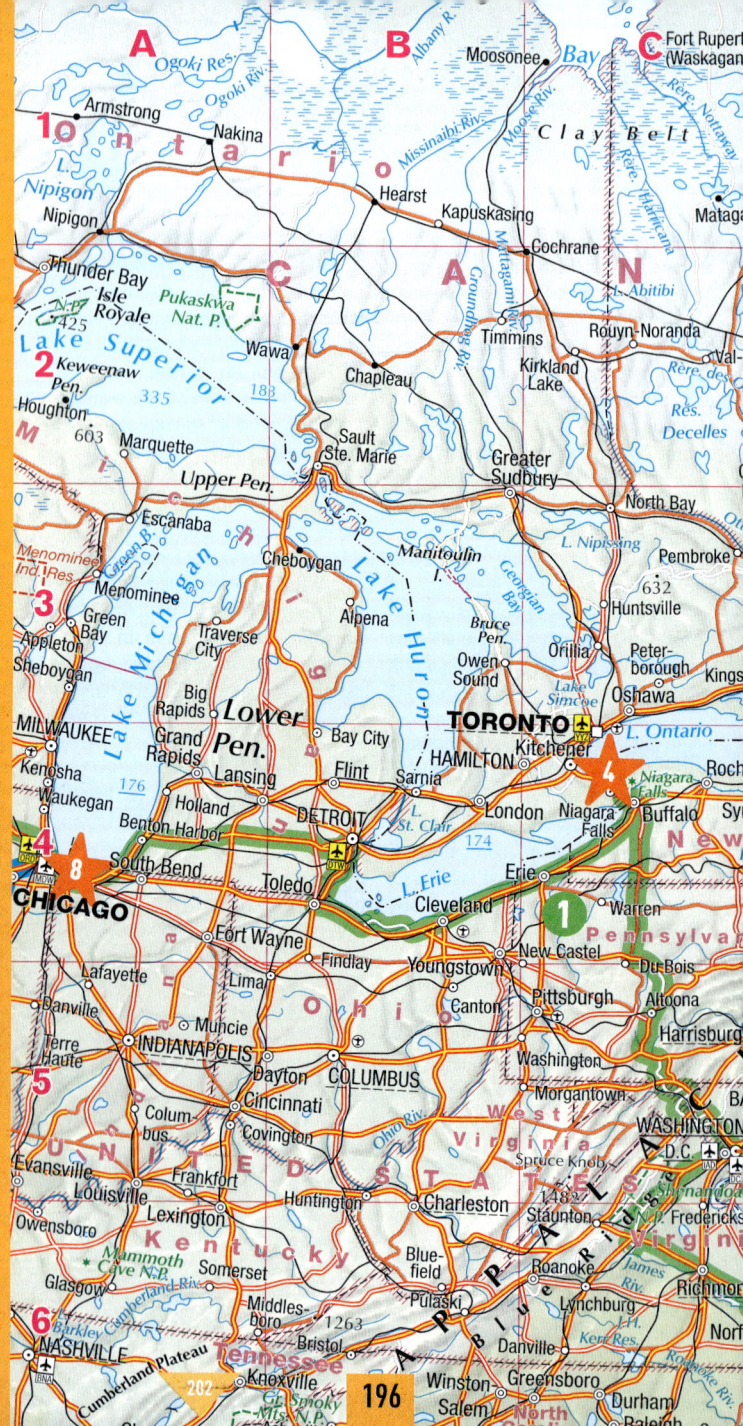

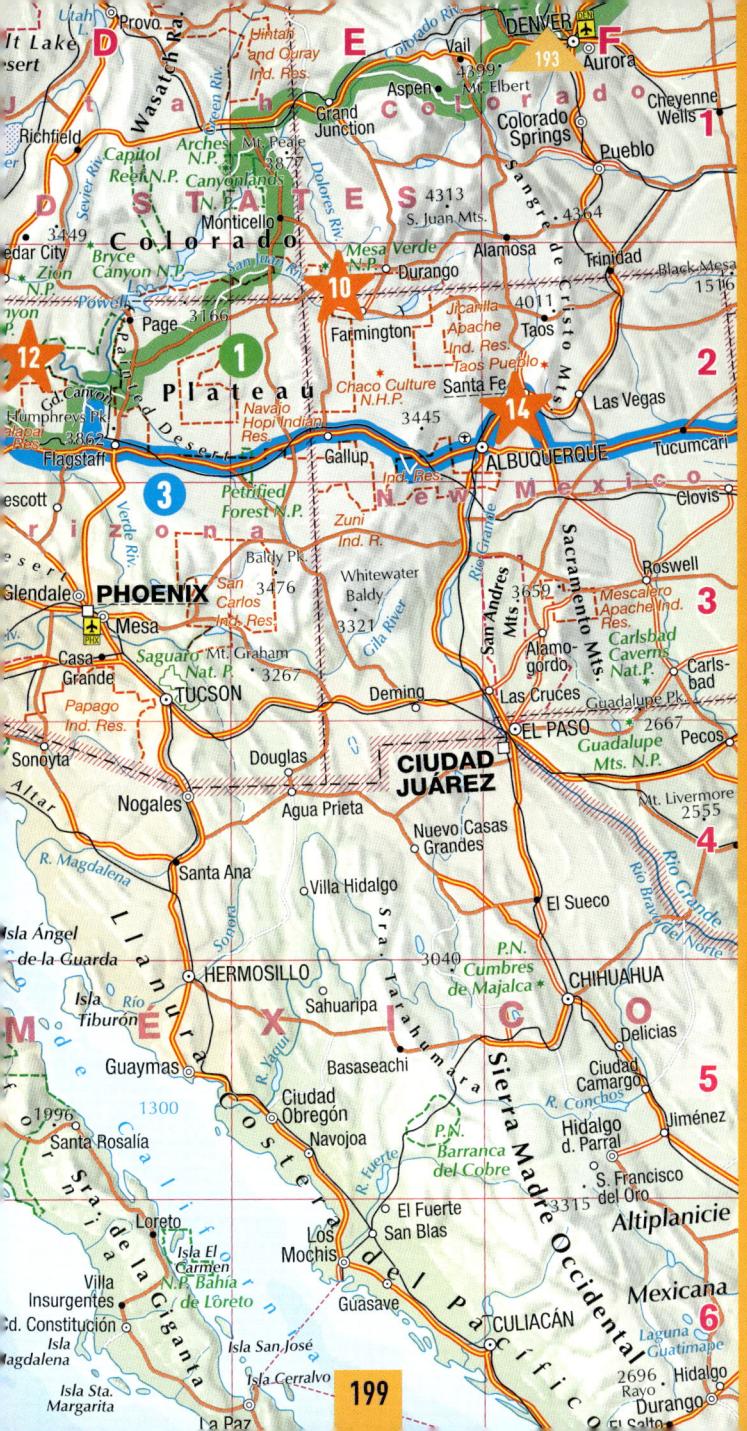

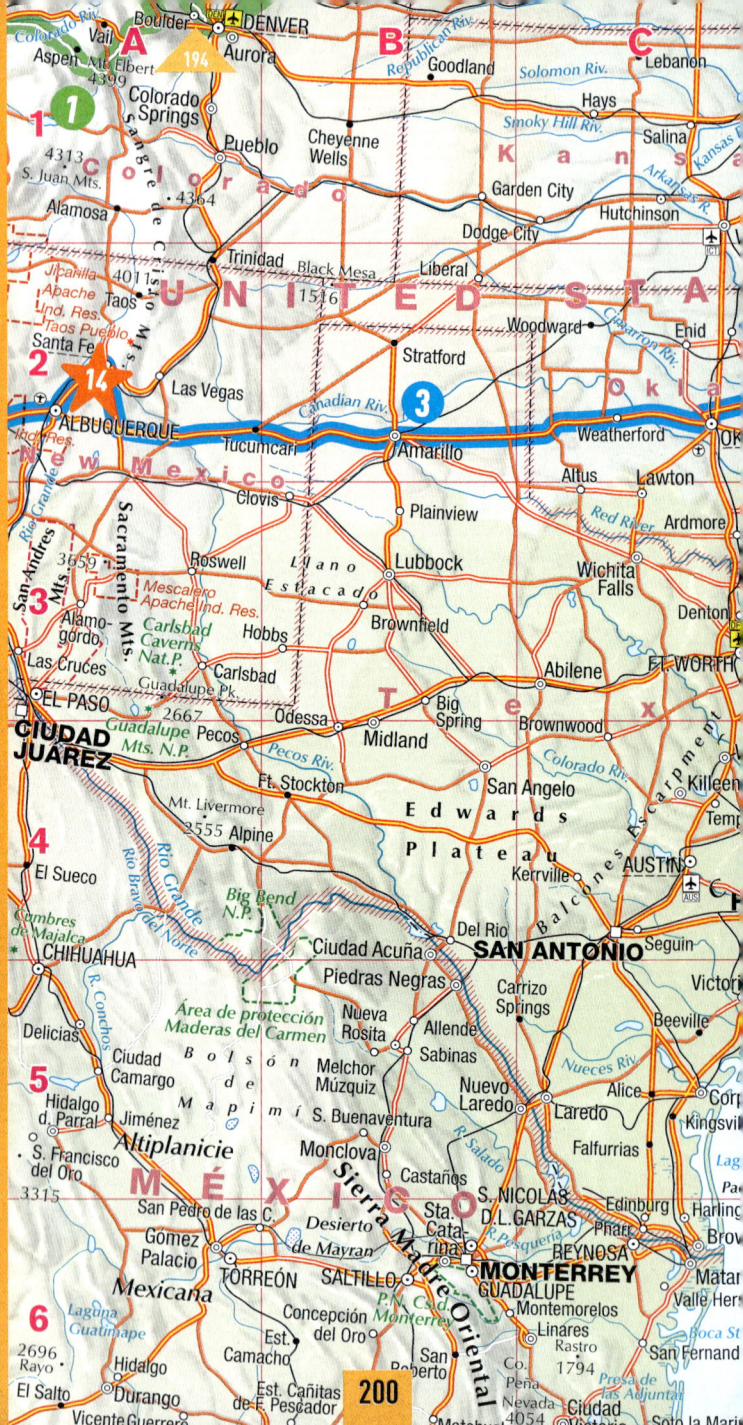

KARTENLEGENDE

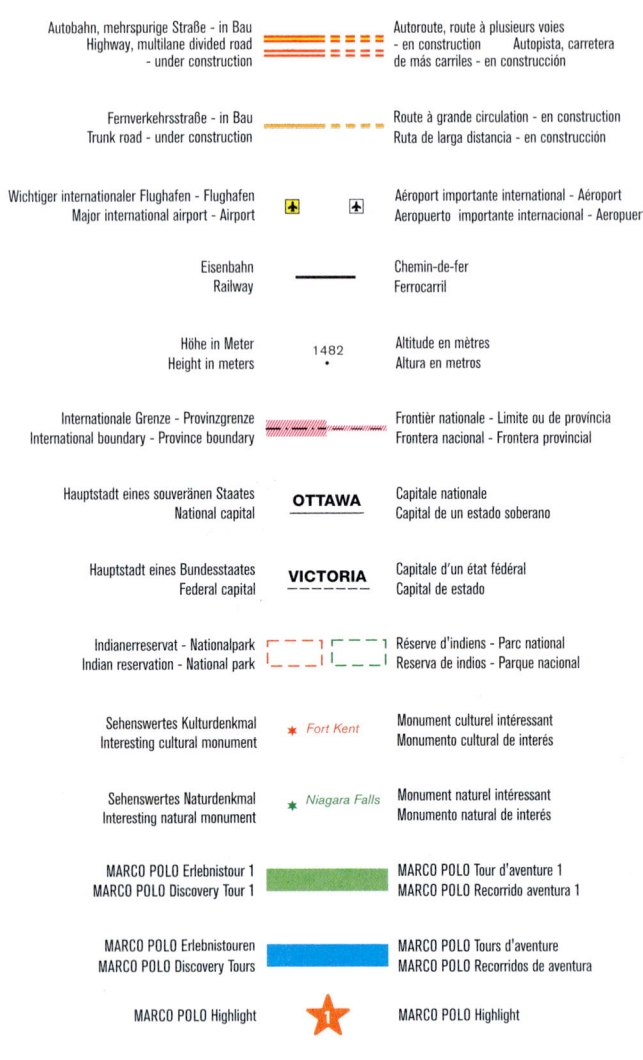

Autobahn, mehrspurige Straße - in Bau
Highway, multilane divided road - under construction
Autoroute, route à plusieurs voies - en construction
Autopista, carretera de más carriles - en construcción

Fernverkehrsstraße - in Bau
Trunk road - under construction
Route à grande circulation - en construction
Ruta de larga distancia - en construcción

Wichtiger internationaler Flughafen - Flughafen
Major international airport - Airport
Aéroport importante international - Aéroport
Aeropuerto importante internacional - Aeropuerto

Eisenbahn
Railway
Chemin-de-fer
Ferrocarril

Höhe in Meter
Height in meters
1482
Altitude en mètres
Altura en metros

Internationale Grenze - Provinzgrenze
International boundary - Province boundary
Frontiàre nationale - Limite ou de província
Frontera nacional - Frontera provincial

Hauptstadt eines souveränen Staates
National capital
OTTAWA
Capitale nationale
Capital de un estado soberano

Hauptstadt eines Bundesstaates
Federal capital
VICTORIA
Capitale d'un état fédéral
Capital de estado

Indianerreservat - Nationalpark
Indian reservation - National park
Réserve d'indiens - Parc national
Reserva de indios - Parque nacional

Sehenswertes Kulturdenkmal
Interesting cultural monument
★ Fort Kent
Monument culturel intéressant
Monumento cultural de interés

Sehenswertes Naturdenkmal
Interesting natural monument
★ Niagara Falls
Monument naturel intéressant
Monumento natural de interés

MARCO POLO Erlebnistour 1
MARCO POLO Discovery Tour 1
MARCO POLO Tour d'aventure 1
MARCO POLO Recorrido aventura 1

MARCO POLO Erlebnistouren
MARCO POLO Discovery Tours
MARCO POLO Tours d'aventure
MARCO POLO Recorridos de aventura

MARCO POLO Highlight
MARCO POLO Highlight

FÜR IHRE NÄCHSTE REISE ...

ALLE **MARCO POLO** REISEFÜHRER

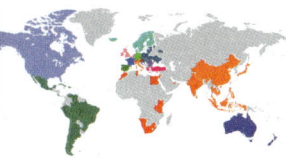

Viele MARCO POLO Reiseführer gibt es auch als eBook – und es kommen ständig neue dazu!
Checken Sie das aktuelle Angebot einfach auf: www.marcopolo.de/e-books

REGISTER

In diesem Register sind fast alle im Führer erwähnten Orte, National Parks (NP), National Monuments (NM) und State Parks (SP) sowie viele Ausflugsziele verzeichnet. Gefettete Seitenzahlen verweisen auf den Haupteintrag.